中等职业教育课程改革"十四五"规划教材

会计单项模拟实训教程

主　编○蔡丹凤　龙配林
副主编○胡　美　王　娇

图书在版编目(CIP)数据

会计单项模拟实训教程 / 蔡丹凤,龙配林主编. —上海:立信会计出版社,2024.2
ISBN 978-7-5429-7595-9

Ⅰ.①会… Ⅱ.①蔡… ②龙… Ⅲ.①会计学—职业教育—教材 Ⅳ.①F230

中国国家版本馆 CIP 数据核字(2024)第 022726 号

策划编辑　　王斯龙
责任编辑　　王斯龙
助理编辑　　汤　晏
美术编辑　　吴博闻

会计单项模拟实训教程
KUAIJI DANXIANG MONI SHIXUN JIAOCHENG

出版发行	立信会计出版社			
地　　址	上海市中山西路 2230 号	邮政编码	200235	
电　　话	(021)64411389	传　　真	(021)64411325	
网　　址	www.lixinph.com	电子邮箱	lixinaph2019@126.com	
网上书店	http://lixin.jd.com		http://lxkjcbs.tmall.com	
经　　销	各地新华书店			
印　　刷	常熟市人民印刷有限公司			
开　　本	787 毫米×1092 毫米	1/16		
印　　张	20.5			
字　　数	415 千字			
版　　次	2024 年 2 月第 1 版			
印　　次	2024 年 2 月第 1 次			
书　　号	ISBN 978-7-5429-7595-9/F			
定　　价	49.00 元			

如有印订差错,请与本社联系调换

前　　言

会计学是一门实践性较强的学科,实训是会计专业教学的一个必要环节。《会计单项模拟实训教程》是"十四五"职业教育省级规划立项建设教材,它以企业会计准则为依据,以产教融合教育理念为指导,旨在全面展现企业会计实务,为学生提供会计确认、计量、记录、报告等环节的操作实训,以强化学生会计基础规范和实际业务技能,提升学生会计职业认知和实际操作能力。

我们本着培养理论知识和实践能力并重的应用型复合人才的宗旨,结合多年的教学和实践工作经验,编写了本教材。通过使用本教材,教师可以强化实践教学,缩短理论教学与实践的差距,真正满足理实一体化的要求。

本教材分为两个项目,分别为模拟实训企业背景资料和模拟实训企业实训资料。其中,模拟实训企业实训资料根据企业主要经济业务分为九个模块,分别是货币资金、应收及预付款项、存货、投资、固定资产、负债、所有者权益、财务成果计算、编制财务会计报告。每一个模块根据具体经济业务类型又分设若干个任务,每一个任务下又分为"会计凭证语言化"和"会计语言凭证化"两个实训,每一个任务对于学生来说就是一本工作手册,这些任务不仅适用于职业院校学生,还可用于行业培训及在职在岗财务人员学习研修,实现将知识化整为零、各个击破,力争做到由浅入深、深入浅出、方便学习。本教材的特点主要有:

(1) 本教材根据职业学校学生的学情,突出"会计凭证语言化"和"会计语言凭证化"的训练,实现会计凭证和会计语言的相互转化,不仅能提高学生的专业技能,还能让学生熟悉企业经济业务流程,深度实现"业务财务"融合。

(2) 本教材为读者提供了实训用到的相关知识点的二维码、课程视频及动画视频二维码、电子答案等丰富的课程资源,实现纸质教材的数字化改造,形成可听、可练、可互动的数字化教学资源。

(3) 本教材融入课程思政元素,每一个模块均有课程思政案例,落实"立德树人"根本任务,以"为党育人,为国育才"为己任。

(4) 本教材系编者与北京伴学科技有限公司联合编写,该公司为我们提供业务指导,以保经济业务及票据更加贴合实际。

本教材由贵州省毕节市财贸学校会计事务专业高级讲师蔡丹凤、龙配林担任主编，由贵州省毕节市财贸学校会计师胡美、王娇担任副主编。本教材编写过程中得到了毕节市财贸学校领导、会计事务专业各专任教师、北京伴学科技有限公司、立信会计出版社以及同行专家的大力支持和帮助，在此谨向他们表示衷心的感谢！

为了学生在实训过程中不过分依赖参考答案，本教材配套的电子答案未呈现在教材中，如需索取，请与编者联系(49152169@qq.com)并备注学校名称及教师姓名。

由于编者水平有限，本教材可能存在不足之处，敬请读者批评指正，将建议或意见发编者邮箱(49152169@qq.com)，我们将在修订版中予以更正。

编者

2024年1月

目　　录

项目一　模拟实训企业背景资料 …………………………………………………… 1

项目二　模拟实训企业实训资料 …………………………………………………… 5

　模块一　货币资金 …………………………………………………………………… 5

　　任务一　库存现金 ………………………………………………………………… 5

　　任务二　银行存款 ………………………………………………………………… 16

　　任务三　其他货币资金 …………………………………………………………… 47

　模块二　应收及预付款项 …………………………………………………………… 59

　　任务一　应收账款 ………………………………………………………………… 59

　　任务二　应收票据 ………………………………………………………………… 72

　　任务三　预付账款 ………………………………………………………………… 85

　　任务四　其他应收款 ……………………………………………………………… 90

　模块三　存货 ………………………………………………………………………… 100

　　任务一　原材料 …………………………………………………………………… 100

　　任务二　周转材料 ………………………………………………………………… 127

　　任务三　库存商品 ………………………………………………………………… 137

　模块四　投资 ………………………………………………………………………… 157

　　任务一　交易性金融资产 ………………………………………………………… 157

　　任务二　债权投资 ………………………………………………………………… 169

　模块五　固定资产 …………………………………………………………………… 180

　　任务一　固定资产取得 …………………………………………………………… 180

　　任务二　固定资产发生后续支出及折旧 ………………………………………… 197

　　任务三　固定资产的处置 ………………………………………………………… 207

　模块六　负债 ………………………………………………………………………… 216

　　任务一　短期借款和应付款项 …………………………………………………… 216

　　任务二　应付职工薪酬 …………………………………………………………… 229

任务三　应交税费 …… 245
　　　任务四　长期借款 …… 264
模块七　所有者权益 …… 274
　　　任务一　投入资本 …… 274
　　　任务二　留存收益 …… 283
模块八　财务成果计算 …… 286
　　　任务一　收入 …… 286
　　　任务二　费用 …… 296
　　　任务三　利润 …… 310
模块九　编制财务会计报告 …… 316
　　　任务一　资产负债表的编制 …… 316
　　　任务二　利润表的编制 …… 319

项目一　模拟实训企业背景资料

一、模拟实训企业基本资料

贵州毕节奇伟服装有限公司是一家服装生产销售企业,企业基本资料如表 1-1-1 所示。

表 1-1-1　　　　　　　　　　模拟实训企业基本资料

企业名称		贵州毕节奇伟服装有限公司			
注册资金		5 000 000 元			
法定代表人		王红艳			
法人代表身份证号		522401198708180365			
经营范围		服装生产销售			
地址、电话		毕节高新技术产业开发区标准厂房 12 幢 0857－8225755			
纳税人识别号		91520500MA6DYX887D（一般纳税人）			
执行会计准则		《企业会计准则》			
基本户开户银行		中国工商银行股份有限公司贵州毕节杜鹃支行			
基本户开户行地址		毕节市七星关区杜鹃路 18 号			
基本户账号		2406070109200063228			
一般存款户开户行		中国建设银行股份有限公司贵州毕节桂花支行			
一般存款户账号		5200169413605261674			
一般存款户开户行地址		毕节市七星关区桂花路 220 号			
财务经理/会计主管		李薇薇			
会　　计		杨付洋	出　　纳		林艳艳
发票收款人	林艳艳	发票复核	赵宏伟	发票开票人	沈丹丹
销售主管	梁国浩	采购主管	杨子夏	生产主管	王子轩
行政主管	黄柏川	员工	李子涵 王　虎	仓管员	李子奕
银行预留印鉴章		1. 贵州毕节奇伟服装有限公司财务专用章　2. 王红艳印			

二、供应商及企业客户资料

企业相关供应商、客户资料及其他企业资料如表 1-1-2 至表 1-1-4 所示。

表 1-1-2　　企业供应商资料

供应商名称	社会信用代码	地址及电话	开户银行及账号
贵阳通黔纺织科技有限公司	91520113MA6KH2B1HR	贵阳市云岩区观水路25号,0851-88507551	中国建设银行股份有限公司贵阳云岩支行 5200169414805252487
贵阳市金誉纺织有限公司	915201300MA6AH6D1KK	贵阳市观山湖区金阳路34号,0851-88564551	中国建设银行股份有限公司贵阳金阳支行 5200169414805245567865
贵州清镇纺织有限公司	91520130MA6KK2DAKW	贵阳清镇市富强北路96号,0851-88521666	中国工商银行股份有限公司贵阳市清镇支行 2406070108500084562

表 1-1-3　　企业客户资料

客户名称	社会信用代码	地址及电话	开户银行及账号
毕节百货商厦有限责任公司	91520500MA6KH2D1HK	毕节市七星关区桂花路220号,0857-8221755	中国建设银行股份有限公司贵州毕节桂花支行 5200169413605251675
毕节广元商厦有限公司	91520500MA6DKH1EX6	毕节市七星关区清毕路8号,0857-8222496	中国建设银行股份有限公司贵州毕节桂花支行 5200169413605254858
大方县万达商场有限公司	91520521MAB6K2DH1K	毕节市大方县奢香大道125号,0857-5221766	中国工商银行股份有限公司贵州大方县支行 2406070109400068254

表 1-1-4　　其他企业资料

其他企业名称	社会信用代码	地址及电话	开户银行及账号
贵州电网有限责任公司毕节供电局	91520500214402582B	毕节市桂花路14号 0857-7109182	中国工商银行股份有限公司毕节分行营业部 2406071009200002287
贵州毕节水务有限责任公司	9152050221440282BW	毕节市七星关区麻园路三十米大道54号 0857-8225648	中国工商银行股份有限公司毕节分行营业部 2406071009200002256
贵州众力佳诚超市有限公司	91520502MA6NH17XJ6	毕节市七星关区洪山街道爱民广场 0857-7456823	中国工商银行股份有限公司毕节分行营业部 2406071009200002298
毕节腾龙大酒店有限责任公司	91520500MA6KH16XJ8	毕节市七星关区桂花路56号 0851-8229875	中国工商银行股份有限公司贵州毕节杜鹃支行 2406071009200045876
毕节洪山大酒店有限公司	91520500MA6LR17X8J	毕节市七星关区洪山路41号 0857-8563214	中国工商银行股份有限公司毕节分行营业部 2406071009200005897

三、其他说明

（1）本教材实训内容包括两方面：一方面是根据给出的相关原始凭证，让学生识别、判断并进行分析，用会计语言描述经济业务的内容，再填制记账凭证，也就是通常所说的"会计凭证语言化"；另一方面是通过给出的经济业务描述，让学生思考会涉及哪些原始凭证，并填制和审核相关原始凭证，然后根据审核无误的原始凭证填制记账凭证，也就是通常所说的"会计语言凭证化"。

（2）通过"会计语言凭证化"和"会计凭证语言化"的反复练习，学生能掌握会计核算基本技能，能更熟悉经济业务，更好地参与企业经营管理，更紧密地实现"业财融合"，为业财税一体化处理奠定良好的基础。

（3）差旅费报销单需出差人签字，并由部门经理、财务经理、总经理签字审批。部门日常经费开支由部门经理、财务经理、总经理审批签字。

（4）由于篇幅有限，本教材中企业从外部取得的增值税专用发票仅列示发票联，但均默认为发票联与抵扣联同时取得。

（5）票据的编号规则为：项目号—模块号—任务号—票据号。例如，图 2-1-1-1 表示项目二模块一任务一的第一张票据编号。

（6）本教材所需记账凭证如表 1-1-5 所示。

表 1-1-5　　　　　　　　会计单项模拟实训教程记账凭证清单

模块号	模块名称	任务号	任务名称	所需记账凭证	备注
模块一	货币资金	任务一	库存现金	10	
		任务二	银行存款	24	
		任务三	其他货币资金	8	
模块二	应收及预付款项	任务一	应收账款	14	
		任务二	应收票据	10	
		任务三	预付账款	6	
		任务四	其他应收款	9	
模块三	存货	任务一	原材料	16	
		任务二	周转材料	11	
		任务三	库存商品—商贸企业	12	
模块四	投资	任务一	交易性金融资产	10	
		任务二	债权投资	12	
模块五	固定资产	任务一	固定资产取得	12	
		任务二	固定资产后续支出及折旧	6	
		任务三	固定资产处置	11	
模块六	负债	任务一	短期借款和应付款项	11	
		任务二	应付职工薪酬	19	
		任务三	应交税费	15	
		任务四	长期借款	11	

（续表）

模块号	模块名称	任务号	任务名称	所需记账凭证	备注
模块七	所有者权益	任务一	投入资本	7	
		任务二	留存收益	4	
模块八	财务成果计算	任务一	收入	10	
		任务二	费用	12	
		任务三	利润	13	
模块九	编制财务会计报告	任务一	资产负债表	0	
		任务二	利润表	0	
			合计	273	

项目二　模拟实训企业实训资料

模块一　货币资金

任务一　库存现金

请扫描二维码,认真查看库存现金相关知识,了解国税总局2019年第39号公告、库存现金的收付范围、库存现金的日常收支管理以及库存现金业务流程,为实习实训做好理论准备。

国税总局2019年第39号公告

库存现金的收付范围

库存现金的日常收支管理

库存现金业务流程

实训目的

(1) 知识目标:理解库存现金管理的主要内容及基本要求,熟悉库存现金收付业务的原始凭证填制与审核,掌握库存现金核算的账务处理。

(2) 技能目标:能根据库存现金收付业务取得的相关原始凭证,进行经济业务的分析判断,描述发生的具体经济业务的内容;能根据库存现金收付业务的描述,列出所涉及的原始凭证并填制相关空白的原始凭证;能审核库存现金收付业务相关原始凭证的真实性、合法性和完整性等,进行正确的会计确认、计量并据以填制记账凭证;能登记库存现金日记账。

(3) 素养目标:培养学生实事求是、诚实守信、廉洁自律的优良品质;培养学生自觉维护企业财产安全的责任感。

思政案例(库存现金)

实训一 库存现金核算实训(会计凭证语言化)

(1) 贵州毕节奇伟服装有限公司 2022 年 1 月初"库存现金"账户余额为 5 000 元。

(2) 该公司 2022 年 1 月发生的与库存现金有关的业务核算资料如图 2-1-1-1 至图 2-1-1-11 所示。

【业务 1】

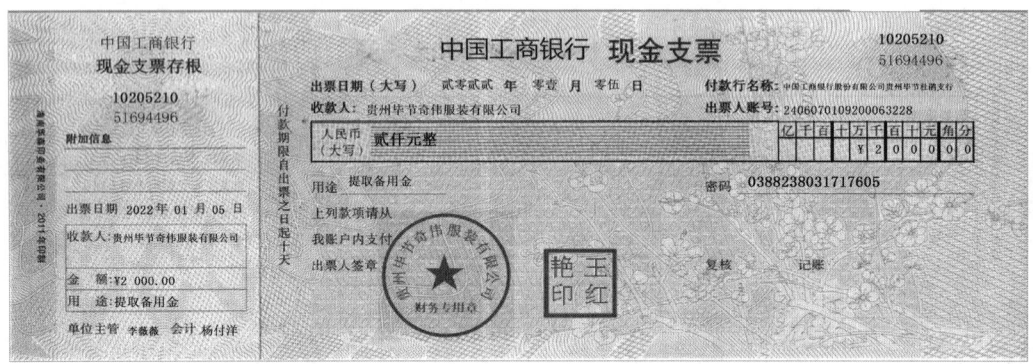

图 2-1-1-1　现金支票

要求 1：根据图 2-1-1-1，描述经济业务：_____

要求 2：审核原始凭证后填制记账凭证(通用记账凭证)。

【业务 2】

借款单

2022 年 01 月 10 日　　　　　　　　　现金付讫

资金性质：　现金

部门	采购部		
借款理由	预借差旅费		
借款金额	人民币(大写)　叁仟元整		￥3 000.00
领导批示	同意　王红艳	财务主管	同意　李薇薇

部门主管：杨子夏　　出纳：林艳艳　　领款人：王虎

图 2-1-1-2　借款单

要求 1：根据图 2-1-1-2，描述经济业务：_____

要求2：审核原始凭证后填制记账凭证（通用记账凭证）。

【业务3】

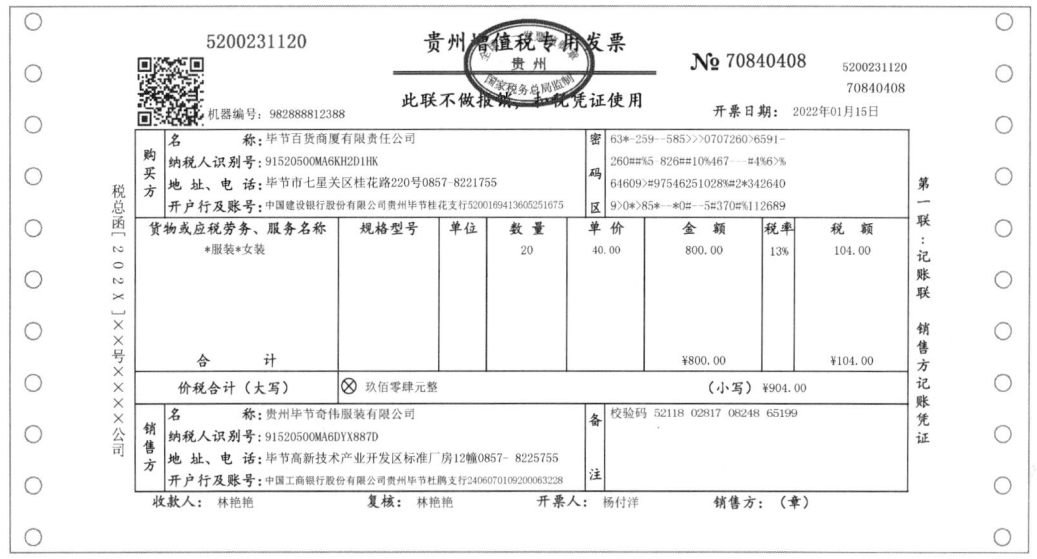

图2-1-1-3　增值税专用发票

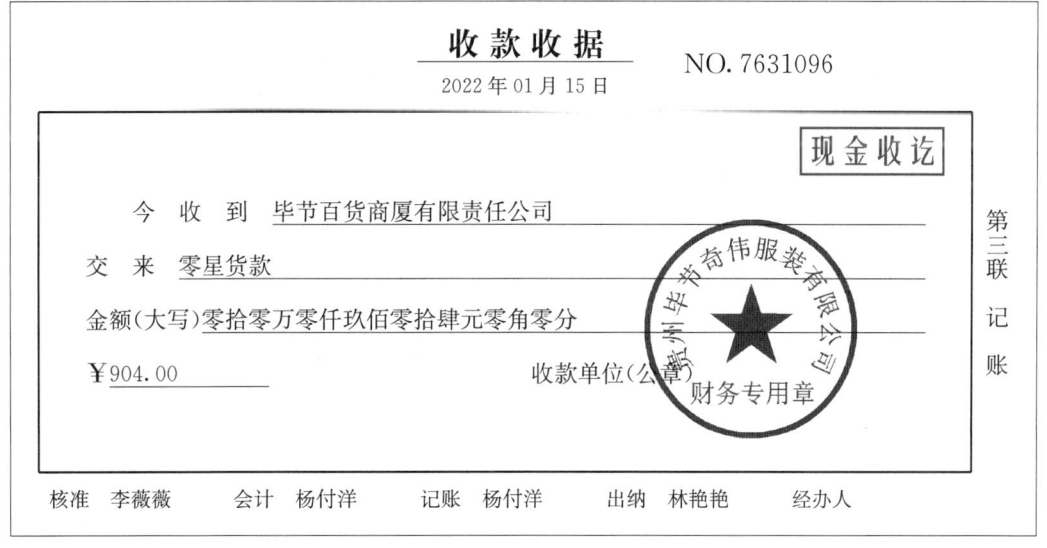

图2-1-1-4　收款收据

要求1：根据图2-1-1-3和图2-1-1-4，描述经济业务：_____

要求2：审核原始凭证后填制记账凭证（通用记账凭证）。

【业务4】

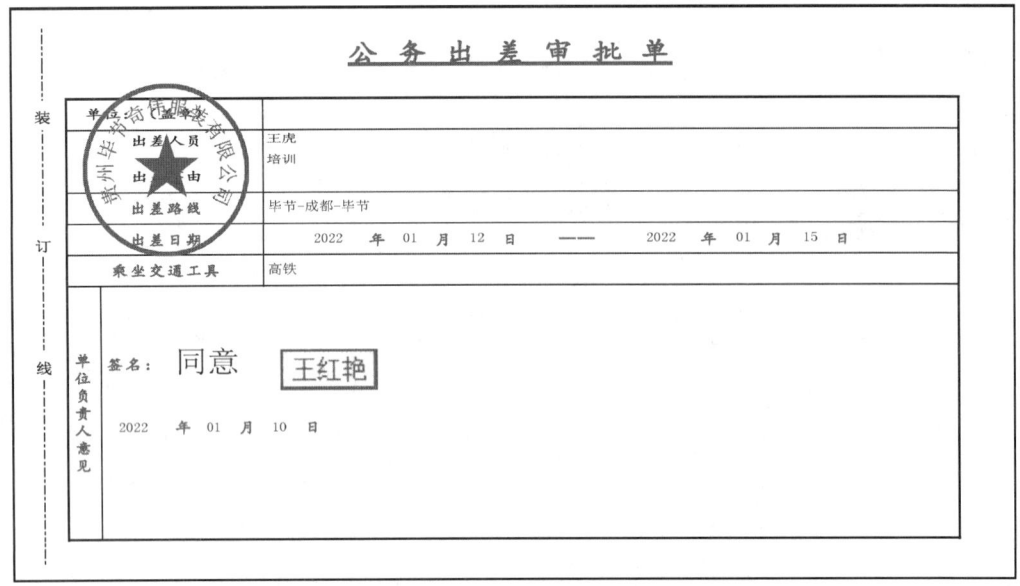

图 2-1-1-5　公务出差审批单

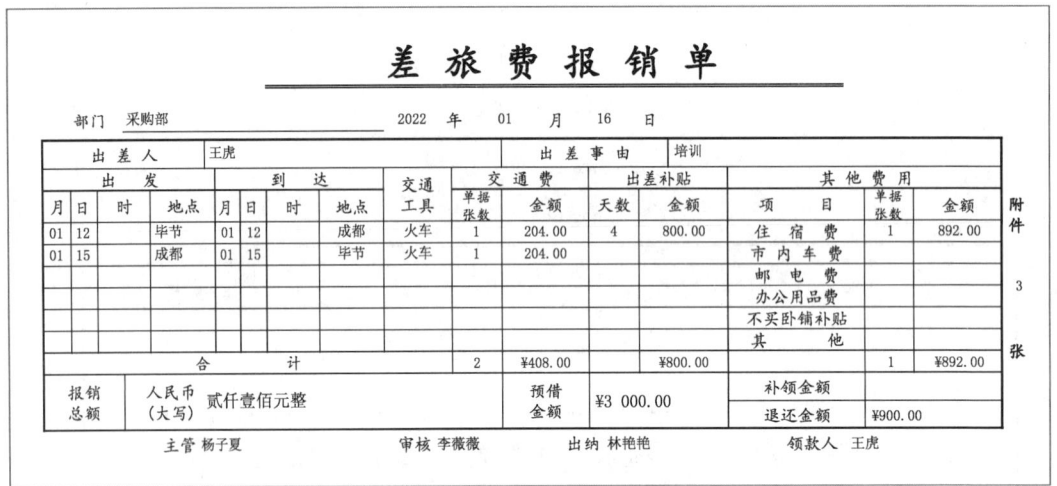

图 2-1-1-6　差旅费报销单

图 2-1-1-7　高铁票

图 2-1-1-8　高铁票

图 2-1-1-9 增值税专用发票

图 2-1-1-10 收款收据

要求1：根据图2-1-1-5至图2-1-1-10,描述经济业务：_____

要求2：审核原始凭证后填制记账凭证（通用记账凭证）。

【业务5】

中国工商银行　现金存款凭条

日期：2022 年 01 月 20 日

存款人	全称	贵州毕节奇伟服装有限公司		
	账号	2406070109200063228	款项来源	库存现金
	开户行	中国工商银行股份有限公司贵州毕节杜鹏支行	交款人	林艳艳

金额	人民币（大写）	叁仟元整	金额（小写）	亿	千	百	十	万	千	百	十	元	角	分
								¥	3	0	0	0	0	0

票面	张数	十	万	千	百	十	元	票面	张数	千	百	十	元	角	分	备注
壹佰元	30		¥	3	0	0	0	伍角								中国工商银行股份有限公司贵州毕节杜鹏支行 2022.01.20 转讫
伍拾元								贰角								
贰拾元								壹角								
拾元								伍分								
伍元								贰分								
贰元								壹分								
壹圆								其他								

201508 190*100mm

第二联 客户核对联

图 2-1-1-11　现金存款凭条

要求 1：根据图 2-1-1-11，描述经济业务：________________________________

____

要求 2：审核原始凭证后填制记账凭证(通用记账凭证)。

(3) 根据贵州毕节奇伟服装有限公司 2022 年 1 月发生的与库存现金有关的业务登记库存现金日记账并结账。库存现金日记账如图 2-1-1-12 所示。

库存现金日记账

年		记账凭证		对方科目	摘要	借方	贷方	借或贷	余额
月	日	字	号						

图 2-1-1-12　库存现金日记账

实训二　库存现金核算实训(会计语言凭证化)

(1) 贵州毕节奇伟服装有限公司 2022 年 1 月初“库存现金”账户余额为 5 000 元。

(2) 该公司 2022 年 1 月发生的与库存现金有关的业务核算资料如下。

【业务 1】

10 日,以现金支付销售部王阳出差上海借款 3 000 元。

要求 1:列出该经济业务涉及的原始凭证:________________

要求 2:填制空白原始凭证,如图 2-1-1-13 所示。

要求 3:审核所填制原始凭证后填制记账凭证(通用记账凭证)。

借　款　单

年　　月　　日

资金性质:________

部门		
借款理由		
借款金额	人民币(大写)________	¥________
领导批示	财务主管	

部门主管:　　　　出纳:　　　　领款人:

图 2-1-1-13　借款单

【业务 2】

15 日,签发现金支票从银行提取备用金 10 000 元。

要求 1:列出该经济业务涉及的原始凭证:________________

要求 2:填制空白原始凭证,如图 2-1-1-14 所示。

要求 3:审核所填制原始凭证后填制记账凭证(通用记账凭证)。

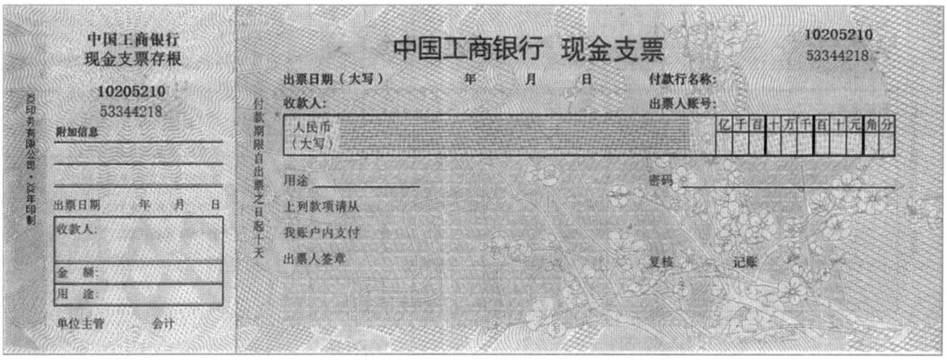

图 2-1-1-14　现金支票

【业务 3】

17 日，王阳出差归来报销差旅费 3 656 元，其中取得实名高铁票往返交通费 1 593 元；住宿 4 天，每天 265.75 元，合计住宿费 1 063 元；出差 5 天，每天补贴 200 元，合计补贴 1 000 元。原借支 3 000 元，超出部分用现金支付。

要求 1：列出该经济业务涉及的原始凭证：________________________________

____

要求 2：填制空白原始凭证，如图 2-1-1-15 至图 2-1-1-20 所示。

要求 3：审核所填制原始凭证后填制记账凭证（通用记账凭证）。

公务出差审批单

单位：(盖章)

出差人员	
出差事由	
出差路线	
出差日期	年 月 日—— 年 月 日
乘坐交通工具	
单位负责人意见	签名： 年 月 日

图 2-1-1-15 公务出差审批单

差 旅 费 报 销 单

部门 ____________ 年 月 日

出差人									出差事由						
出发				到达				交通工具	交通费		出差补贴		其他费用		
月	日	时	地点	月	日	时	地点		单据张数	金额	天数	金额	项目	单据张数	金额
													住宿费		
													市内车费		
													邮电费		
													办公用品费		
													不买卧铺补贴		
													其他		
合计															
报销总额	人民币（大写）								预借金额				补领金额		
													退还金额		

附件 张

主管 审核 出纳 领款人

图 2-1-1-16 差旅费报销单

图 2-1-1-17　高铁票

图 2-1-1-18　高铁票

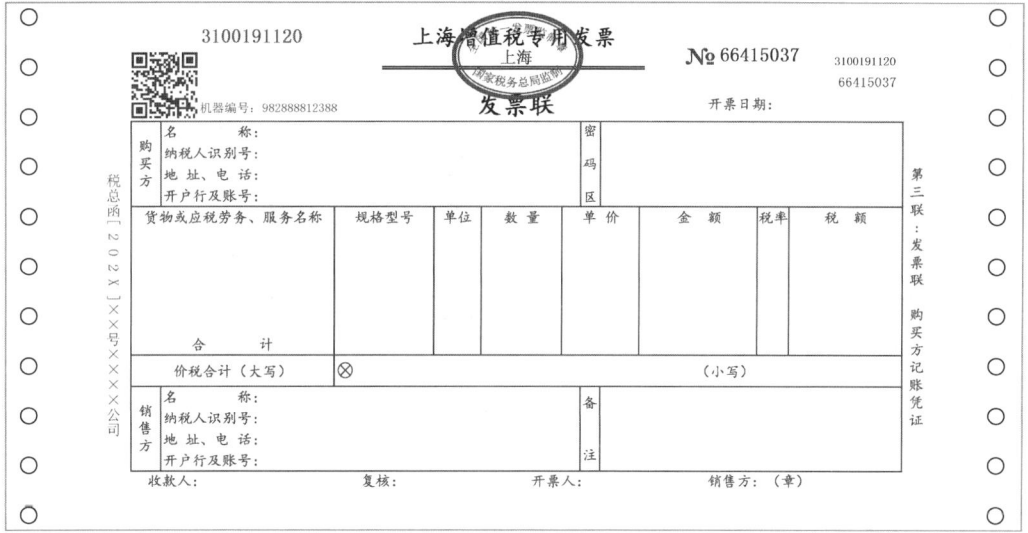

图 2-1-1-19　增值税专用发票

领　款　单

年　月　日

单　位		姓　名	
今领到			
金　额（大写）		小写¥	
		扣税¥	
领导审批		领款人	实发¥
会计主管　　　　　　审核　　　　　　出纳			

图 2-1-1-20　领款单

【业务 4】

22 日,现金支付毕节腾龙大酒店有限责任公司招待费 824 元(其中税额 24 元),取得增值税普通发票。

要求 1:列出该经济业务涉及的原始凭证:＿＿＿＿＿＿＿＿＿＿＿＿＿＿＿＿

要求 2:填制空白原始凭证,如图 2-1-1-21 和图 2-1-1-22 所示。

要求 3:审核所填制原始凭证后填制记账凭证(通用记账凭证)。

图 2-1-1-21 费用报销单

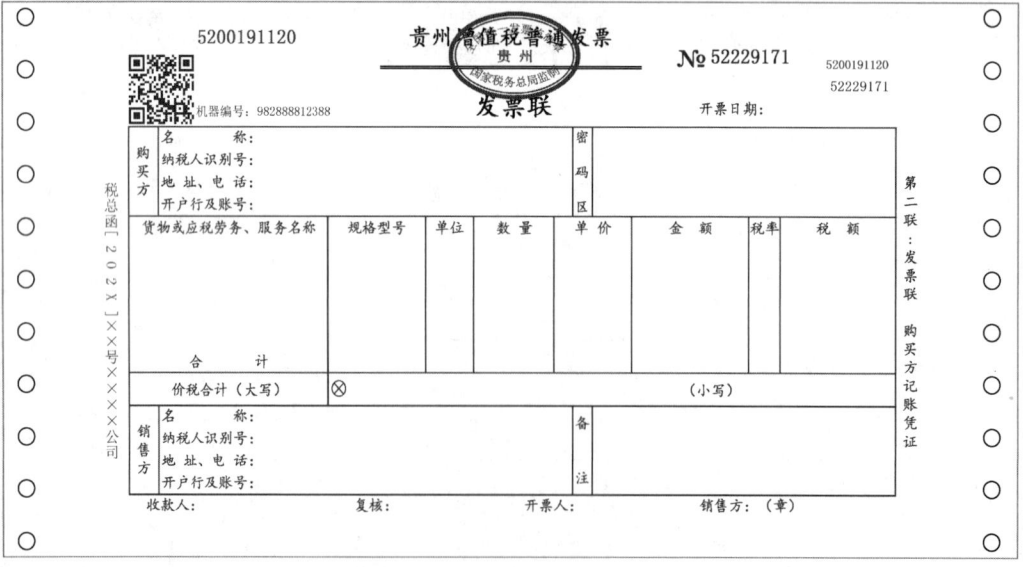

图 2-1-1-22 增值税普通发票

【业务 5】

25 日,收到毕节市兴旺服装销售公司交来租用包装物押金 4 000 元,款项通过现金收讫。

要求 1:列出该经济业务涉及的原始凭证:_____

要求 2:填制空白原始凭证,如图 2-1-1-23 所示。

要求 3:审核所填制原始凭证后填制记账凭证(通用记账凭证)。

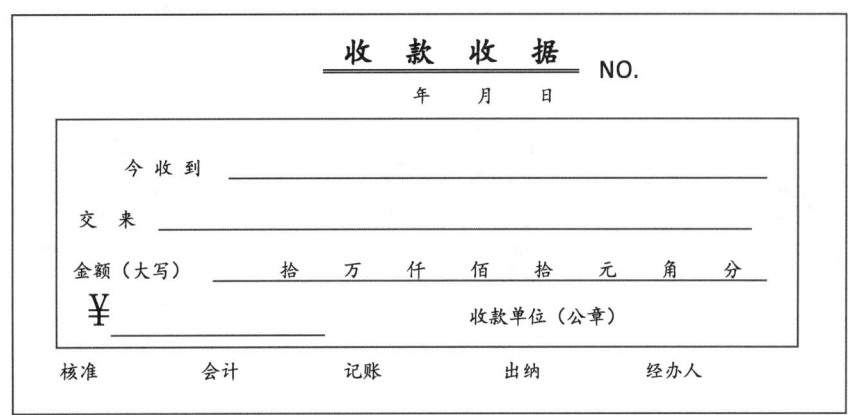

图 2-1-1-23　收款收据

(3) 根据贵州毕节奇伟服装有限公司 2022 年 1 月发生的与库存现金有关的业务登记库存现金日记账并结账。库存现金日记账如图 2-1-1-24 所示。

库存现金日记账

年		记账凭证		对方科目	摘　要	借　方	贷　方	借或贷	余　额
月	日	字	号						

图 2-1-1-24　库存现金日记账

任务二 银行存款

请扫描二维码,认真查看银行存款业务相关知识,了解银行汇票结算方式、支票结算方式、银行存款的清查、银行支付结算的基本原则与办理要求、银行存款业务的流程图,为实习实训做好理论准备。

银行汇票结算方式

支票结算方式

银行存款的清查

银行支付结算的基本原则与办理要求

银行存款相关业务流程图

(1)知识目标:理解银行存款管理的主要内容和基本要求;熟悉银行支付结算方式的种类、适用范围和基本规定;掌握银行存款收付业务原始凭证的填制与审核。

(2)技能目标:能根据银行存款收付业务的相关原始凭证,进行经济业务的分析判断,描述出发生的具体经济业务的内容;能根据银行存款收付业务的描述,列出所涉及的原始凭证并填制相关空白的原始凭证;能审核银行存款收付业务相关原始凭证的真实性、合法性和完整性等,进行正确的会计确认、计量并据以填制记账凭证;能根据银行存款收付业务登记银行存款日记账;能编制银行存款余额调节表。

(3)素养目标:培养学生实事求是、诚实守信、廉洁自律的优良品质;培养学生自觉维护企业财产安全的责任感。

实训一 银行存款核算实训(会计凭证语言化)

(1)贵州毕节奇伟服装有限公司2022年1月末"银行存款"账户余额为385 000元。

(2)该公司2022年2月发生的与银行存款有关的业务核算资料如图2-1-2-1至图2-1-2-40。

【业务1】

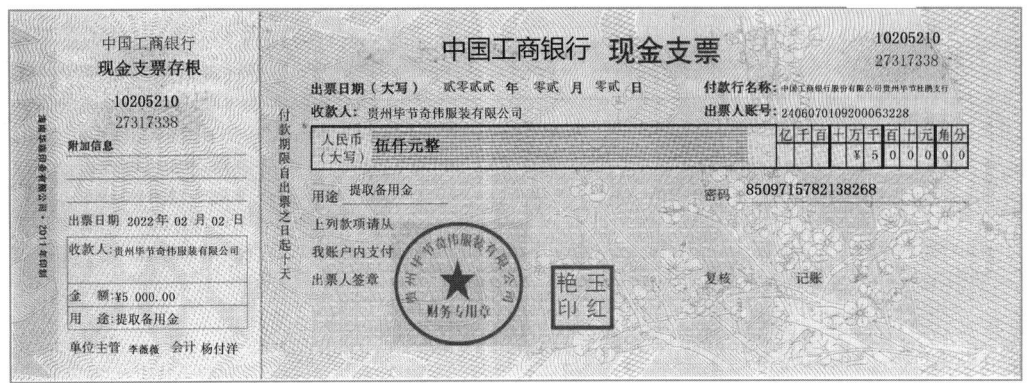

图 2-1-2-1　现金支票

要求1：根据图 2-1-2-1，描述经济业务：_____

要求2：审核原始凭证后填制记账凭证（通用记账凭证）。

【业务2】

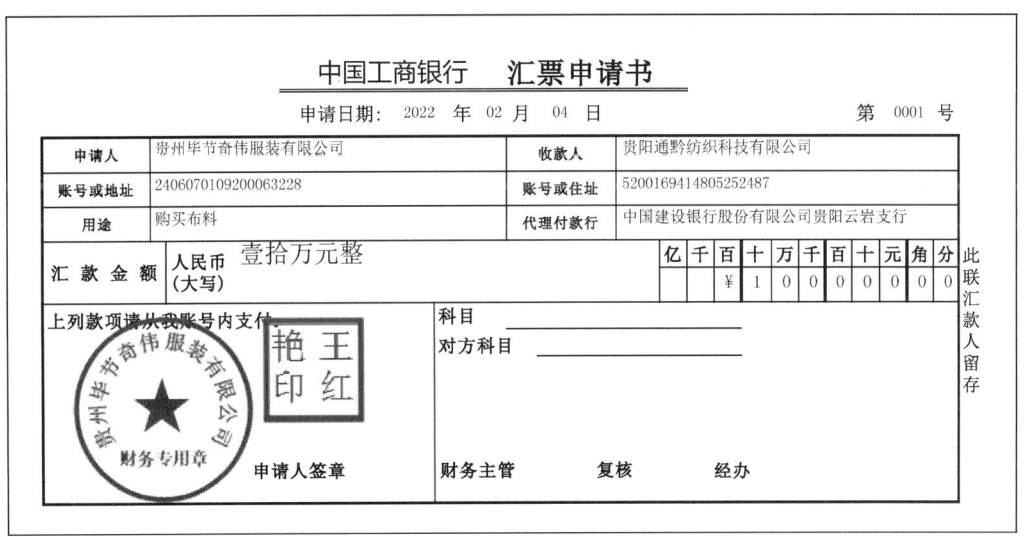

图 2-1-2-2　汇票申请书

要求1：根据图 2-1-2-2，描述经济业务：_____

要求2：审核原始凭证后填制记账凭证（通用记账凭证）。

【业务3】

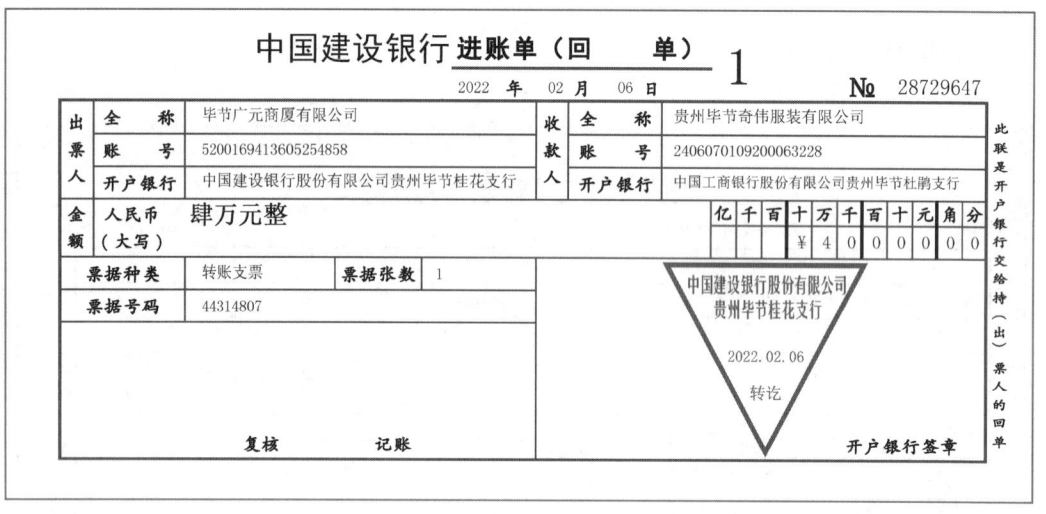

图 2-1-2-3　转账支票

图 2-1-2-4　进账单

要求1：根据图 2-1-2-3 和图 2-1-2-4，描述经济业务：_____

要求2：审核原始凭证后填制记账凭证（通用记账凭证）。

【业务4】

贵州毕节奇伟服装有限公司　付款申请单

申请部门：采购部　　　　　　　　　　　　　　　　　　　　　2022 年 02 月 10 日

摘　要	预付货款				合同编号	57383987
合同金额	壹拾万元整				已付金额	0
付款金额	人民币（大写）伍万元整					￥50 000.00
付款方式	□现金	□转账支票	□银行汇票	□银行承兑汇票	用款日期	2022-02-10
	☑网银转账	□电汇	□银行本票	□其他		
收款单位	贵阳市金誉纺织有限公司				领款人	王恒亦
总经理：王红艳		财务部经理：李薇薇		部门经理：杨子夏		经办人：王子涵

图 2-1-2-5　付款申请单

中国工商银行　网银回单　付款凭证

日期：2022 年 02 月 10 日　　　　回单编号：3268

付款人户名：	贵州毕节奇伟服装有限公司	付款人开户行：	中国工商银行股份有限公司贵州毕节杜鹃支行
付款人账号（卡号）：	2406070109200063228		
收款人户名：	贵阳市金誉纺织有限公司	收款人开户行：	中国建设银行股份有限公司贵阳金阳支行
收款人账号（卡号）：	5200169414805245556785		
金额：	人民币 伍万元整	小写：	￥50 000.00
业务(产品)种类：		凭证种类：	凭证号码：
摘要：	预付货款	用途：	币种：
交易机构：		记账柜员：	交易代码：　　　渠道：
附言：			
支付交易序号：			
报文种类：		委托日期：	业务种类：
本回单为第　次打印，注意重复		打印日期：2022.02.10	打印柜员：

图 2-1-2-6　网银回单

要求1：根据图 2-1-2-5 至图 2-1-2-6，描述经济业务：_____

要求2：审核原始凭证后填制记账凭证（通用记账凭证）。

【业务5】

贵州毕节奇伟服装有限公司　付款申请单

申请部门：生产部				2022 年 02 月 12 日	
摘　要	支付上月电费			合同编号	
合同金额				已付金额	0
付款金额	人民币（大写）叁万伍仟元整				￥35 000.00
付款方式	□现金　☑转账支票　□银行汇票　□银行承兑汇票 □网银转账　□电汇　□银行本票　□其他			用款日期	2022-02-12
收款单位	贵州电网有限责任公司毕节供电局			领款人	章启立
总经理：王红艳		财务部经理：李薇薇	部门经理：王子轩	经办人：陈浩	

图 2-1-2-7　付款申请单

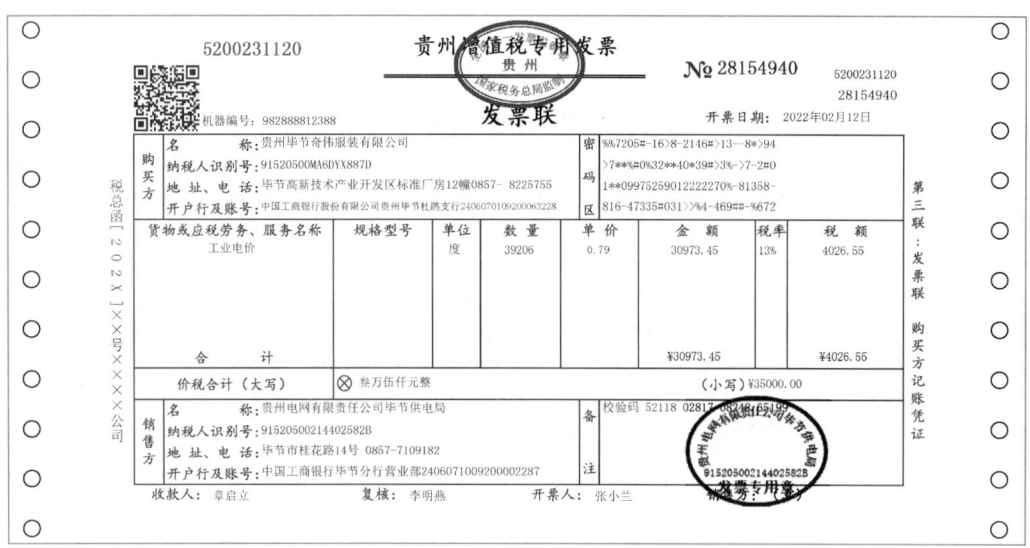

图 2-1-2-8　增值税专用发票

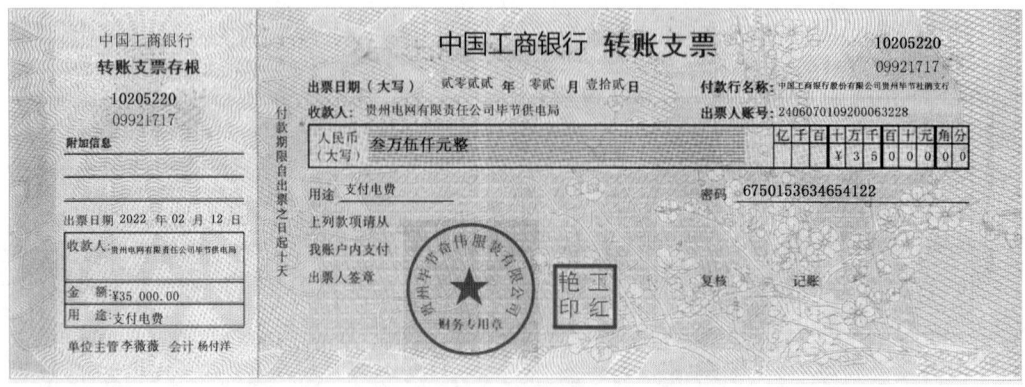

图 2-1-2-9　转账支票

电费分配表

2022 年 02 月 12 日　　　　　　　　　　　　　　　　　　　　　单位：元

使用部门	分配金额
车间	20 000.00
行政部	10 000.00
销售部	973.45
合　计	￥30 973.45

图 2-1-2-10　电费分配表

要求1：根据图 2-1-2-7 至图 2-1-2-10，描述经济业务：_____

要求2：审核原始凭证后填制记账凭证（通用记账凭证）。

【业务6】

贵州毕节奇伟服装有限公司　付款申请单

申请部门：财务部　　　　　　　　　　　　　　　　　　　　2022 年 02 月 14 日

摘　要	缴纳1月各项税费			合同编号	
合同金额	零元整			已付金额	
付款金额	人民币（大写）壹万陆仟捌佰元整			￥16 800.00	
付款方式	□现金　□转账支票　□银行汇票　□银行承兑汇票 ☑网银转账　□电汇　□银行本票　□其他			用款日期	2022-02-14
收款单位	国家税务总局毕节市七星关区税务局			领款人	吴天
总经理：王红艳	财务部经理：李薇薇	部门经理：李薇薇		经办人：杨付洋	

图 2-1-2-11　付款申请单

电子缴款凭证

打印日期：2022 年 02 月 14 日　　　　　　　　54468465807439

纳税人识别号	91520500MA6DYX887D			税务征收机关	国家税务总局毕节市七星关区税务局	
纳税人全称	贵州毕节奇伟服装有限公司			开户银行	中国工商银行股份有限公司毕节杜鹃支行	
				银行账号	2406070109200063228	
系统税票号	征（费）种	税（品）目	所属时期起	所属时期止	实缴金额	缴款日期	备注
352056220100017484	增值税	商业（17%，16%，13%）	2022 年 01 月 01 日	2022 年 01 月 31 日	15 000.00	2022 年 02 月 14 日	
	城市维护建设税	市区（增值税附征）	2022 年 01 月 01 日	2022 年 01 月 31 日	1 050.00	2022 年 02 月 14 日	
	教育费附加	增值税教育费附加	2022 年 01 月 01 日	2022 年 01 月 31 日	450.00	2022 年 02 月 14 日	
	地方教育附加	增值税地方教育附加	2022 年 01 月 01 日	2022 年 01 月 31 日	300.00	2022 年 02 月 14 日	
金额合计	（大写）壹万陆仟捌佰元整				￥16 800.00		

本缴款凭证仅作为纳税人记账核算凭证使用，电子缴税记录单与银行对账单电子划缴记录核对一致方可。纳税人如需汇总开具正式完税证明，请凭税务登记证或身份证明到主管税务机关开具。

征税专用章

图 2-1-2-12　电子缴款凭证

图 2-1-2-13　电子缴税付款凭证

要求1：根据图 2-1-2-11 至图 2-1-2-13，描述经济业务：_____

要求2：审核原始凭证后填制记账凭证（通用记账凭证）。

【业务7】

编码	产品名称	规格	单位	单价	数量	金额	备注
1	西服		套	1 000.00	500	500 000.00	
合计	人民币（大写）：	伍拾万元整				¥500 000.00	

销售单

购货单位：大方县万达商场有限公司　地址和电话：大方县耆香大道125号 0857-8221766　单据编号：5087
纳税识别号：91520521MAB6K2DH1K　开户行及账号：中国工商银行股份有限公司贵州大方县支行2406070109400068254　制单日期：2022年02月15日

总经理：王红艳　　销售经理：梁国浩　　经手人：李梓涵　　会计：杨付洋　　签收人：陈晨

图 2-1-2-14　销售单

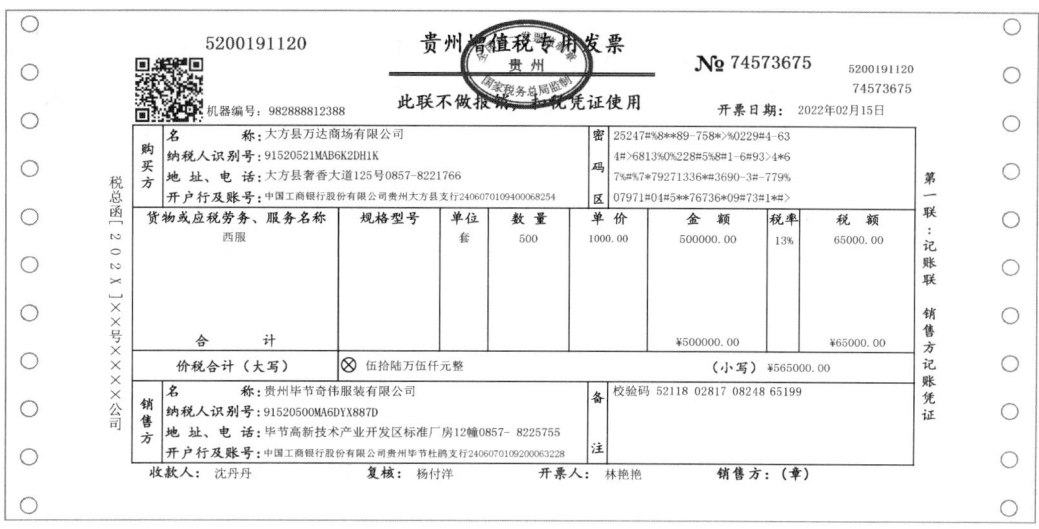

图 2-1-2-15　增值税专业发票

图 2-1-2-16　网银回单

要求1：根据图2-1-2-14至图2-1-2-16，描述经济业务：_____

要求2：审核原始凭证后填制记账凭证（通用记账凭证）。

【业务 8】

贵州毕节奇伟服装有限公司 付款申请单

申请部门：财务部　　　　　　　　　　　　　　　　　　　2022 年 02 月 16 日

摘　要	归还借款本金			合同编号	
合同金额	叁拾万元整			已付金额	0.00
付款金额	人民币（大写）叁拾万元整				￥300 000.00
付款方式	□现金　☑网银转账	□转账支票　□电汇	□银行汇票　□银行本票	□银行承兑汇票　□其他	用款日期	2022-02-16
收款单位	中国工商银行股份有限公司贵州毕节杜鹃支行			领款人	陈策
总经理：王红艳	财务部经理：李薇薇	部门经理：李薇薇	经办人：吴林

图 2-1-2-17　付款申请单

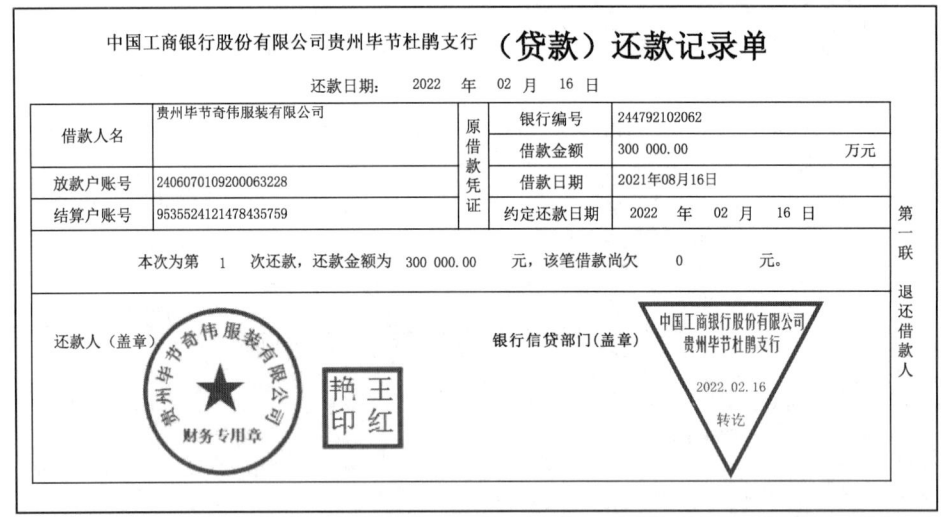

图 2-1-2-18　还款记录单

要求 1：根据图 2-1-2-17 和图 2-1-2-18，描述经济业务：_____

要求 2：审核原始凭证后填制记账凭证（通用记账凭证）。

【业务 9】

贵州毕节奇伟服装有限公司 付款申请单

申请部门：采购部　　　　　　　　　　　　　　　　　　　2022 年 02 月 20 日

摘　要	购进布料			合同编号	78665064
合同金额	贰拾捌万贰仟伍佰元整			已付金额	0
付款金额	人民币（大写）贰拾捌万贰仟伍佰元整				￥282 500.00
付款方式	□现金　☑网银转账	□转账支票　□电汇	□银行汇票　□银行本票	□银行承兑汇票　□其他	用款日期	2022-02-20
收款单位	贵州清镇纺织有限公司			领款人	罗艳琼
总经理：王红艳	财务部经理：李薇薇	部门经理：杨子夏	经办人：王子涵

图 2-1-2-19　付款申请单

贵州毕节奇伟服装有限公司
采购入库单

入库单号：321599634　　入库日期：2022-02-20　　入库类型：　　部门：采购部
供应商名称：贵州清镇纺织有限公司　　仓库名称：　　备注：

发票号码	编码	存货名称	尺码	颜色	单位	数量	不含税价	金额
03735745		布料			米	3 125.00	80.00	250 000.00
合计						3 125.00		250 000.00

记账：杨付洋　　复核：李薇薇　　仓库保管：周金华　　采购员：王子涵

图 2-1-2-20　采购入库单

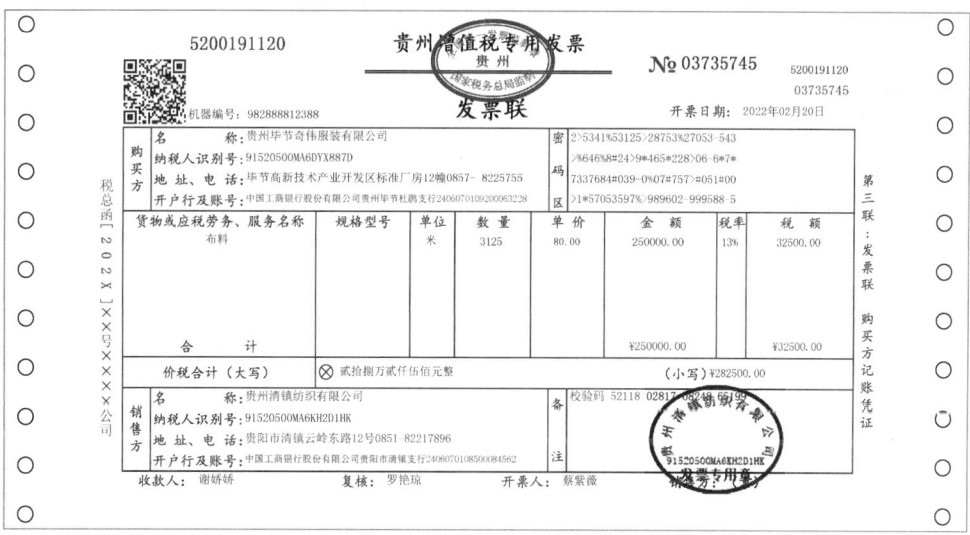

图 2-1-2-21　增值税专用发票

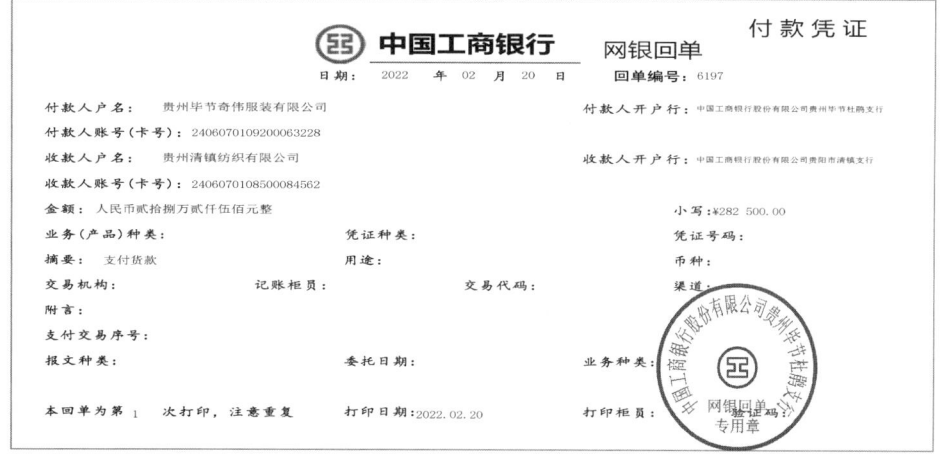

图 2-1-2-22　网银回单

要求 1：根据图 2-1-2-19 至图 2-1-2-22，描述经济业务：_____

要求 2：审核原始凭证后填制记账凭证（通用记账凭证）。

【业务 10】

贵州毕节奇伟服装有限公司 付款申请单

申请部门：采购部			2022 年 02 月 24 日	
摘　要	购料结算		合同编号	55041285
合同金额	玖万陆仟零伍拾元整		已付金额	0
付款金额	人民币（大写）玖万陆仟零伍拾元整		￥96 050.00	
付款方式	□现金　　□转账支票　　☑银行汇票　　□银行承兑汇票 □网银转账　□电汇　　　□银行本票　　□其他		用款日期	2022-02-24
收款单位	贵阳通黔纺织科技有限公司		领款人	燕明妮
总经理：王红艳	财务部经理：李薇薇	部门经理：杨子夏		经办人：王子涵

图 2-1-2-23 付款申请单

贵州毕节奇伟服装有限公司
采购入库单

入库单号：321599635　　入库日期：2022-02-24　　入库类型：　　部　门：采购部
供应商名称：贵阳通黔纺织科技有限公司　　仓库名称：　　备注：

发票号码	编码	存货名称	尺码	颜色	单位	数　量	不含税价	金　额
09525087		布料			米	1 000.00	85.00	85 000.00
合计						1 000.00		85 000.00

记　账：杨付洋　　复　核：李薇薇　　仓库保管：周金华　　采购员：杨子夏

图 2-1-2-24 采购入库单

图 2-1-2-25 增值税专用发票

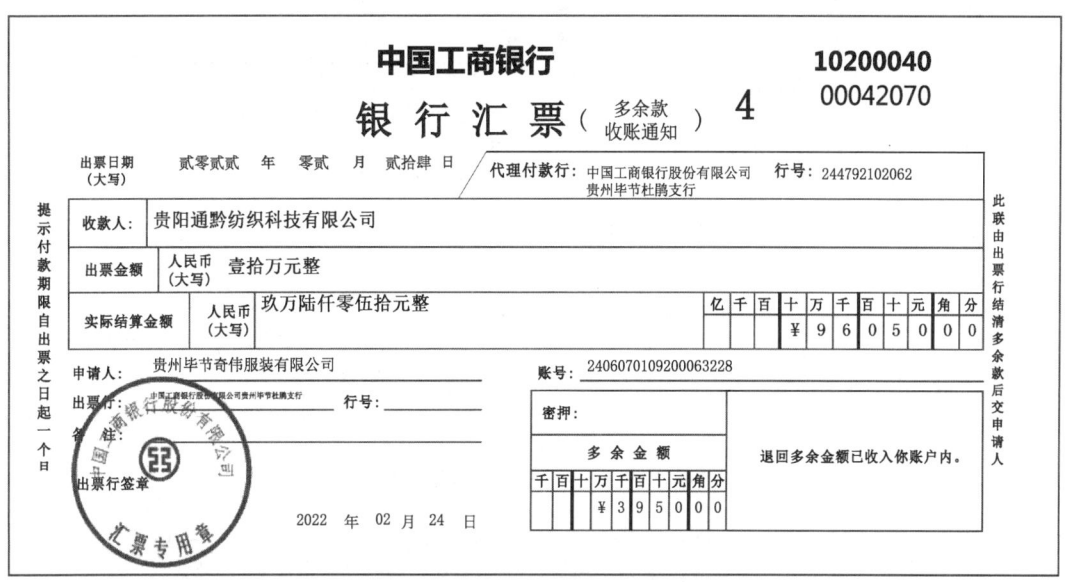

图 2-1-2-26 银行汇票多余款收账通知联

要求1：根据图2-1-2-23至图2-1-2-26，描述经济业务：＿＿＿＿＿＿＿＿＿＿

要求2：审核原始凭证后填制记账凭证（通用记账凭证）。

【业务11】

贵州毕节奇伟服装有限公司　付款申请单				
申请部门：行政部			2022 年 02 月 27 日	
摘　要	支付2月水费		合同编号	
合同金额			已付金额	
付款金额	人民币（大写）叁仟伍佰元整		￥3 500.00	
付款方式	□现金　☑转账支票　□银行汇票　□银行承兑汇票 □网银转账　□电汇　□银行本票　□其他		用款日期	2022-02-27
收款单位	贵州毕节水务有限责任公司		领款人	王文波
总经理：王红艳　　财务部经理：李薇薇　　部门经理：黄柏川　　经办人：陈鑫				

图 2-1-2-27 付款申请单

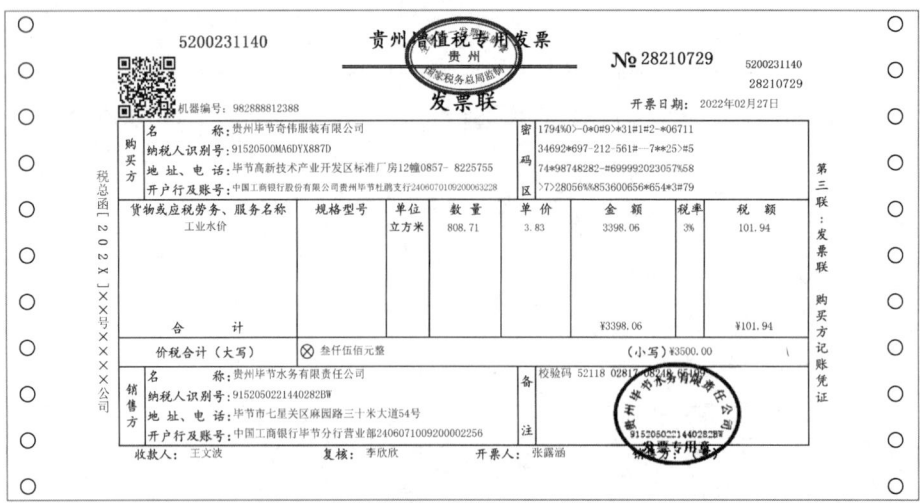

图 2-1-2-28 增值税专用发票

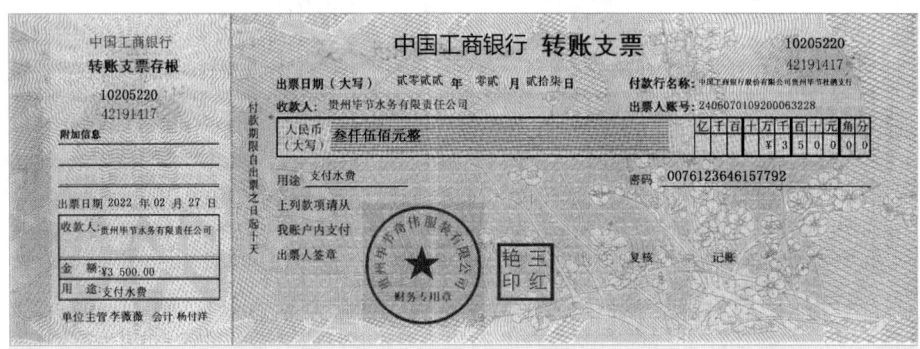

图 2-1-2-29 转账支票

水费分配表

2022 年 02 月 27 日 　　　　　　　　　　　　　单位:元

使用部门	分配金额
车间	1 500.00
行政部	1 000.00
销售部	898.06
合计	￥3 398.06

图 2-1-2-30 水费分配表

要求 1：根据图 2-1-2-27 至图 2-1-2-30，描述经济业务：_____

要求2：审核原始凭证后填制记账凭证（通用记账凭证）。

【业务12】

贵州毕节奇伟服装有限公司 付款申请单

申请部门：财务部　　　　　　　　　　　　　　　　　　　　　2022 年 01 月 31 日

摘　　要	委托银行代发1月份工资			合同编号	
合同金额				已付金额	
付款金额	人民币（大写）捌万肆仟伍佰元整			￥84 500.00	
付款方式	□现金　　☑网银转账	□转账支票　□电汇	□银行汇票　□银行本票	□银行承兑汇票　□其他	用款日期　2022-01-31
收款单位				领款人	
总经理：王红艳	财务部经理：李薇薇		部门经理：李薇薇		经办人：杨付洋

图 2-1-2-31　付款申请单

工资结算表

2022 年 01 月 31 日　　　　　　　　　　　　　　　　　　　　　单位：元

| 部门 | 姓名 | 基础工资 | 岗位津贴 | 奖金 | 交通补助 | 应扣工资 | | 应付工资 | 代扣款项 | | | | | 合计 | 实发工资 |
						请假扣款	缺勤扣款		养老保险(8%)	医疗保险(2%)	失业保险(0.2%)	住房公积金(12%)	个人所得税		
生产部	刘大毛	3 000.00	300.00	1 000.00	300.00			9 600.00	768.00	192.00	19.20	1 152.00	74.06	2 205.26	7 394.74
生产部	王 青	3 500.00	300.00	1 000.00	200.00			5 000.00	400.00	100.00	10.00	600.00	0.00	1 110.00	3 890.00
生产部	肖一顺	3 500.00	300.00	1 000.00	200.00			5 000.00	400.00	100.00	10.00	600.00	0.00	1 110.00	3 890.00
生产部	迟 洛	3 500.00	300.00	1 000.00	200.00	150.00		4 850.00	388.00	97.00	9.70	582.00	0.00	1 076.70	3 773.30
销售部	赵德柱	5 000.00	300.00	4 000.00	200.00			9 500.00	760.00	190.00	19.00	1 140.00	71.73	2 180.73	7 319.27
销售部	钱帆蓓	2 000.00	300.00	4 000.00	200.00			6 500.00	520.00	130.00	13.00	780.00	0.00	1 443.00	5 057.00
销售部	王小顺	2 000.00	300.00	3 500.00	200.00			6 000.00	480.00	120.00	12.00	720.00	0.00	1 332.00	4 668.00
销售部	李四顺	2 000.00	300.00	3 400.00	200.00			5 900.00	472.00	118.00	11.80	708.00	0.00	1 309.80	4 590.20
销售部	王兰兰	2 000.00	300.00	3 100.00	200.00			5 600.00	448.00	112.00	11.20	672.00	0.00	1 243.20	4 356.80
财务部	陈晓蓓	7 000.00	300.00	1 000.00	200.00			8 500.00	680.00	170.00	17.00	1 020.00	48.39	1 935.39	6 564.61
财务部	邓 伟	3 000.00	300.00	1 000.00	200.00			4 500.00	360.00	90.00	9.00	540.00	0.00	999.00	3 501.00
行政部	陈 兴	15 000.00	500.00	2 000.00	500.00			18 000.00	1 440.00	360.00	36.00	2 160.00	690.40	4 686.40	13 313.60
行政部	王 蓉	12 000.00	500.00	1 800.00	500.00			14 800.00	1 184.00	296.00	29.60	1 776.00	441.44	3 727.04	11 072.96
行政部	付晓晓	2 600.00	300.00	500.00	200.00	29.00	100.00	3 600.00	288.00	72.00	7.20	432.00	0.00	799.20	2 800.80
行政部	陈 浪	2 000.00	300.00	500.00	200.00	33.78	100.00	2 966.22	237.30	59.32	5.93	355.95	0.00	658.50	2 307.72
合计		73 100.00	4 900.00	28 800.00	3 700.00	183.78		110 316.22	8 825.30	2 206.32	220.63	13 237.95	1 326.02	28 816.22	84 500.00

总经理：王红艳　　　财务主管：李薇薇　　　审核：杨付洋　　　制表：林艳艳

图 2-1-2-32　工资结算表

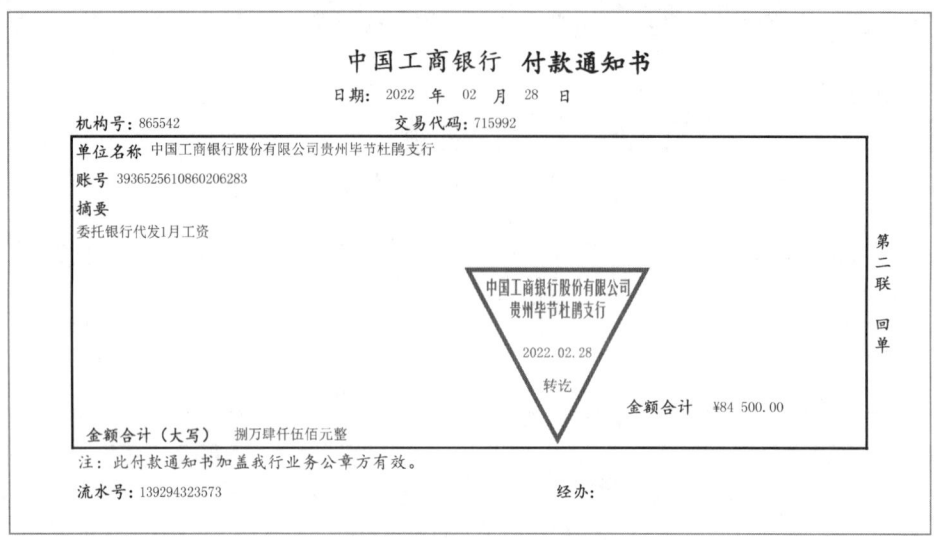

图 2-1-2-33 付款通知书

要求 1：根据图 2-1-2-31 至图 2-1-2-33，描述经济业务：_____

要求 2：审核原始凭证后填制记账凭证（通用记账凭证）。

【业务 13】

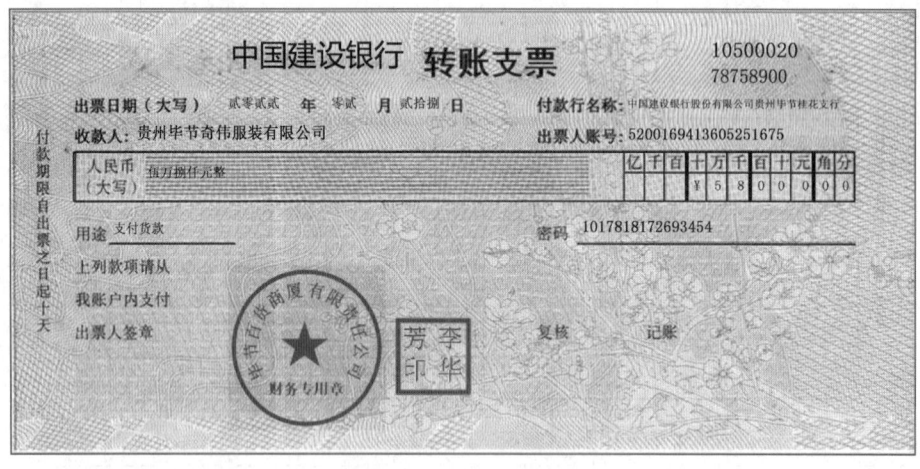

图 2-1-2-34 转账支票

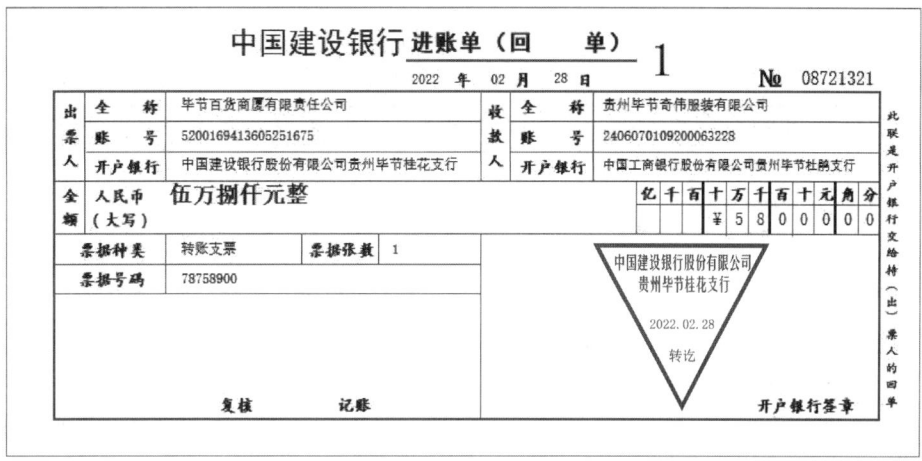

图 2-1-2-35　进账单

要求 1：根据图 2-1-2-34 和图 2-1-2-35，描述经济业务：_____

要求 2：审核原始凭证后填制记账凭证（通用记账凭证）。

【业务 14】

贵州毕节奇伟服装有限公司　付款申请单				
申请部门：行政部			2022 年 02 月 28 日	
摘　要	购买办公用品		合同编号	
合同金额			已付金额	
付款金额	人民币（大写）壹仟叁佰伍拾陆元整		￥1 356.00	
付款方式	□现金　☑转账支票　□银行汇票　□银行本票　□银行承兑汇票　□网银转账　□电汇　□其他		用款日期	2022-02-28
收款单位	毕节众力佳诚超市有限公司		领款人	杨小波
总经理：王红艳	财务部经理：李薇薇	部门经理：黄柏川	经办人：吴浪	

图 2-1-2-36　付款申请单

办公用品领用单

领用品名：文件袋　　　2022 年 02 月 28 日

领用部门	领发数量（个）	金额（元）
行政部	50	100.00
车间	20	40.00
销售部	30	60.00
合　计	100	￥200.00

审核：李薇薇　　　　　　　　　　　　　　　　　　　　制表：杨付洋

图 2-1-2-37　办公用品领用单

办公用品领用单

2022 年 02 月 28 日

领用品名：笔记本

领用部门	领用数量（本）	金额（元）
行政部	50	500.00
车间	20	200.00
销售部	30	300.00
合 计	100	¥1 000.00

审核：李薇薇　　　　　　　　　　　　　　制表：杨付洋

图 2-1-2-38　办公用品领用单

图 2-1-2-39　增值税专用发票

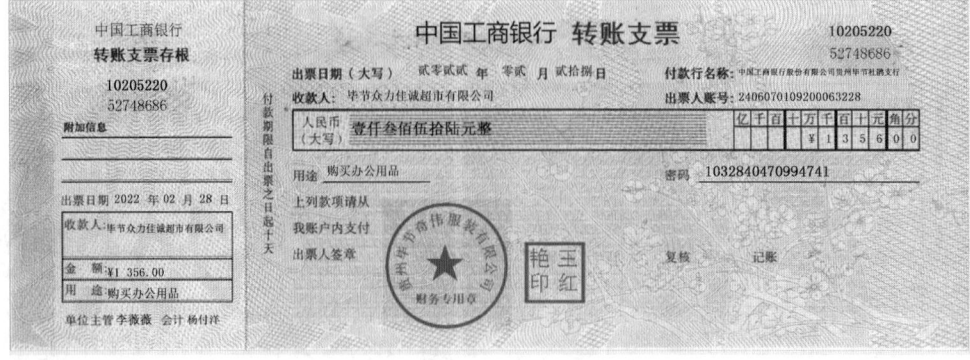

图 2-1-2-40　转账支票

要求 1：根据图 2-1-2-36 至图 2-1-2-40，描述经济业务：________________________

____

要求 2：审核原始凭证后填制记账凭证(通用记账凭证)。

(3) 根据贵州毕节奇伟服装有限公司 2022 年 2 月发生的与银行存款有关的业务登记银行存款日记账并结账，银行存款日记账如图 2-1-2-41 所示。

银行存款日记账

开户行：

账号：

年		记账凭证		对方科目	摘要	结算凭证		借方										贷方										借或贷	余额									
月	日	字	号			种类	号码	千	百	十	万	千	百	十	元	角	分	千	百	十	万	千	百	十	元	角	分		千	百	十	万	千	百	十	元	角	分

图 2-1-2-41　银行存款日记账

(4) 将银行存款日记账与银行对账单核对，编制银行存款余额调节表。银行对账单、银行存款余额调节表如图 2-1-2-42 和图 2-1-2-43 所示。

中国工商银行股份有限公司贵州毕节杜鹃支行

银行对账单

金额单位:元

户名: 贵州毕节奇伟服装有限公司

2022 年 02 月 28 日止

第 1 页

账号: 2406070109200063228

利率：   ％

日期	摘要	结算凭证		借方	贷方	余额
		种类	号数			
2022 年 02 月 01 日	期初余额					385 000.00
2022 年 02 月 02 日	提现	现金支票		5 000.00		380 000.00
2022 年 02 月 04 日	申请银行汇票	银行汇票		100 000.00		280 000.00
2022 年 02 月 06 日	收到毕节广元货款	转账支票			40 000.00	320 000.00
2022 年 02 月 10 日	向贵阳金誉支付货款	网银		50 000.00		270 000.00
2022 年 02 月 14 日	支付税费	网银		16 800.00		253 200.00
2022 年 02 月 14 日	向毕节供电局支付电费	转账支票		35 000.00		218 200.00
2022 年 02 月 15 日	收到大方万达货款	网银			565 000.00	783 200.00
2022 年 02 月 16 日	向杜鹃支行支付银行借款	网银		300 000.00		483 200.00
2022 年 02 月 20 日	向贵州清镇纺织支付货款	网银		282 500.00		200 700.00
2022 年 02 月 24 日	收到贵阳通黔余款退回	银行汇票			3 950.00	204 650.00
2022 年 02 月 27 日	向毕节水务支付水费	转账支票		3 500.00		201 150.00
2022 年 02 月 28 日	委托银行代发工资	网银		84 500.00		116 650.00
2022 年 02 月 28 日	向毕节电信支付通信费	网银		2 485.00		114 165.00
2022 年 02 月 28 日	收到毕节百货货款	转账支票			58 000.00	172 165.00

图 2-1-2-42　银行对账单

银行存款余额调节表

编制单位：　　　　　　　　　　　年　月　日　　　　　　　　　　　单位:元

项目	金额	项目	金额
企业银行存款日记账余额		银行对账单余额	
加:银行已收、企业未收的款项合计		加:企业已收、银行未收的款项合计	
1.		1.	
2.		2.	
3.		3.	
减:银行已付、企业未付的款项合计		减:企业已付、银行未付的款项合计	
1.		1.	
2.		2.	
3.		3.	
调节后余额		调节后余额	

图 2-1-2-43　银行存款余额调节表

实训二 银行存款核算实训(会计语言凭证化)

(1) 贵州毕节奇伟服装有限公司 2022 年 2 月发生与银行存款有关的经济业务如下。

【业务 1】

4 日,向毕节众力佳诚超市有限公司购买一批办公用品,价款 2 000 元,税额 260 元,合计 2 260 元,签发转账支票付讫。办公用品购买清单如下：文件袋 400 个,单价 2 元;笔记本 200 个,单价 6 元。领用清单：行政部：文件袋 100 个,笔记本 50 个;车间：文件袋 200 个,笔记本 100 个;销售部：文件袋 100 个,笔记本 50 个。

要求 1：列出该经济业务涉及的原始凭证：______________________________

____

要求 2：填制空白原始凭证,如图 2-1-2-44 至图 2-1-2-48 所示。

要求 3：审核原始凭证后填制记账凭证(通用记账凭证)。

____________ **付款申请单**

申请部门：　　　　　　　　　　　　　　　　　　　　年　　月　　日

摘　要		合同编号	
合同金额		已付金额	
付款金额	人民币（大写）　　　　　　　　¥		
付款方式	□ 现金　□ 转账支票　□ 银行汇票　□ 银行承兑汇票 □ 网银转账　□ 电汇　□ 银行本票　□ 其他	用款日期	
收款单位		领款人	

总经理：　　　　财务部经理：　　　　部门经理：　　　　经办人：

图 2-1-2-44 付款申请单

5200231140　　　**贵州增值税专用发票**　　　№ 69250532　　5200231140 69250532

贵州　国家税务总局监制

机器编号：982888812388　　　**发票联**　　　开票日期：

购买方	名　　称： 纳税人识别号： 地 址、电 话： 开户行及账号：				密码区			
货物或应税劳务、服务名称	规格型号	单位	数 量	单 价	金 额	税率	税 额	
合　　计								
价税合计（大写）	⊗				（小写）			
销售方	名　　称： 纳税人识别号： 地 址、电 话： 开户行及账号：				备注	校验码 52118 02817 08248 65199		

收款人：　　　　复核：　　　　开票人：　　　　销售方：（章）

税总函[202X]××号×××公司

第三联：发票联　购买方记账凭证

图 2-1-2-45 增值税专用发票

办公用品领用单

领用品名：　　　　　　　　　　年　月　日

领用部门	领发数量	金额
合　计		

审核：　　　　　　　　　　　　　　　　　　　　　　　　制表：

图 2-1-2-46　办公用品领用单

办公用品领用单

领用品名：　　　　　　　　　　年　月　日

领用部门	领发数量	金额
合　计		

审核：　　　　　　　　　　　　　　　　　　　　　　　　制表：

图 2-1-2-47　办公用品领用单

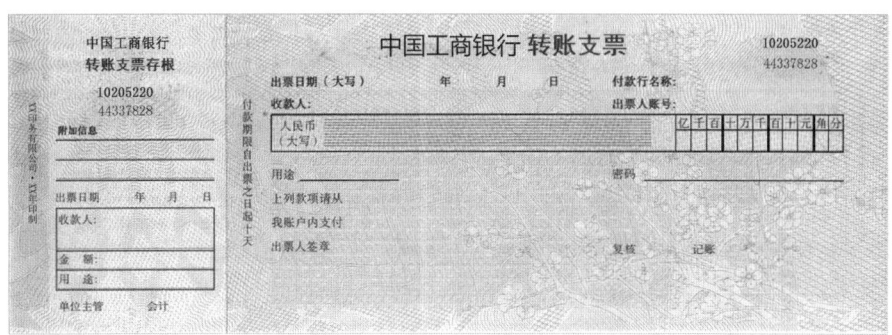

图 2-1-2-48　转账支票

【业务 2】

6 日,收到毕节广元商厦有限公司支付上月货款 60 000 元,收到支票一张,送存银行。

要求 1：列出该经济业务涉及的原始凭证：＿＿＿＿＿＿＿＿＿＿＿＿＿＿＿＿＿＿＿

要求 2：填制空白原始凭证,如图 2-1-2-49 和图 2-1-2-50 所示。

要求 3：审核原始凭证后填制记账凭证(通用记账凭证)。

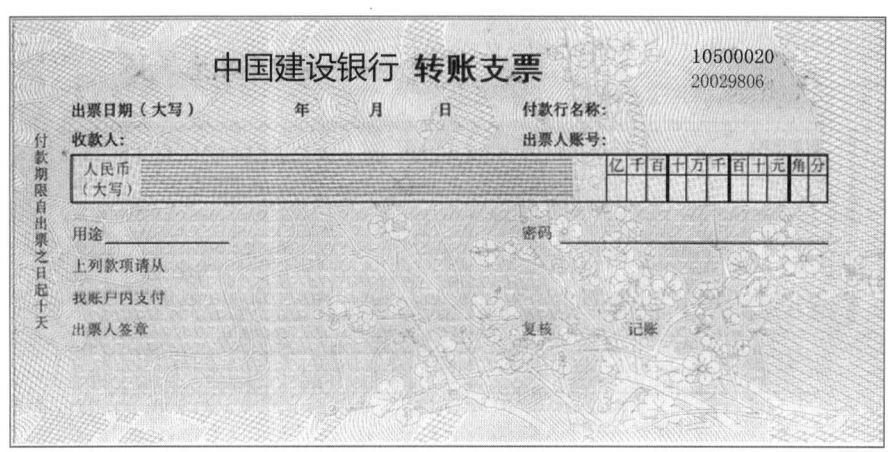

图 2-1-2-49　转账支票

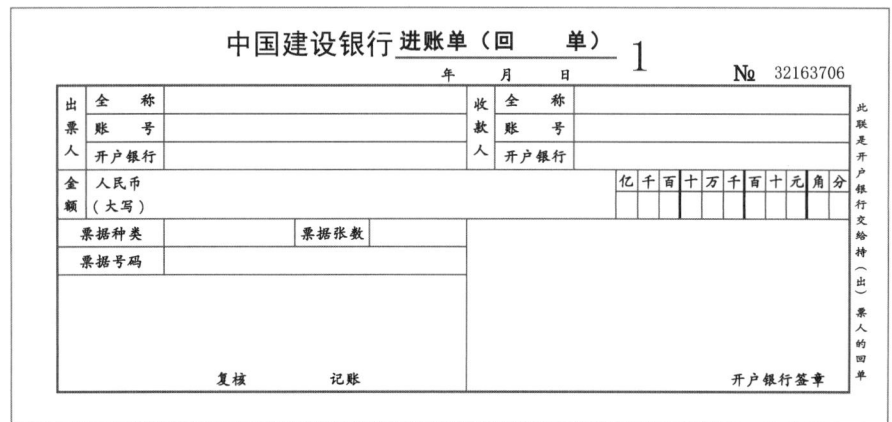

图 2-1-2-50　银行进账单

【业务 3】

8 日,向银行申请办理银行汇票一张,金额 120 000 元,收款单位:贵州清镇纺织有限公司。

要求 1:列出该经济业务涉及的原始凭证:_____

要求 2:填制空白原始凭证,如图 2-1-2-51 所示。

要求 3:审核原始凭证后填制记账凭证(通用记账凭证)。

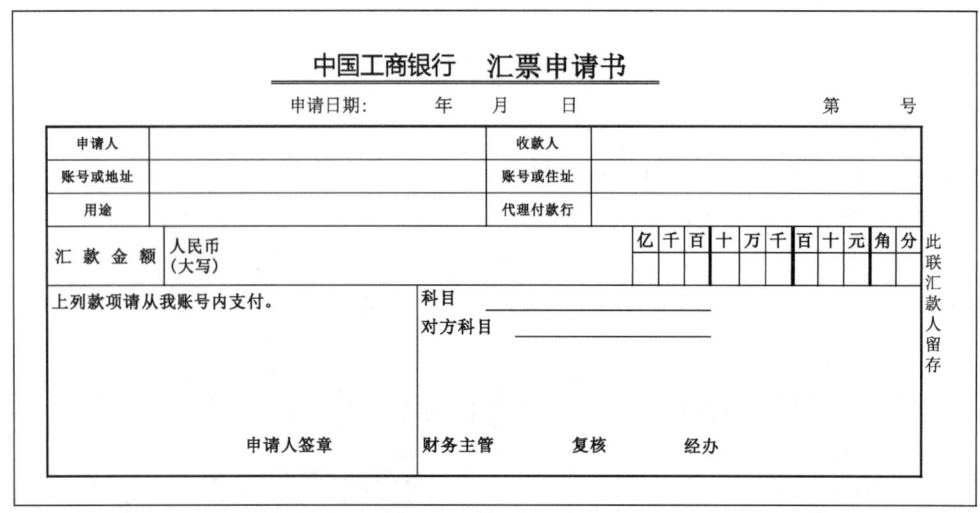

图 2-1-2-51　汇票申请书

【业务 4】

15 日,开具现金支票向银行提现 6 000 元备用。

要求 1:列出该经济业务涉及的原始凭证:_____

要求 2:填制空白原始凭证,如图 2-1-2-52 所示。

要求 3:审核原始凭证后填制记账凭证(通用记账凭证)。

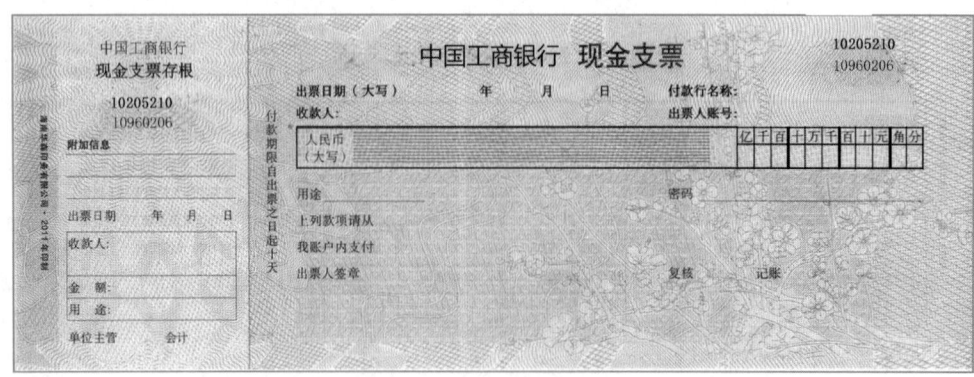

图 2-1-2-52　现金支票

【业务5】

17日，销售服装一批给毕节广元商厦有限公司：西服500套，单价1000元，价税合计565 000元，款项购货单位通过网上银行支付已经收到。

要求1：列出该经济业务涉及的原始凭证：_____

_____

要求2：填制空白原始凭证，如图2-1-2-53至图2-1-2-55所示。

要求3：审核原始凭证后填制记账凭证（通用记账凭证）。

图 2-1-2-53　增值税专用发票

销　售　单

购货单位：		地址和电话：				单据编号：01			
纳税识别号：		开户行及账号：				制单日期：			
编码	产品名称	规格	单位	单价	数量	金额	备注		
合计	人民币（大写）：								
总经理：		销售经理：		经手人：		会计：		签收人：	

图 2-1-2-54　销售单

```
                    中国工商银行    收款凭证
                                  网银回单
                        日期：  年 月 日    回单编号：1865

付款人户名：                        付款人开户行：
付款人账号（卡号）：
收款人户名：                        收款人开户行：
收款人账号（卡号）：
金额：人民币                              小写：
业务（产品）种类：      凭证种类：         凭证号码：
摘要：                 用途：             币种：
交易机构：      记账柜员：     交易代码：       渠道：
附言：
支付交易序号：
报文种类：       委托日期：              业务种类：

本回单为第    次打印，注意重复   打印日期：      打印柜员：     验证码：
```

图 2-1-2-55　网银回单

【业务6】

20 日，签发转账支票支付贵州电网有限责任公司毕节供电局电费 30 000 元（含增值税 3 451.33 元，电费分配如下：车间 10 000 元，行政部门 10 000 元，销售部门 6 548.67 元）。

要求1：列出该经济业务涉及的原始凭证：_____

要求2：填制空白原始凭证，如图 2-1-2-56 至图 2-1-2-59 所示。

要求3：审核原始凭证后填制记账凭证（通用记账凭证）。

```
_____ 付款申请单
申请部门：                                       年 月 日
摘  要：                               合同编号
合同金额：                             已付金额
付款金额：人民币（大写）                  ¥
付款方式：  □现金    □转账支票   □银行汇票   □银行承兑汇票   用款日期
            □网银转账 □电汇    □银行本票   □其他
收款单位：                              领款人
总经理：        财务部经理：      部门经理：        经办人：
```

图 2-1-2-56　付款申请单

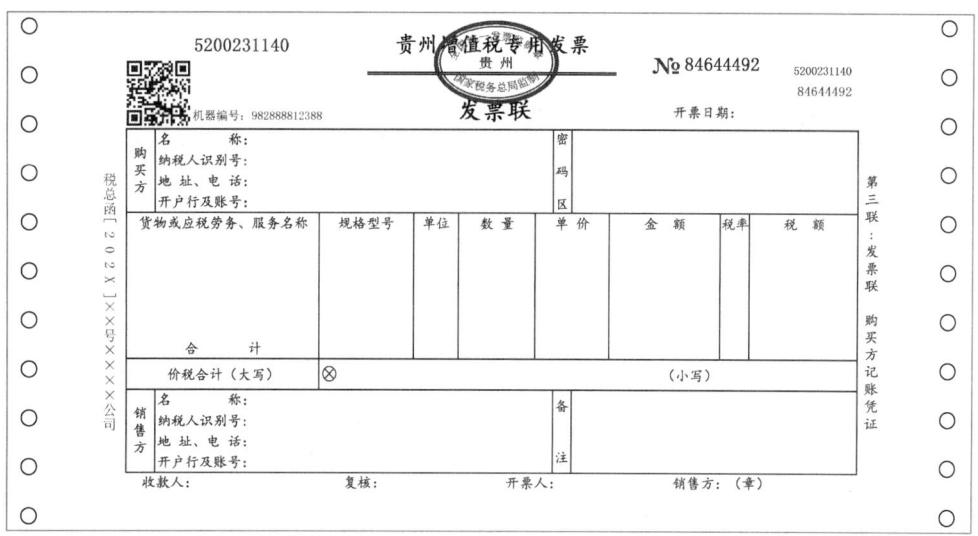

图 2-1-2-57 增值税专用发票

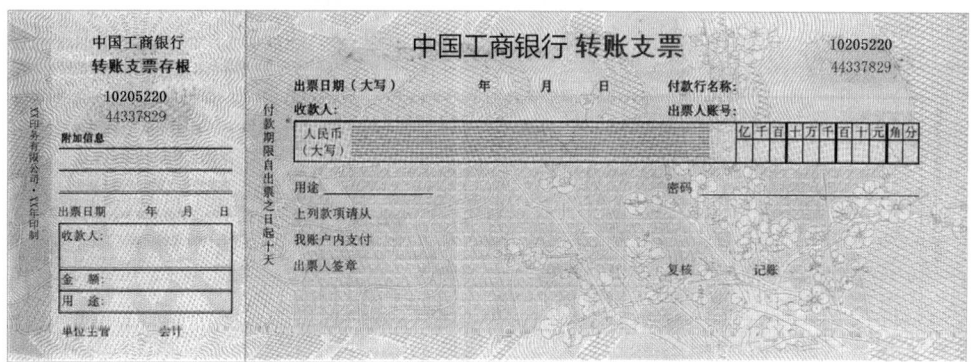

图 2-1-2-58 转账支票

电费分配表	
年 月 日	单位:元
使用部门	分配金额
合计	

图 2-1-2-59 电费分配表

【业务7】

24日，向贵阳市金誉纺织有限公司购进布料 4 000 米，单价 120 元，共计价税款 542 400 元，款项通过网上银行支付。

要求1：列出该经济业务涉及的原始凭证：_____

_____

要求2：填制空白原始凭证，如图 2-1-2-60 至图 2-1-2-63 所示。

要求3：审核原始凭证后填制记账凭证（通用记账凭证）。

图 2-1-2-60 付款申请单

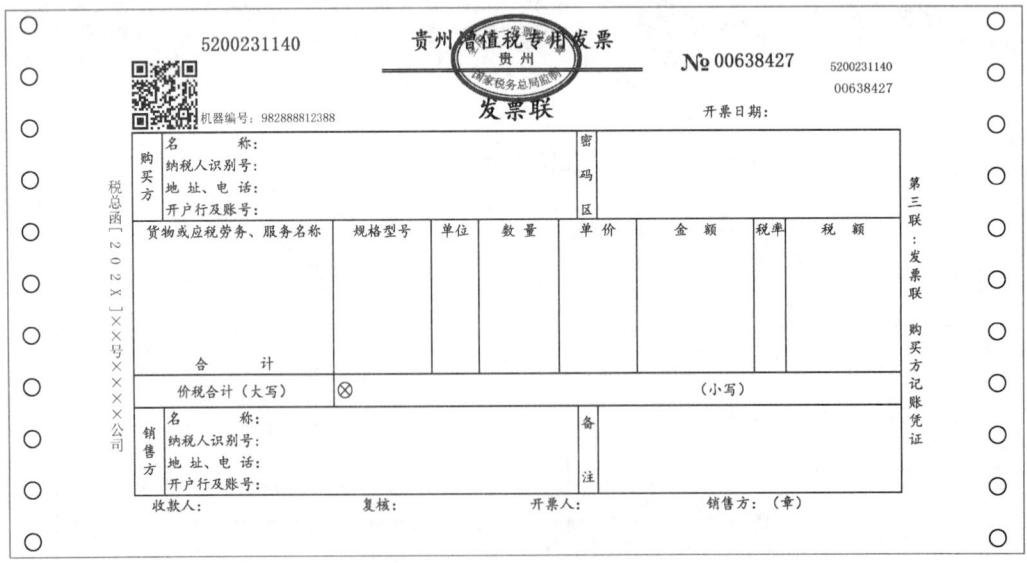

图 2-1-2-61 增值税专用发票

采购入库单

金额单位:元

入库单号：　　　　入库日期：　　　　入库类型：　　　　部门：
供应商名称：　　　　　　　　　仓库名称：　　　　备注：

发票号码	编码	存货名称	尺码	颜色	单位	数量	不含税价	金额
合计								

记账：　　　　复核：　　　　仓库保管：　　　　采购员：

图 2-1-2-62　采购入库单

中国工商银行 网银回单　　付款凭证

日期：　　年　月　日　　回单编号：6584

付款人户名：　　　　　　　　　　　　付款人开户行：
付款人账号(卡号)：
收款人户名：　　　　　　　　　　　　收款人开户行：
收款人账号(卡号)：
金额：人民币　　　　　　　　　　　　小写：
业务(产品)种类：　　　凭证种类：　　　凭证号码：
摘要：　　　　　　　　用途：　　　　　币种：
交易机构：　　　记账柜员：　　　交易代码：　　　渠道：
附言：
支付交易序号：
报文种类：　　　　委托日期：　　　　业务种类：

本回单为第　　次打印，注意重复　　打印日期：　　　　打印柜员：　　　验证码：

图 2-1-2-63　网银回单

【业务 8】

26 日,预付贵州清镇纺织有限公司货款 150 000 元,网上银行支付。

要求 1：列出该经济业务涉及的原始凭证：_____

要求 2：填制空白原始凭证,如图 2-1-2-64 和图 2-1-2-65 所示。

要求 3：审核原始凭证后填制记账凭证(通用记账凭证)。

图 2-1-2-64　付款申请单

图 2-1-2-65　网银回单

【业务 9】

28 日,将多余现金 5 000 元存入银行。

要求 1：列出该经济业务涉及的原始凭证：_____

要求 2：填制空白原始凭证,如图 2-1-2-66 所示。

要求 3：审核原始凭证后填制记账凭证(通用记账凭证)。

中国工商银行　现金存款凭条

日期：　　　年　　月　　日

存款人	全称			
	账号		款项来源	
	开户行		交款人	

金额	人民币（大写）	金额（小写）	亿	千	百	十	万	千	百	十	元	角	分

票面	张　数	十	万	千	百	十	元	票面	张　数	千	百	十	元	角	分	备注
壹佰元								伍角								
伍拾元								贰角								
贰拾元								壹角								
拾元								伍分								
伍元								贰分								
贰元								壹分								
壹元								其他								

201508 190*100mm

第二联　客户核对联

图 2-1-2-66　现金存款凭条

【业务 10】

28 日，签发转账支票支付毕节洪山大酒店有限公司招待费 2 000 元。

要求 1：列出该经济业务涉及的原始凭证：____

要求 2：填制空白原始凭证，如图 2-1-2-67 至图 2-1-2-69 所示。

要求 3：审核原始凭证后填制记账凭证(通用记账凭证)。

______________付款申请单

申请部门：　　　　　　　　　　　　年　　月　　日

摘　要		合同编号	
合同金额		已付金额	
付款金额	人民币（大写）　　　　¥		
付款方式	□现金　□转账支票　□银行汇票　□银行承兑汇票 □网银转账　□电汇　□银行本票　□其他	用款日期	
收款单位		领款人	

总经理：　　　财务部经理：　　　部门经理：　　　经办人：

图 2-1-2-67　付款申请单

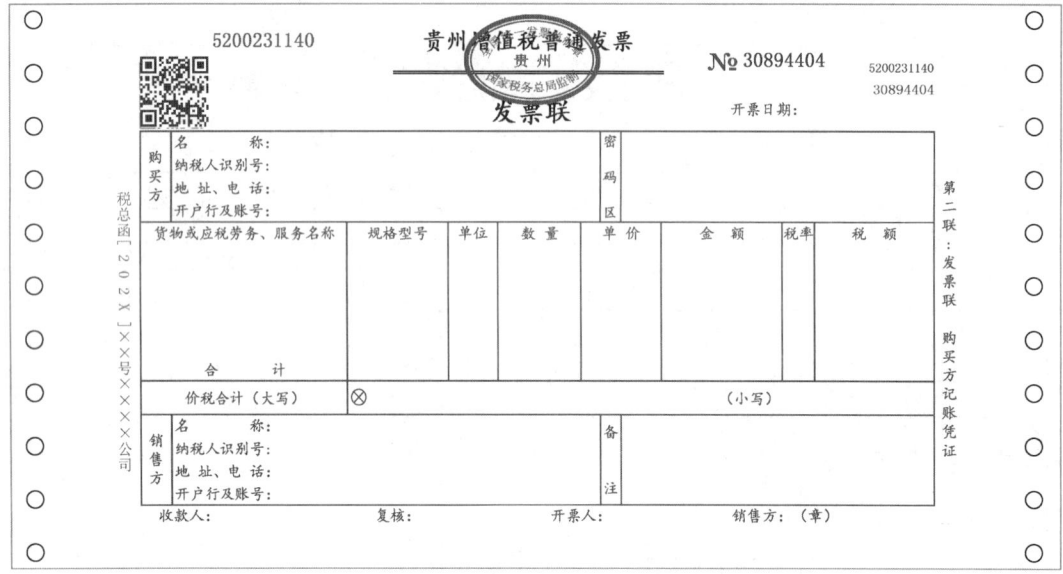

图 2-1-2-68　增值税普通发票

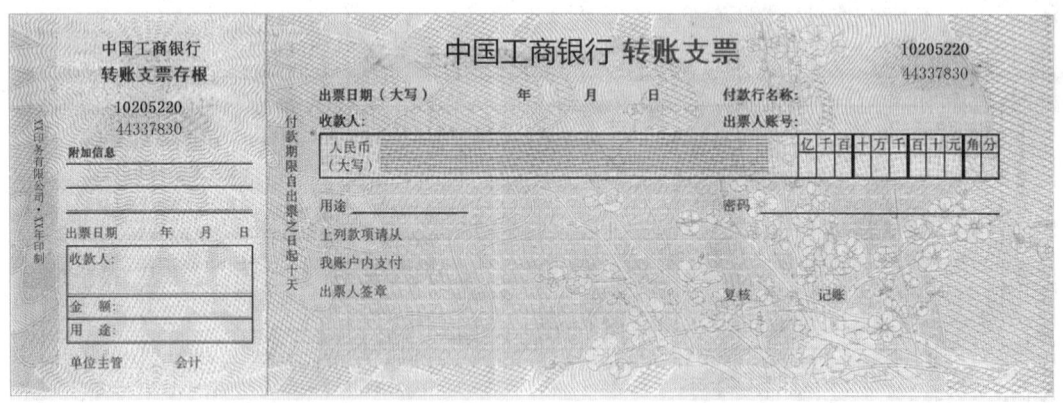

图 2-1-2-69　转账支票

（2）登记银行存款日记账，银行存款日记账如图 2-1-2-70 所示。

年		记账凭证		结算凭证		对方科目	摘要	借方	贷方	借或贷	余额
月	日	字	号	种类	号码			千百十万千百十元角分	千百十万千百十元角分		千百十万千百十元角分

开户行：_____ 账号：_____

银行存款日记账

图 2-1-2-70　银行存款日记账

任务三　其他货币资金

学习指引

请扫描二维码，认真查看其他货币资金相关知识，了解其他货币资金的内容及账务处理，为实习实训作好理论准备。

其他货币资金的内容

其他货币资金的账务处理

实训目的

（1）知识目标：理解其他货币资金的主要内容和管理要求，掌握其他货币资金收付业务原始凭证的填制与审核。

（2）技能目标：能根据其他货币资金收付业务的相关原始凭证，进行经济业务进行分析判断,描述出发生具体经济业务的内容;能根据其他货币资金收付业务的描述,列出所涉及的原始凭证并填制相关空白原始凭证;能审核其他货币资金收付业务相关原始凭证的真实性、合法性和完整性等,进行正确的会计确认、计量并据以填制记账凭证。

(3)素养目标:培养学生能够合理、合法地运用其他货币资金,养成细致、严谨的工作作风。

实训一　其他货币资金核算实训(会计凭证语言化)

贵州毕节奇伟服装有限公司2022年2月发生的与其他货币资金有关的业务核算资料如图2-1-3-1至图2-1-3-9所示。

【业务1】

中国工商银行　汇票申请书

申请日期:2022年02月13日　　　　　　　第0001号

申请人	贵州毕节奇伟服装有限公司	收款人	贵阳通黔纺织科技有限公司
账号或地址	2406070109200063228	账号或住址	5200169414805252487
用途	购买原材料	代理付款行	中国建设银行股份有限公司贵阳云岩支行
汇款金额	人民币(大写)贰拾万元整		亿千百十万千百十元角分　¥200000000

上列款项请从我账号内支付

科目＿＿＿＿＿＿
对方科目＿＿＿＿＿＿

申请人签章　　　财务主管　　　复核　　　经办

此联汇款人留存

图2-1-3-1　汇票申请书

要求1:根据图2-1-3-1,描述经济业务:＿＿＿＿＿＿＿＿＿＿＿＿＿＿＿＿＿＿

要求2:审核原始凭证后填制记账凭证(通用记账凭证)。

【业务2】

开立单位银行结算账户申请书

中国银行 Bank of China

No. 20729673

存款人名称	贵州毕节奇伟服装有限公司		电话	0857-8225755
地址	毕节高新技术产业开发区标准厂房12幢		邮编	551700
存款人类别	企业法人	组织机构代码		91520500MA6DYX887D
法定代表人( ) 单位负责人( )	姓 名	王红艳		
	证件种类	身份证	证件号码	522401198708180365
行业分类	A( ) B( ) C( ) D( ) E( ) F( ) G( ) H( ) I( ) J( ) K( ) L( ) M( ) N( ) O(√) P( ) Q( ) R( ) S( ) T( )			
注册资金	币种:人民币 金额:¥5 000 000.00		地区代码	
经营范围	服装设计、生产及销售			
证明文件种类	营业执照		证明文件编号	91520500MA6DYX887D
国税登记证号	91520500MA6DYX887D			
关联企业	关联企业信息填列在"关联企业\股东登记表"上。			
账户性质	基本( ) 一般( ) 专用(√) 临时( )			
资金性质	投资资金		有效日期至	年 月 日

以下为存款人上级法人或主管单位信息：

上级法人或主管单位名称			
基本存款账户开户许可证核准号		组织机构代码	
法定代表人( ) 单位负责人( )	姓名		
	证件种类	证件号码	

以下栏目由开户银行审核后填写：

开户银行名称	中国银行毕节分行营业部		
开户银行代码	104709089874	账号	427000452162005784
账户名称	贵州毕节奇伟服装有限公司		
基本存款账户开户许可证核准号		开户日期	2022年02月19日

本存款人申请开立单位银行结算账户,并承诺所提供的开户资料真实、有效。

存款人(签章)
2022年02月19日

开户银行审核意见:

经办人(签章)

开户银行(签章)
2022年02月19日

人民银行审核意见:
(非核准类账户除外)

经办人(签章) 业务专用章

人民银行(签章)
2022年02月19日

第一联：开户单位留存

填写说明：
1. 申请开立临时存款账户,必须填列有效日期;申请开立专用存款账户,必须填列资金性质。
2. "行业分类"中各字母代表的行业种类如下：A:农、林、牧、渔业；B:采矿业；C:制造业；D:电力、燃气及水的生产供应业；E:建筑业；F:交通运输、仓库和邮政业；G:信息传输、计算机服务及软件业；H:批发和零售业；I:住宿和餐饮业；J:金融业；K:房地产业；L:租赁和商务服务业；M:科学研究、技术服务和地质勘查业；N:水利、环境和公共设施管理；O:居民服务和其他服务业；P:教育业；Q:卫生、社会保障和社会福利业；R:文化、教育和娱乐业；S:公共管理和社会组织；T:其他行业。
3. 带括号的选项填"√"。
4. 申请开立核准类账户,填写本表一式三联,三联申请书由开户银行报送人民银行上海分行,加盖审核章后,一联开户单位留存,一联开户银行留存,一联中国人民银行上海分行留存;申请开立备案类账户,填写本表一式两联,一联存款人留存,一联开户银行留存。

图2-1-3-2 开户申请书

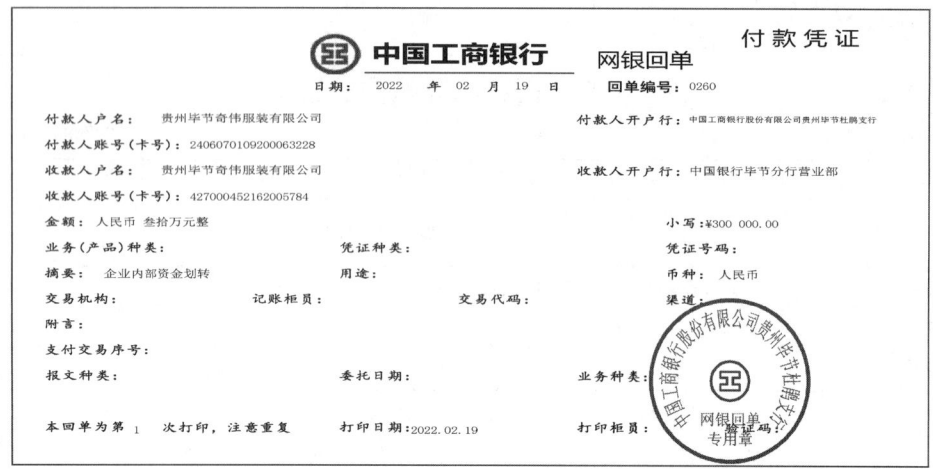

图 2-1-3-3　网银回单

要求1：根据图2-1-3-2和图2-1-3-3，描述经济业务：_____

要求2：审核原始凭证后填制记账凭证（通用记账凭证）。

【业务3】

图 2-1-3-4　付款申请单

图 2-1-3-5　增值税专用发票

图 2-1-3-6 采购入库单

图 2-1-3-7 银行汇票多余款收账通知

要求 1：根据图 2-1-3-4 至图 2-1-3-7，描述经济业务：_____

要求 2：审核原始凭证后填制记账凭证（通用记账凭证）。

【业务4】

贵州毕节奇伟服装有限公司文件

奇伟办(2022)字第01号

关于购入"港股18AS生物"股票的决议

经公司经理办公会会议决定,拟以不高于90元/股的价格购买"港股18AS生物"股票2 000股,作为交易性金融资产投资。

参会人员:王红艳　李薇薇　黄柏川　杨子夏

2022年02月25日

图 2-1-3-8　公司文件

成交过户交割凭单　　　　　　买

2022年02月25日

股东编号:	20221010973	成交证券:	港股18AS生物
电脑编号:	1132	成交数量:	2 000
公司代号:	20221010973	成交价格:	90.00
申请编号:	2526	成交金额:	180 000.00
申报时间:	20220225	标准佣金:	0
成交时间:	20220225	过户费用:	0
上次余额:	0	印花税:	0
本次成交:	180 000.00	应付金额:	180 000.00
本次余额:	180 000.00	最终余额:	180 000.00
附加费用:		实付金额:	180 000.00

经办单位:华创证券有限责任公司毕节营业部　　客户签章:贵州毕节奇伟服装有限公司

图 2-1-3-9　成交过户交割凭单

要求1:根据图2-1-3-8和图2-1-3-9,描述经济业务:＿＿＿＿＿＿＿＿＿＿＿＿

要求2:审核原始凭证后填制记账凭证(通用记账凭证)。

实训二 其他货币资金核算实训(会计语言凭证化)

贵州毕节奇伟服装有限公司 2022 年 2 月发生的与其他货币资金有关的业务核算资料如下。

【业务 1】

10 日,向开户银行申请签发银行汇票 150 000 元,用于购买原材料,收款单位:贵州清镇纺织有限公司。

要求 1:列出该经济业务涉及的原始凭证:_____
要求 2:填制空白原始凭证,如图 2-1-3-10 所示。
要求 3:审核原始凭证后填制记账凭证(通用记账凭证)。

中国工商银行 汇票申请书

申请日期: 年 月 日 第 号

申请人		收款人	
账号或地址		账号或住址	
用途		代理付款行	

汇款金额	人民币(大写)	亿 千 百 十 万 千 百 十 元 角 分

上列款项请从我账号内支付。　　科目 _____
　　　　　　　　　　　　　　　　对方科目 _____

申请人签章　　　财务主管　复核　经办

此联汇款人留存

图 2-1-3-10 汇票申请书

【业务 2】

12 日,公司拟进行股票投资,开设投资专户,从基本户拨付资金 200 000 元,网上银行转出。开户行:中国银行毕节分行营业部,账号:427000452162005784。

要求 1:列出该经济业务涉及的原始凭证:_____
要求 2:填制空白原始凭证,如图 2-1-3-11 和图 2-1-3-12 所示。
要求 3:审核原始凭证后填制记账凭证(通用记账凭证)。

中国银行 Bank of China

开立单位银行结算账户申请书

No. 72509240

存款人名称		电话	
地　　址		邮编	
存款人类别		组织机构代码	
法定代表人（　） 单位负责人（　）	姓　名		
	证件种类	证件号码	
行业分类	A（　）B（　）C（　）D（　）E（　）F（　）G（　）H（　）I（　）J（　） K（　）L（　）M（　）N（　）O（　）P（　）Q（　）R（　）S（　）T（　）		
注册资金	币种：　　　　金额：	地区代码	
经营范围			
证明文件种类		证明文件编号	
国税登记证号			
关联企业	关联企业信息填列在"关联企业\股东登记表"上。		
账户性质	基本（　）　一般（　）　专用（　）　临时（　）		
资金性质		有效日期至	年　月　日

第一联：开户单位留存

以下为存款人上级法人或主管单位信息：

上级法人或主管单位名称			
基本存款账户开户许可证核准号		组织机构代码	
法定代表人（　） 单位负责人（　）	姓名		
	证件种类	证件号码	

以下栏目由开户银行审核后填写：

开户银行名称			
开户银行代码		账号	
账户名称			
基本存款账户开户许可证核准号		开户日期	

本存款人申请开立单位银行结算账户，并承诺所提供的开户资料真实、有效。	开户银行审核意见： 经办人(签章)	人民银行审核意见： (非核准类账户除外) 经办人(签章)
存款人(公章) 年　月　日	开户银行(签章) 年　月　日	人民银行(签章) 年　月　日

填写说明：
1. 申请开立临时存款账户，必须填列有效日期；申请开立专用存款账户，必须填列资金性质。
2. "行业分类"中各字母代表的行业种类如下：A:农、林、牧、渔业；B:采矿业；C:制造业；D:电力、燃气及水的生产供应业；E:建筑业；F:交通运输、仓储和邮政业；G:信息传输、计算机服务及软件业；H:批发和零售业；I:住宿和餐饮业；J:金融业；K:房地产业；L:租赁和商务服务业；M:科学研究、技术服务和地质勘查业；N:水利、环境和公共设施管理；O:居民服务和其他服务业；P:教育业；Q:卫生、社会保障和社会福利业；R:文化、教育和娱乐业；S:公共管理和社会组织；T:其他行业。
3. 带括号的选项填"√"。
4. 申请开立核准类账户，填写本表一式三联，三联申请书由开户银行报送人民银行上海分行，加盖审核章后，一联开户单位留存，一联开户银行留存，一联中国人民银行上海分行留存；申请开立备案类账户，填写本表一式两联，一联存款人留存，一联开户银行留存。

图 2-1-3-11　开户申请书

付款凭证

中国工商银行 网银回单

日期：　　年　　月　　日　　　　回单编号：8858

付款人户名：　　　　　　　　　　　　付款人开户行：
付款人账号(卡号)：
收款人户名：　　　　　　　　　　　　收款人开户行：
收款人账号(卡号)：
金额：人民币　　　　　　　　　　　　小写：
业务(产品)种类：　　　凭证种类：　　　凭证号码：
摘要：　　　　　　　　用途：　　　　　币种：
交易机构：　　　记账柜员：　　　交易代码：　　　渠道：
附言：
支付交易序号：
报文种类：　　　　　委托日期：　　　　业务种类：

本回单为第　　次打印，注意重复　　打印日期：　　　打印柜员：　　　验证码：

图 2-1-3-12　网银回单

【业务3】

21日，向贵州清镇纺织有限公司购入布匹1 000米，单价为120元，价税合计为135 600元，银行汇票多余款项退回收到。

要求1：列出该经济业务涉及的原始凭证：＿＿＿＿＿＿＿＿＿＿＿＿＿＿＿＿＿＿

＿＿＿＿＿＿＿＿＿＿＿＿＿＿＿＿＿＿＿＿＿＿＿＿＿＿＿＿＿＿＿＿＿＿＿＿＿＿

要求2：填制空白原始凭证，如图2-1-3-13至图2-1-3-16所示。

要求3：审核原始凭证后填制记账凭证(通用记账凭证)。

＿＿＿＿＿＿＿＿＿付款申请单

申请部门：　　　　　　　　　　　　　　　　　　　　　年　　月　　日

摘　要				合同编号	
合同金额				已付金额	
付款金额	人民币（大写）			￥	
付款方式	□现金　　□转账支票　　□银行汇票　　□银行承兑汇票 □网银转账　□电汇　　　□银行本票　　□其他			用款日期	
收款单位				领款人	
总经理：		财务部经理：	部门经理：		经办人：

图 2-1-3-13　付款申请单

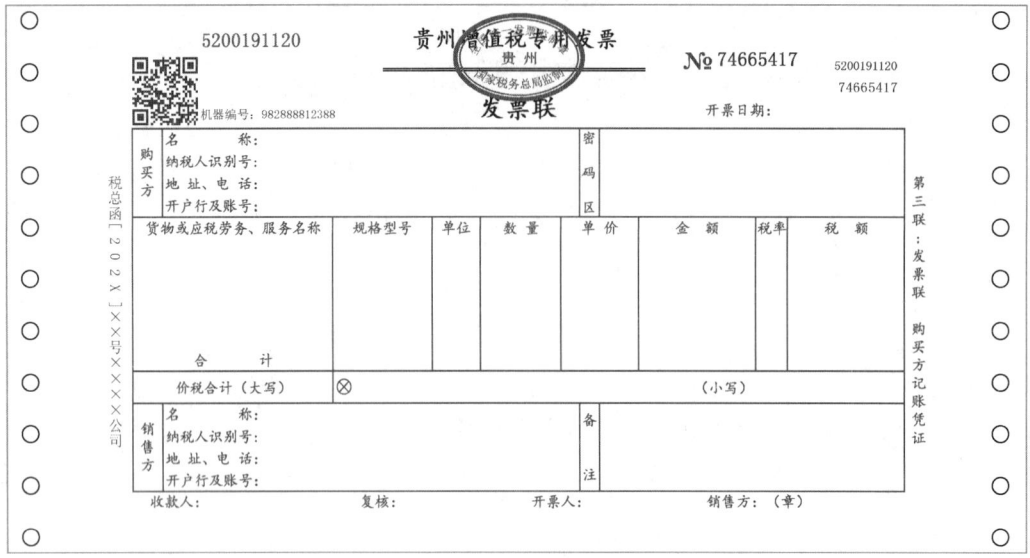

图 2-1-3-14 增值税专用发票

图 2-1-3-15 采购入库单

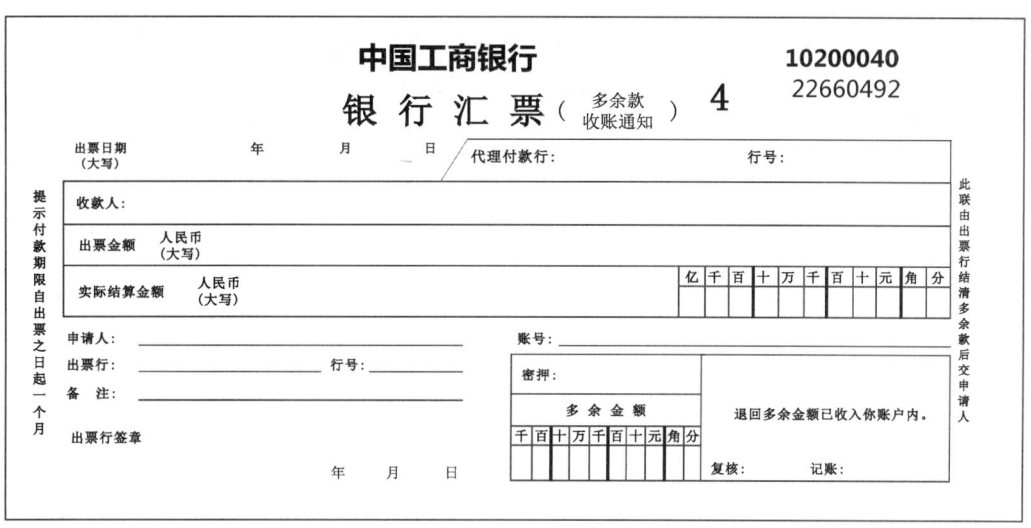

图 2-1-3-16　银行汇票多余款收账通知

【业务 4】

26 日,购入"港股 18AS 生物"1 000 股,单价为 90 元,总金额为 90 000 元,准备随时用于出售。

要求 1:列出该经济业务涉及的原始凭证:_____

要求 2:填制空白原始凭证,如图 2-1-3-17 和图 2-1-3-18 所示。

要求 3:审核原始凭证后填制记账凭证(通用记账凭证)。

贵州毕节奇伟服装有限公司文件
奇伟办　(　2022　)　字第　　　号
年　　月　　日

图 2-1-3-17　公司文件

成交过户交割凭单	买

股东编号:	成交证券:	
电脑编号:	成交数量:	
公司代号:	成交价格:	
申请编号:	成交金额:	客
申报时间:	标准佣金:	户
成交时间:	过户费用:	联
上次余额:	印花税:	
本次成交:	应付金额:	
本次余额:	最终余额:	
附加费用:	实付金额:	
经办单位:	客户签章:	

图 2-1-3-18 成交过户交割凭单

模块二 应收及预付款项

任务一 应收账款

请扫描二维码,认真查看应收账款相关知识,了解信用减值损失与资产减值损失的区别、应收账款的初始计量、应收账款的财务处理、应收账款业务流程图、应收账款的坏账准备等,为实习实训作好理论准备。

信用减值损失与资产减值损失的区别

应收账款的初始计量

应收账款的账务处理

应收账款业务流程图

应收账款的坏账准备

(1)知识目标:理解应收账款的概念、内容,掌握应收账款的确认与计量。

(2)技能目标:能根据应收账款业务取得的相关原始凭证,进行经济业务的分析判断,描述发生的具体经济业务的内容;能根据应收账款相关业务的描述,列出所涉及的原始凭证并填制相关空白的原始凭证;能审核应收账款业务相关原始凭证的真实性、合法性和完整性等,进行正确的会计确认、计量并据以填制记账凭证;能登记应收账款明细账。

(3)素养目标:培养学生诚实守信的优良品质。

实训一 应收账款核算实训(会计凭证语言化)

(1)贵州毕节奇伟服装有限公司2022年11月末应收账款有关账户明细余额如下:

"应收账款——毕节广元商厦有限公司"账户借方余额为350 000元；

"应收账款——大方县万达商场有限公司"账户借方余额为240 000元；

"应收账款——毕节百货商厦有限责任公司"账户借方余额为185 000元；

思政案例（应收账款）

"坏账准备"账户贷方余额为32 000元。

（2）贵州毕节奇伟服装有限公司2022年12月发生的与应收账款有关的经济业务如图2-2-1-1至图2-2-1-15所示。

【业务1】

中国工商银行 网银回单	收款凭证

日期：2022 年 12 月 10 日　　回单编号：1487

付款人户名：毕节广元商厦有限公司
付款人账号（卡号）：5200169413605254858
付款人开户行：中国建设银行股份有限公司贵州毕节桂花支行
收款人户名：贵州毕节奇伟服装有限公司
收款人账号（卡号）：2406070109200063228
收款人开户行：中国工商银行股份有限公司贵州毕节杜鹃支行
金额：人民币贰拾万元整　　小写：¥200 000.00
业务（产品）种类：跨行收报　　凭证种类：00000000　　凭证号码：000000000000000000
摘要：付上月货款　　用途：付上月货款　　币种：人民币
交易机构：0240600729　　记账柜员：00023　　交易代码：52093　　渠道：其他
附言：毕节广元商厦付上月货款
支付交易序号：44962672
报文种类：大额客户发起汇兑业务　　委托日期：2022.12.10　　业务种类：普通汇兑

本回单为第 1 次打印，注意重复　　打印日期：2022.12.10

图 2-2-1-1　网银回单

要求1：根据图2-2-1-1网银回单，描述经济业务：_____

要求2：审核原始凭证后填制记账凭证（通用记账凭证）。

【业务2】

销 售 单

购货单位：大方县万达商场有限公司　　地址和电话：大方县奢香大道125号 0857-8221766　　单据编号：0980
纳税识别号：91520521MAB6KDH1K　　开户行及账号：中国工商银行股份有限公司贵州大方县　　制单日期：2022年12月15日
支行 2406070109400068254

编码	产品名称	规格	单位	单价	数量	金额	备注
001	西服		套	1 250.00	400	500 000.00	
合计	人民币(大写)：伍拾万元整					￥500 000.00	

总经理：王红艳　　销售经理：梁国浩　　经手人：李梓涵　　会计：杨付洋　　签收人：赵勇

图 2-2-1-2　销售单

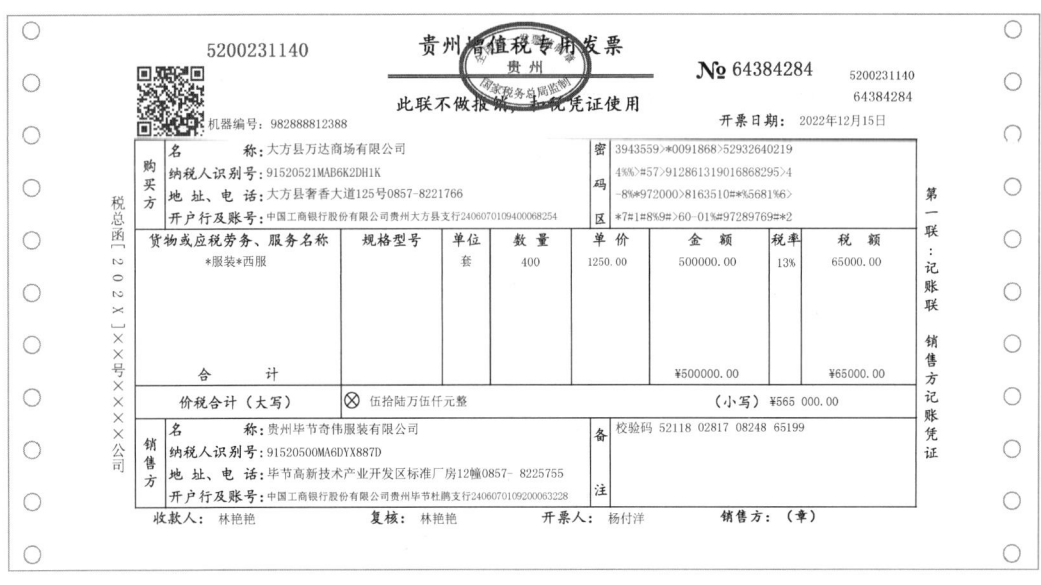

图 2-2-1-3　增值税专用发票

要求1：根据图2-2-1-2和图2-2-1-3，描述经济业务：_____

要求2：审核原始凭证后填制记账凭证（通用记账凭证）。

【业务3】

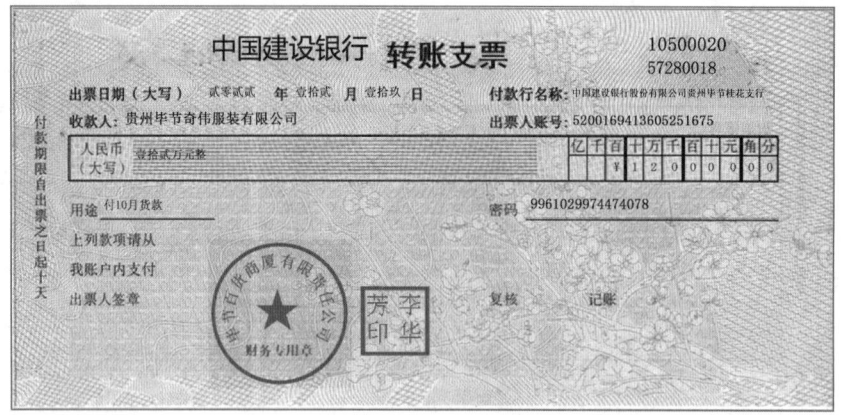

图 2-2-1-4 转账支票

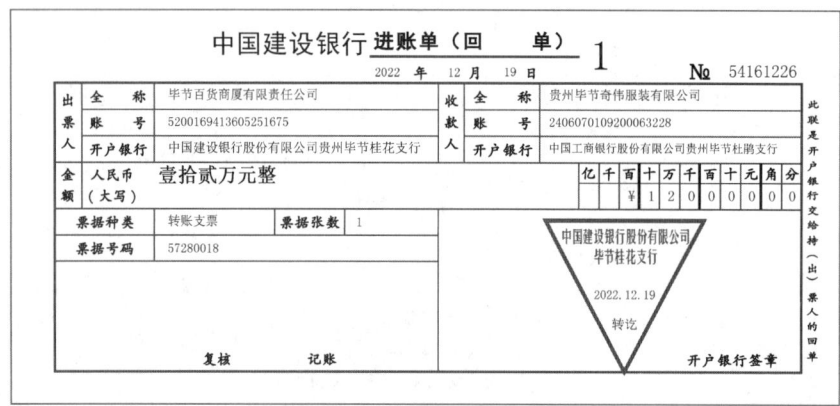

图 2-2-1-5 银行进账单

要求1：根据图 2-2-1-4 和图 2-2-1-5，描述经济业务：_____

要求2：审核原始凭证后填制记账凭证（通用记账凭证）。

【业务4】

销 售 单

购货单位：毕节广元商厦有限公司　　地址和电话：毕节市七星关区清毕路8号 0857-8222496　　单据编号：0981
纳税识别号：91520500MA6DKH1EX6　开户行及账号：中国建设银行股份有限公司贵州毕节桂花支行 5200169413605254858　　制单日期：2022 年 12 月 20 日

编码	产品名称	规格	单位	单价	数量	金额	备注
001	西服		套	1 150.00	200	230 000.00	
合计	人民币（大写）：贰拾叁万元整					¥230 000.00	

总经理：王红艳　　销售经理：梁国浩　　经手人：李梓涵　　会计：杨付洋　　签收人：徐敏

图 2-2-1-6 销售单

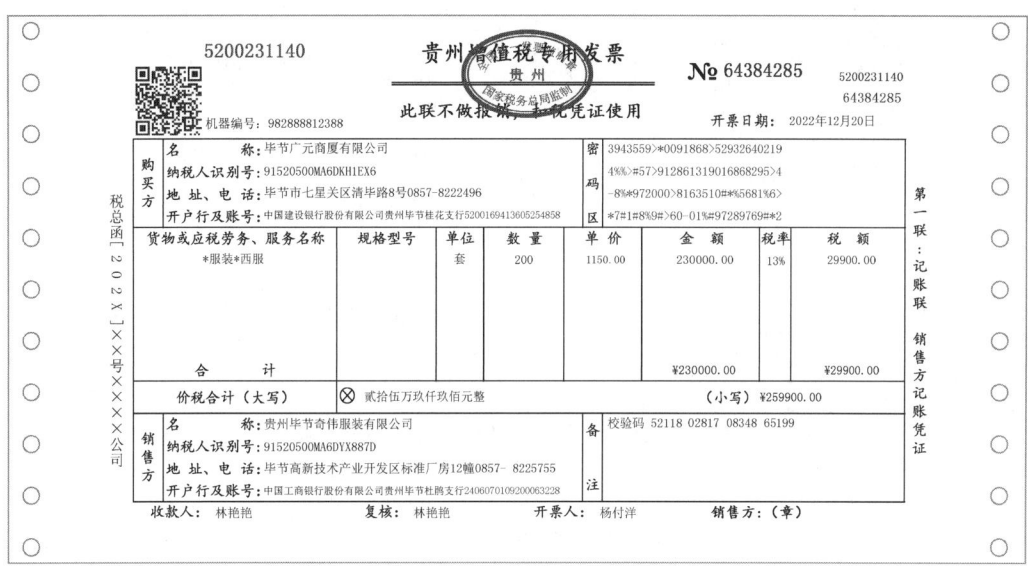

图 2-2-1-7 增值税专用发票

要求1：根据图2-2-1-6和图2-2-1-7，描述经济业务：_____

要求2：审核原始凭证后填制记账凭证（通用记账凭证）。

【业务5】

编码	产品名称	规格	单位	单价	数量	金额		备注
001	西服		套	1 200.00	100	120 000.00		
合计	人民币(大写)：壹拾贰万元整					￥12 000.00		

销 售 单

购货单位：毕节百货商厦有限责任公司　　地址和电话：毕节市七星关区桂花路220号 0857-8221755　　单据编号：0982

纳税识别号：91520500MA6KH2D1HK　　开户行及账号：中国建设银行股份有限公司贵州毕节桂花支行 5200169413605251675　　制单日期：2022年12月25日

总经理：王红艳　　销售经理：梁国浩　　经手人：李梓涵　　会计：杨付洋　　签收人：曾小玲

图 2-2-1-8 销售单

图 2-2-1-9 增值税专用发票

要求 1：根据图 2-2-1-8 和图 2-2-1-9，描述经济业务：_____

要求 2：审核原始凭证后填制记账凭证（通用记账凭证）。

【业务 6】

图 2-2-1-10 网银回单

要求 1：根据图 2-2-1-10，描述经济业务：＿＿＿＿＿＿＿＿＿＿＿＿＿＿＿＿＿＿

要求 2：审核原始凭证后填制记账凭证（通用记账凭证）。

【业务 7】

坏账损失确认通知

因大方县万达商场有限公司经营出现问题，上月销售给该公司的西服价税合计 20 000 元已经无法收回，经总经理批准该笔应收款准许确认为坏账，予以注销。

单位负责人：王红艳　　　财务负责人：李薇薇

日期：2022 年 12 月 31 日

图 2-2-1-11　坏账损失确认通知

要求 1：根据图 2-2-1-11，描述经济业务：＿＿＿＿＿＿＿＿＿＿＿＿＿＿＿＿＿＿

要求 2：审核原始凭证后填制记账凭证（通用记账凭证）。

【业务 8】

坏账准备计提表（2022 年 12 月）　　　　金额单位：元

期初应收账款借方余额	本期应收账款借方发生额	本期应收账款贷方发生额	当期应收账款余额	坏账准备率	应计提坏账准备	坏账准备余额	当期应计提坏账准备
775 000.00	960 500.00	486 900.00	1 248 600.00	3%	37 458.00	12 000.00	25 458.00

复核：李薇薇　　　　　　　　　　　　　　　制表人：杨付洋

图 2-2-1-12　坏账准备计提表

应收账款明细账

第__页

二级科目或明细科目 毕节广元商厦有限公司

年		凭证		摘要	借方									贷方									借或贷	余额								
月	日	种类	号数		千	百	十	万	千	百	十	元	角	分	千	百	十	万	千	百	十	元	角	分		千	百	十	万	千	百	十	元	角	分

图 2-2-1-13 应收账款明细账

应收账款明细账

第__页

二级科目或明细科目 大方县万达商场有限公司

年		凭证		摘要	借方									贷方									借或贷	余额								
月	日	种类	号数		千	百	十	万	千	百	十	元	角	分	千	百	十	万	千	百	十	元	角	分		千	百	十	万	千	百	十	元	角	分

图 2-2-1-14 应收账款明细账

应收账款明细账

第__页
二级科目或明细科目　　毕节百货商厦有限责任公司

年		凭证		摘要	借方	贷方	借或贷	余额
月	日	种类	号数		千百十万千百十元角分	千百十万千百十元角分		千百十万千百十元角分

图 2-2-1-15　应收账款明细账

要求 1：根据图 2-2-1-12，描述经济业务：_____

要求 2：审核原始凭证后填制记账凭证(通用记账凭证)。

要求 3：登记应收账款明细账，如图 2-2-1-13 至图 2-2-1-15 所示。

实训二　应收账款核算实训(会计语言凭证化)

贵州毕节奇伟服装有限公司 2022 年 12 月发生的与应收账款有关的业务核算资料如下。

【业务 1】

5 日，向大方县万达商场有限公司销售西服 80 套，单价 1 150 元，增值税税率 13%，款项未收。

要求 1：列出该经济业务涉及的原始凭证：_____

要求 2：填制空白原始凭证，如图 2-2-1-16 和图 2-2-1-17 所示。

要求 3：审核原始凭证后填制记账凭证。

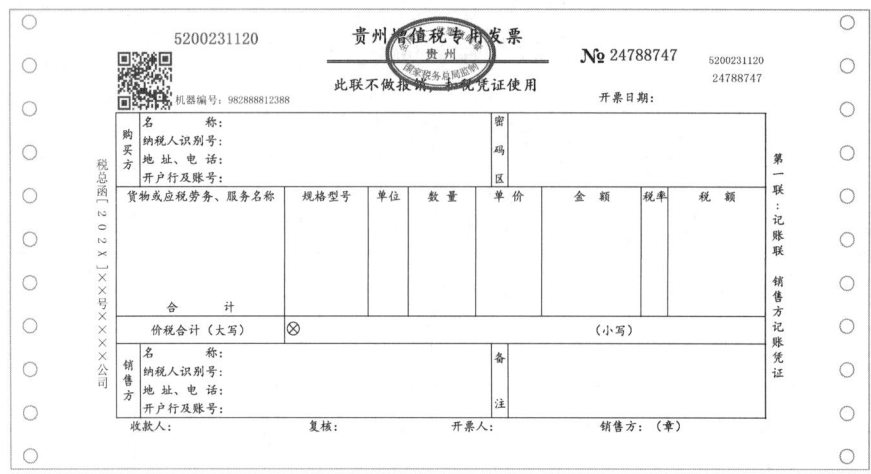

图 2-2-1-16　增值税专用发票

图 2-2-1-17　销售单

【业务 2】

10 日，收到毕节百货商厦有限责任公司签发转账支票 135 600 元，系 11 月货款。

要求 1：列出该经济业务涉及的原始凭证：＿＿＿＿＿＿＿＿＿＿＿＿＿＿＿＿

要求 2：填制空白原始凭证，如图 2-2-1-18 和图 2-2-1-19 所示。

要求 3：审核原始凭证后填制记账凭证。

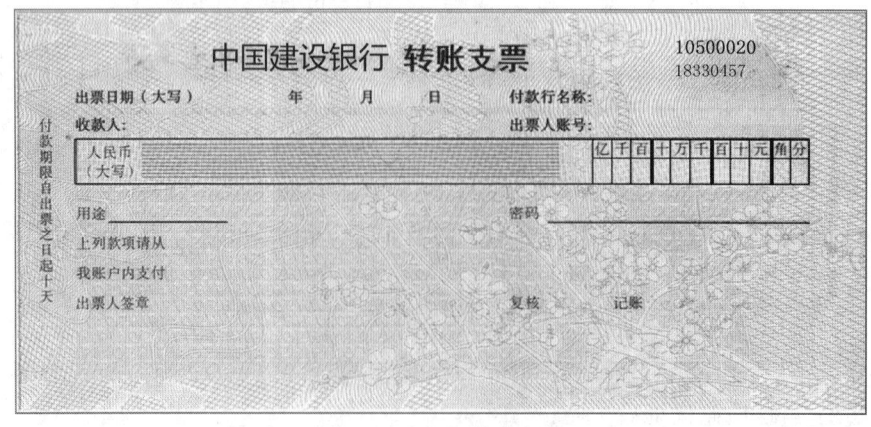

图 2-2-1-18　转账支票

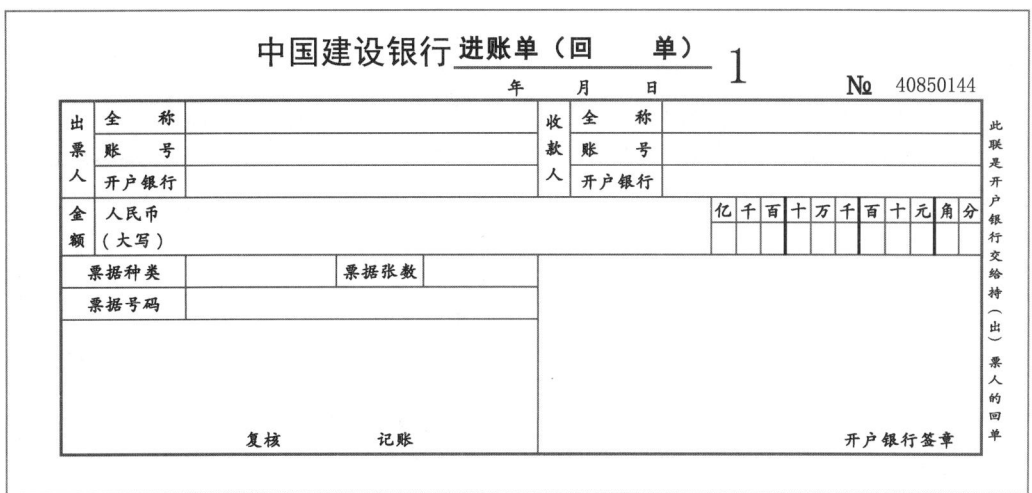

图 2-2-1-19　进账单

【业务3】

15日，向毕节广元商厦有限公司销售西服150套，单价1 150元，增值税税率13%，款项未收。

要求1：列出该经济业务涉及的原始凭证：_____

要求2：填制空白原始凭证，如图 2-2-1-20 和图 2-2-1-21 所示。

要求3：审核原始凭证后填制记账凭证。

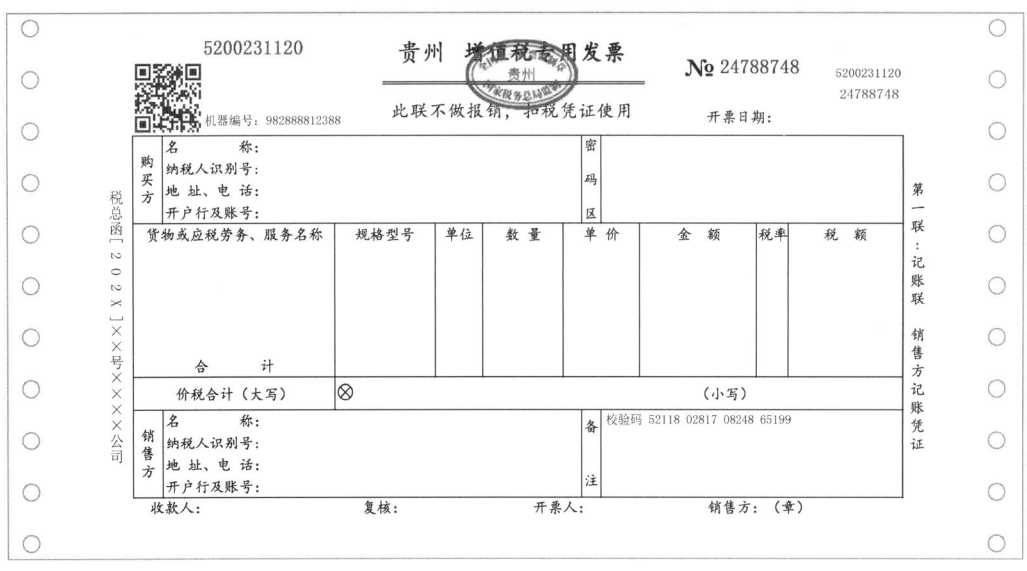

图 2-2-1-20　增值税专用发票

销 售 单

购货单位：			地址和电话：					单据编号：0002	
纳税识别号：			开户行及账号：					制单日期：	
编码	产品名称	规格	单位	单价	数量	金额	备注		
合计	人民币(大写)：								
总经理：		销售经理：		经手人：		会计：		签收人：	

图 2-2-1-21 销售单

【业务 4】
20 日，网银收到大方县万达商场有限公司支付的 11 月货款 103 960 元。
要求 1：列出该经济业务涉及的原始凭证：＿＿＿＿＿＿＿＿＿＿
要求 2：填制空白原始凭证，如图 2-2-1-22 所示。
要求 3：审核原始凭证后填制记账凭证。

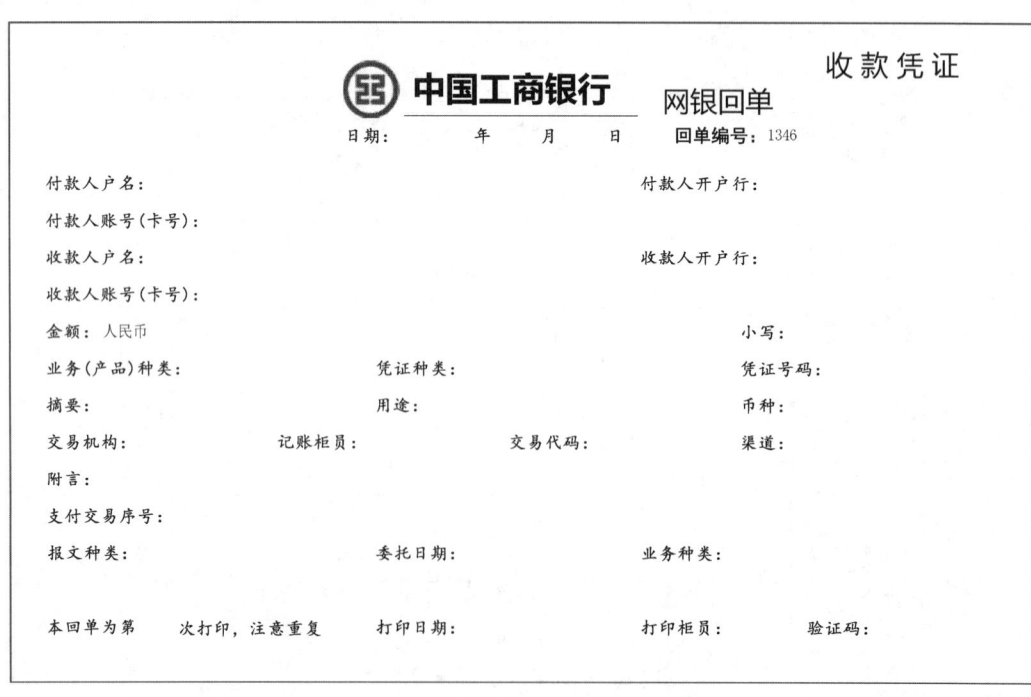

图 2-2-1-22 网银回单

【业务5】

24日,向毕节百货商厦有限责任公司销售西服120套,单价1 200元,增值税率13%,款项未收到。

要求1:列出该经济业务涉及的原始凭证:＿＿＿＿＿＿＿＿＿＿＿＿＿＿＿＿＿＿

要求2:填制空白原始凭证,如图2-2-1-23和图2-2-1-24所示。

要求3:审核原始凭证后填制记账凭证。

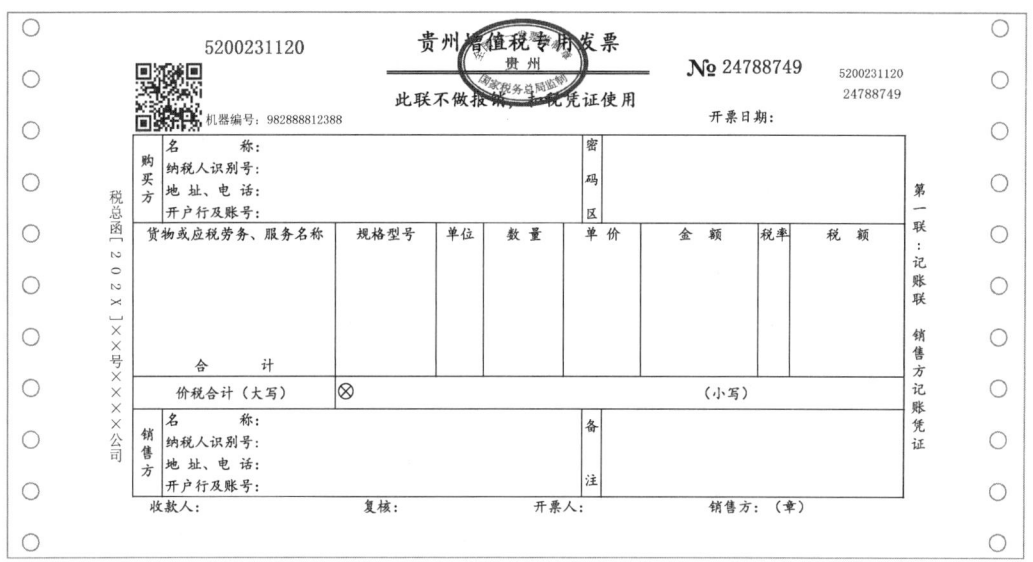

图2-2-1-23 增值税专用发票

图2-2-1-24 销售单

【业务6】

27日,网银收到毕节广元商厦有限公司12月15日购货款。

要求1：列出该经济业务涉及的原始凭证：_____

要求2：填制空白原始凭证，如图2-2-1-25所示。

要求3：审核原始凭证后填制记账凭证。

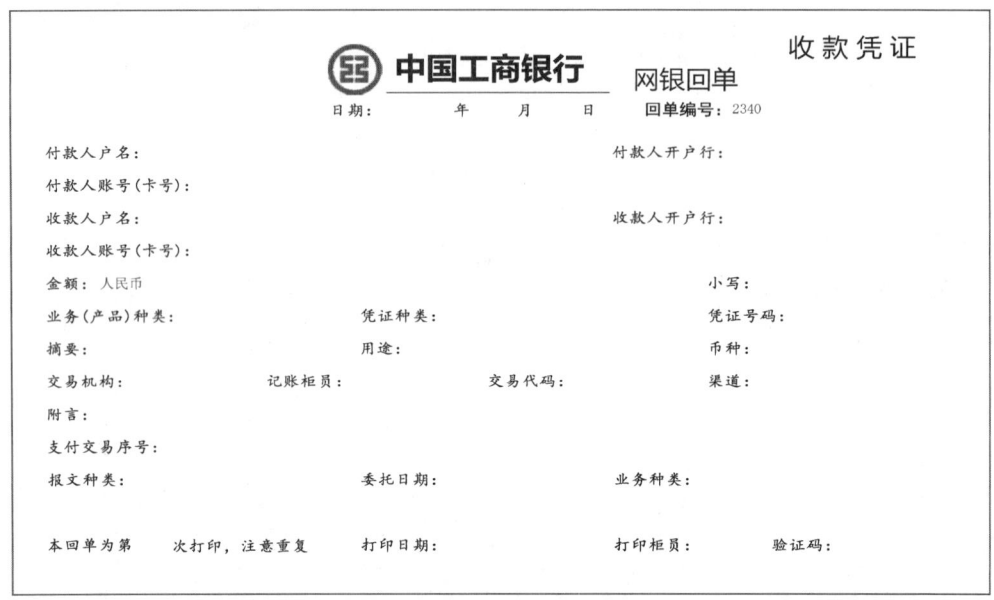

图2-2-1-25　网银回单

任务二　应收票据

 学习指引

请扫描二维码，认真查看应收票据相关知识，了解应收票据的内容及账务处理、应收票据的贴现，为实习实训作好理论准备。

应收票据的内容及账务处理　　　应收票据的贴现

 实训目的

（1）知识目标：掌握应收票据的内容及其确认与计量；掌握应收票据贴现的计算方

法;熟悉应收票据取得、转让、贴现和到期的账务处理。

(2)技能目标:能根据应收票据业务取得的相关原始凭证,进行经济业务的分析判断,描述发生的具体经济业务的内容;能计算应收票据贴现利息和票据到期值;能根据应收票据相关业务的描述,列出所涉及的原始凭证并填制相关空白的原始凭证;能审核应收票据取得、转让、贴现和到期的原始凭证的真实性、合法性和完整性等,进行正确的会计确认、计量并据以填制记账凭证。

(3)素养目标:培养学生遵纪守法、诚实守信的优良品质。

实训一　应收票据核算实训(会计凭证语言化)

贵州毕节奇伟服装有限公司2022年3月发生与应收票据有关的经济业务如图2-2-2-1至图2-2-2-11所示。

【业务1】

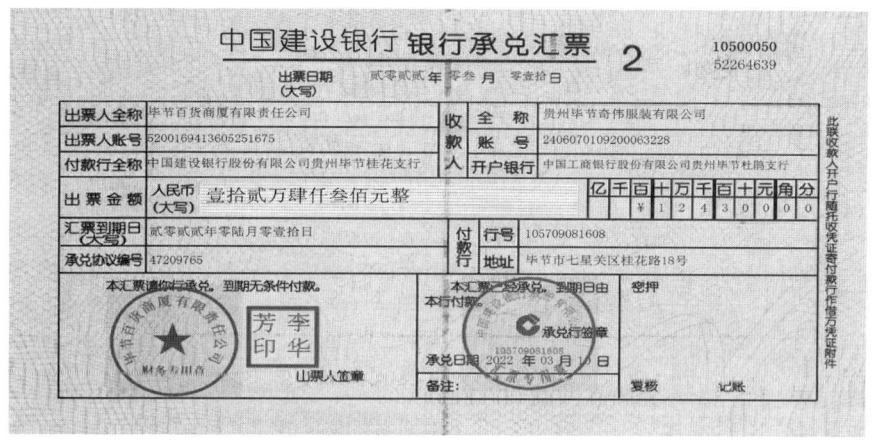

图2-2-2-1　银行承兑汇票

图2-2-2-2　增值税专用发票

销 售 单

购货单位：毕节百货商厦有限责任公司　地址和电话：毕节市七星关区桂花路 220 号 0857-8221755　单据编号：0001
纳税识别号：91520500MA6KH2D1HK　开户行及账号：中国建设银行股份有限公司贵州毕节
　　　　　　　　　　　　　　　　　　　　　　　桂花支行 5200169413605251675　　　　　　制单日期：2022 年 03 月 10 日

编码	产品名称	规格	单位	单价	数量	金额	备注
1	西服		套	100.00	100	110 000.00	
合计	人民币（大写）：壹拾壹万元整					￥110 000.00	

总经理：王红艳　　销售经理：梁国浩　　经手人：李梓涵　　会计：杨付洋　　签收人：王辉

图 2-2-2-3　销售单

要求 1：根据图 2-2-2-1 和图 2-2-2-3，描述经济业务：_____

要求 2：审核原始凭证后填制记账凭证。

【业务 2】

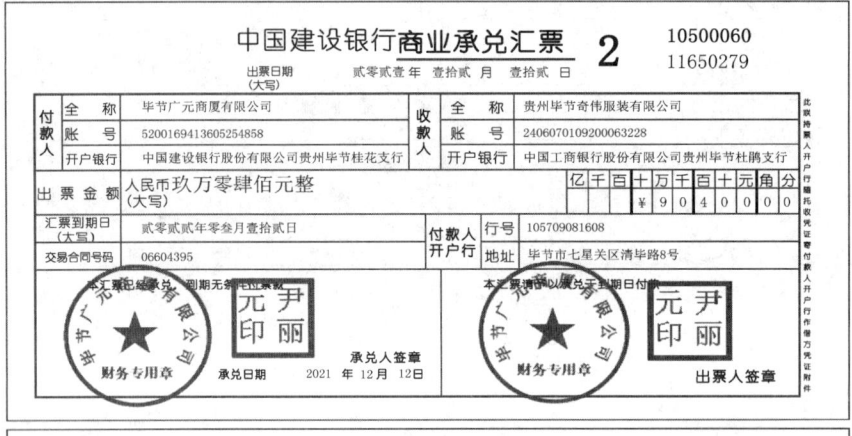

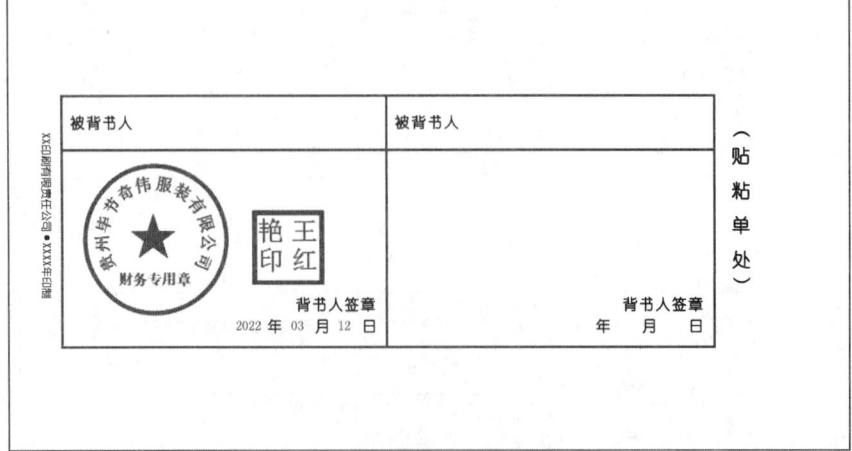

图 2-2-2-4　商业承兑汇票

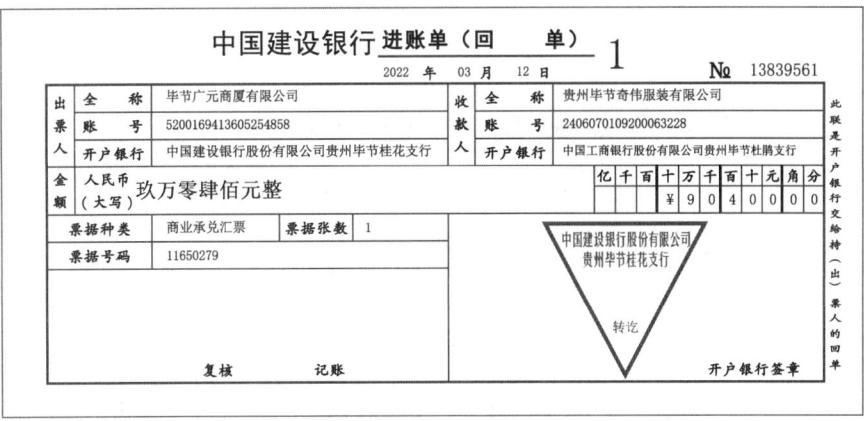

图 2-2-2-5 进账单

要求1：根据图 2-2-2-4 和图 2-2-2-5，描述经济业务：_____

_____

要求2：审核原始凭证后填制记账凭证。

【业务3】

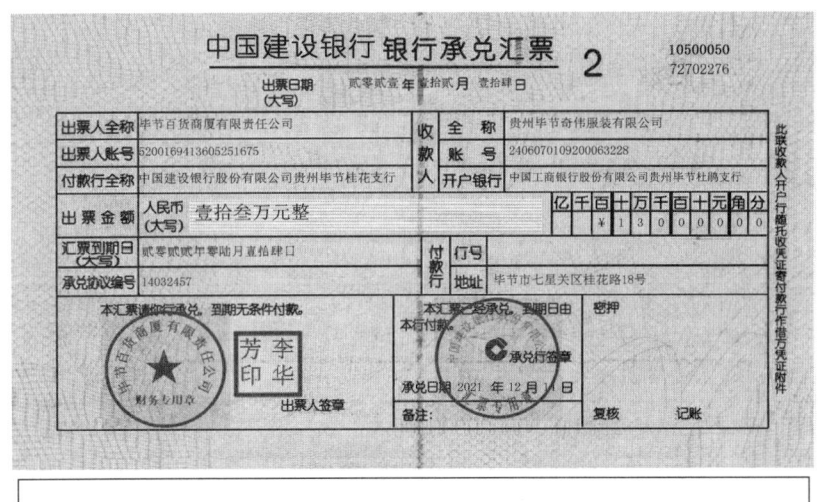

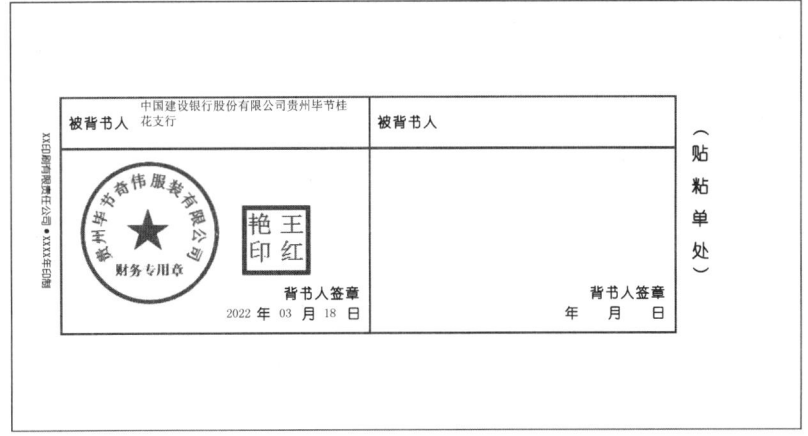

图 2-2-2-6 银行承兑汇票

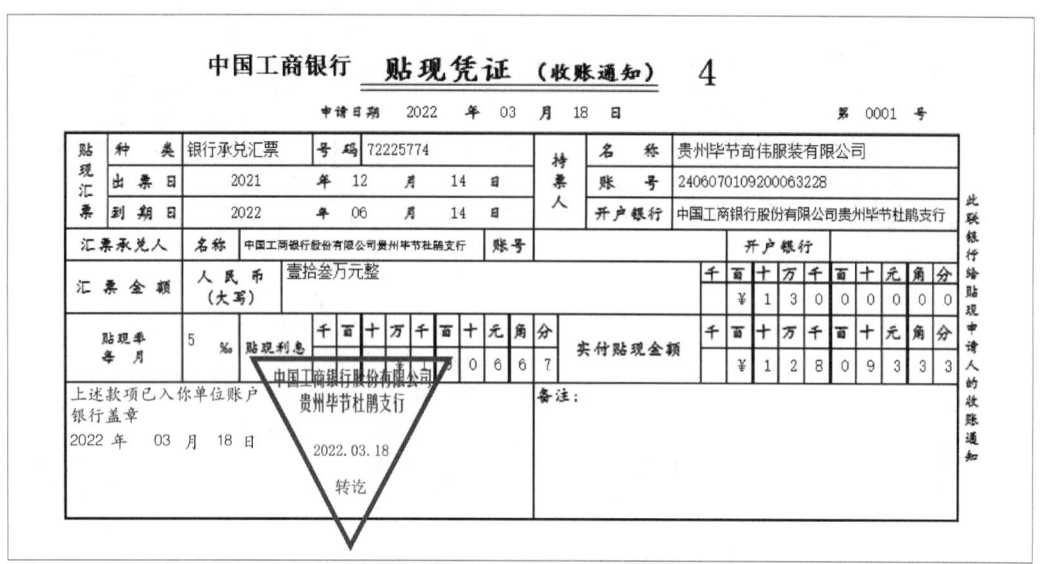

图 2-2-2-7　贴现凭证

要求1：根据图 2-2-2-6 和图 2-2-2-7，描述经济业务：_____

要求2：审核原始凭证后填制记账凭证。

【业务4】

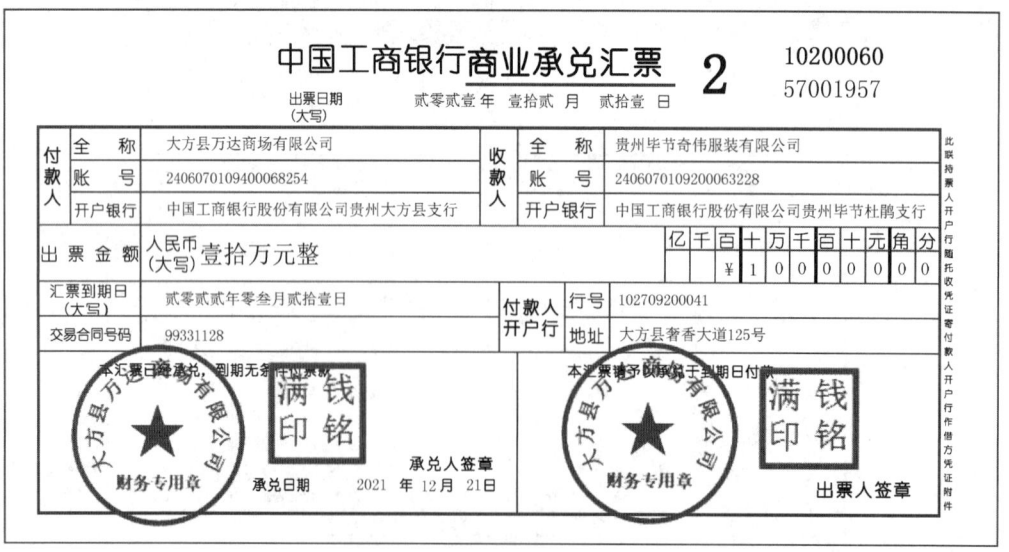

图 2-2-2-8　商业承兑汇票

中国工商银行股份有限公司　业务回单（收款）

日期：2022 年 03 月 21 日

回单编号：85729650639

付款人户名：大方县万达商场有限公司

付款人账号（卡号）：2406070109400068254

付款人开户行：中国工商银行股份有限公司贵州大方县支行

收款人户名：贵州毕节奇伟服装有限公司

收款人账号（卡号）：2406070109200063228

收款人开户行：中国工商银行股份有限公司贵州毕节杜鹃支行

金额：零元整　　　　　　　　　　　　　　　　　　　小写：￥0

业务（产品）种类：商业承兑汇票承兑

凭证种类：4871892616

凭证号码：33753942988588657

摘要：商业承兑汇票收款，对方余额不足，收款失败。

用途：商业承兑汇票承兑收款

币种：人民币

交易机构：7508312357　　记账柜员：60127　　交易代码：01457　　渠道：

本回单为第 1 次打印，注意重复　　打印日期：2022 年 03 月 21 日　　打印柜员：9

图 2-2-2-9　业务回单

要求 1：根据图 2-2-2-8 和图 2-2-2-9，描述经济业务：＿＿＿＿＿＿＿＿＿＿

要求 2：审核原始凭证后填制记账凭证。

【业务 5】

银行承兑汇票抵付货款协议书

甲方：贵州毕节奇伟服装有限公司　　　　乙方：毕节百货商场有限责任公司
地址：毕节高新技术产业开发区标准厂房12幢　　地址：毕节市七星关区桂花路220号
电话：0857-8225755　　　　　　　　　　电话：0857-8221755
联系人：王红艳　　　　　　　　　　　　联系人：李华芳

根据中华人民共和国法律、法规的相关规定，甲、乙双方本着互惠互利的原则，就乙方前欠甲方货款 56 500 元一事，经过友好协商，现达成一致协议。由乙方提供一张银行承兑汇票（面值为 56 500 元，期限自 2022 年 3 月 22 日至 2022 年 5 月 22 日）。抵付前欠甲方货款。汇票到期后，若因乙方原因导致汇票无法按期承兑，引起经济纠纷由乙方承担，甲方有权依照法律程序要求乙方做出经济赔偿。本协议书一式两份，甲、乙双方各执正本一份。本协议自双方签字起即生效。

图 2-2-2-10　抵付协议书

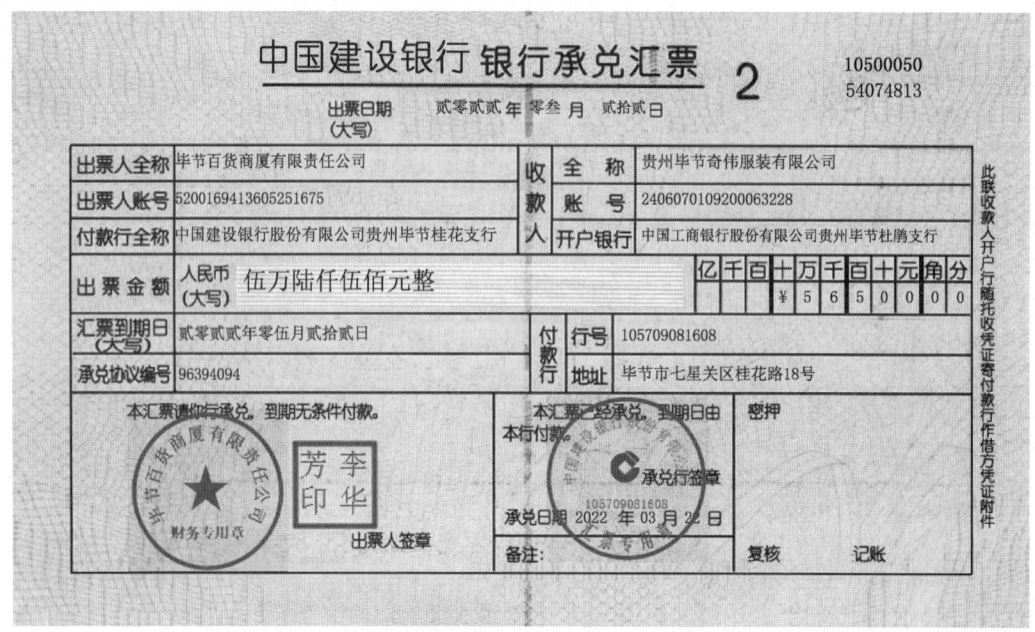

图 2-2-2-11 银行承兑汇票

要求1：根据图2-2-2-10和图2-2-2-11,描述经济业务：_____

要求2：审核原始凭证后填制记账凭证。

实训二　应收票据核算实训(会计语言凭证化)

贵州毕节奇伟服装有限公司2022年3月发生的与应收票据有关的业务核算资料如下。

【业务1】

8日,向毕节广元商厦有限公司销售西服80套,单价1 125元,金额90 000元,增值税税率13%,收到经付款单位开户银行承兑的为期3个月的不带息银行承兑汇票一张。

要求1：列出该经济业务涉及的原始凭证：_____

要求2：填制空白原始凭证,如图2-2-2-12至图2-2-2-14所示。

要求3：审核原始凭证后填制记账凭证。

图 2-2-2-12　银行承兑汇票

图 2-2-2-13　增值税专用发票

图 2-2-2-14　销售单

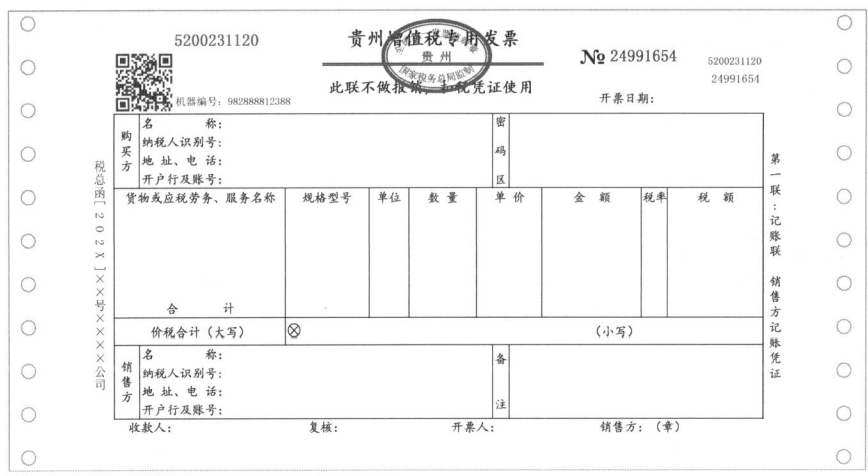

【业务 2】

10 日,毕节百货商厦有限责任公司于 2021 年 12 月 10 日签发的面值为 113 000 元、期限为 3 个月的商业承兑汇票到期,毕节百货商厦有限责任公司履约付款,票款收存银行。

要求 1:列出该经济业务涉及的原始凭证:_____

_____

要求 2:填制空白原始凭证,如图 2-2-2-15 和图 2-2-2-16 所示。

要求 3:审核原始凭证后填制记账凭证。

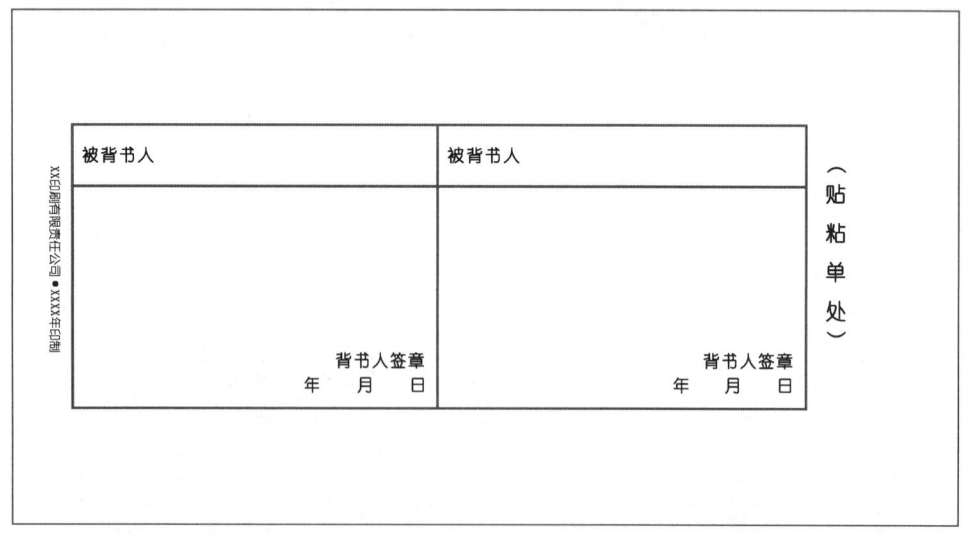

图 2-2-2-15　商业承兑汇票

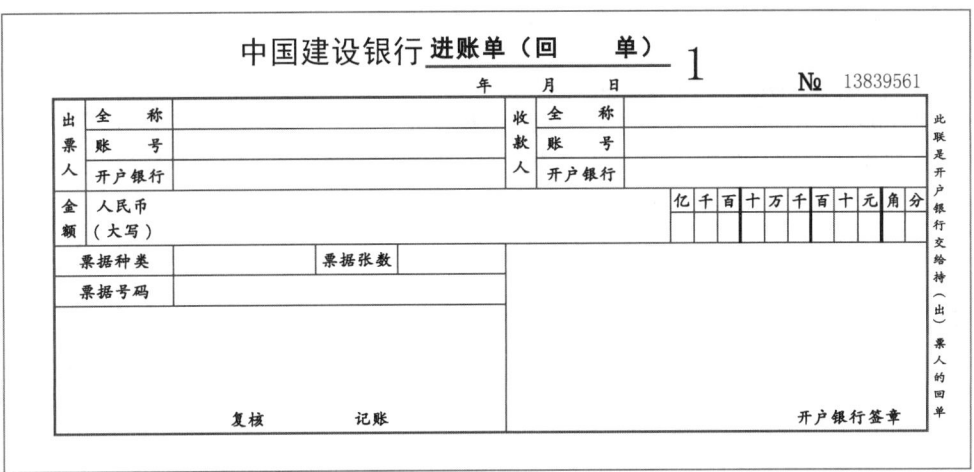

图 2-2-2-16　进账单

【业务3】

18日,公司因急需资金周转,将2021年12月18日大方县万达商场有限公司签发的一张面值为135 600元、期限为6个月的不带息银行承兑汇票申请贴现,贴现率为8%,此项票据贴现银行不附追索权,贴现款收存银行。

要求1：列出该经济业务涉及的原始凭证：＿＿＿＿＿＿＿＿＿＿＿＿＿＿＿＿＿＿＿

＿＿＿＿＿＿＿＿＿＿＿＿＿＿＿＿＿＿＿＿＿＿＿＿＿＿＿＿＿＿＿＿＿＿＿＿＿＿＿

要求2：填制空白原始凭证,如图2-2-2-17和图2-2-2-18所示。

要求3：审核原始凭证后填制记账凭证。

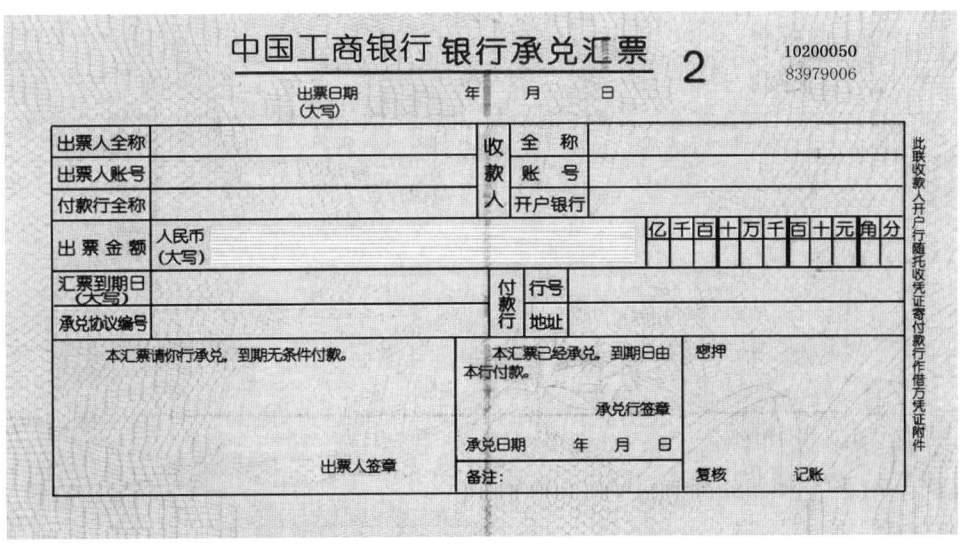

图 2-2-2-17 银行承兑汇票

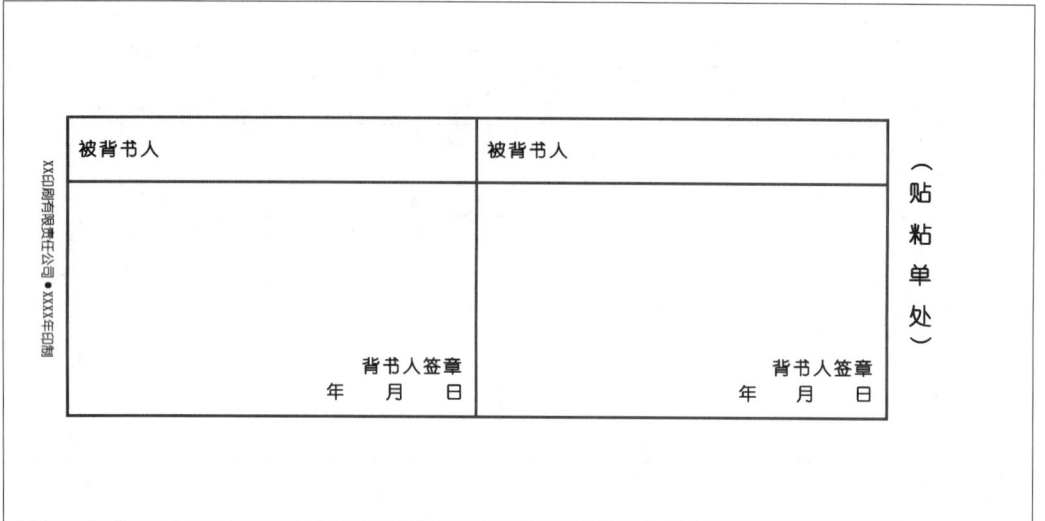

图 2-2-2-18 贴现凭证

【业务4】

21日,毕节百货商厦有限责任公司于 2021 年 12 月 21 日签发的一张面值为 90 400 元、期限为 3 个月的不带息商业汇票到期,毕节百货商厦有限责任公司无款支付。

要求1:列出该经济业务涉及的原始凭证:＿＿＿＿＿＿＿＿＿＿＿＿＿＿＿＿

要求2:填制空白原始凭证,如图 2-2-2-19 和图 2-2-2-20 所示。

要求3:审核原始凭证后填制记账凭证。

中国建设银行商业承兑汇票　2　　10500060　28027603

出票日期（大写）　　年　　月　　日

付款人	全　称		收款人	全　称	
	账　号			账　号	
	开户银行			开户银行	
出票金额	人民币（大写）			亿 千 百 十 万 千 百 十 元 角 分	
汇票到期日（大写）			付款人开户行	行号	
交易合同号码				地址	
本汇票已经承兑，到期无条件付票款 承兑人签章 承兑日期　年　月　日			本汇票请予以承兑于到期日付款 出票人签章		

此联持票人开户行随托收凭证寄付款人开户行作借方凭证附件

图 2-2-2-19　商业承兑汇票

中国工商银行股份有限公司　业务回单（收款）

日期：　　年　　月　　日

回单编号：84863040213

付款人户名：　　付款人开户行：

付款人账号（卡号）：

收款人户名：　　收款人开户行：

收款人账号（卡号）：

金额：　　小写：¥

业务（产品）种类：　　凭证种类：　　凭证号码：

摘要：　　用途：　　币种：

交易机构：　　记账柜员：　　交易代码：　　渠道：

本回单为第　　次打印，注意重复　　打印日期：　　年　　月　　日　　打印柜员：

图 2-2-2-20　业务回单

【业务 5】

22 日，毕节广元商厦有限公司欠本公司一项货款 45 200 元，经协商毕节广元商厦有限公司以一张银行承兑的不带息商业汇票抵付，期限 2 个月。

要求 1：列出该经济业务涉及的原始凭证：________________________________

要求 2：填制空白原始凭证，如图 2-2-2-21 和图 2-2-2-22 所示。

要求 3：审核原始凭证后填制记账凭证。

_____ 协 议 书

（盖章）

图 2-2-2-21 协议书

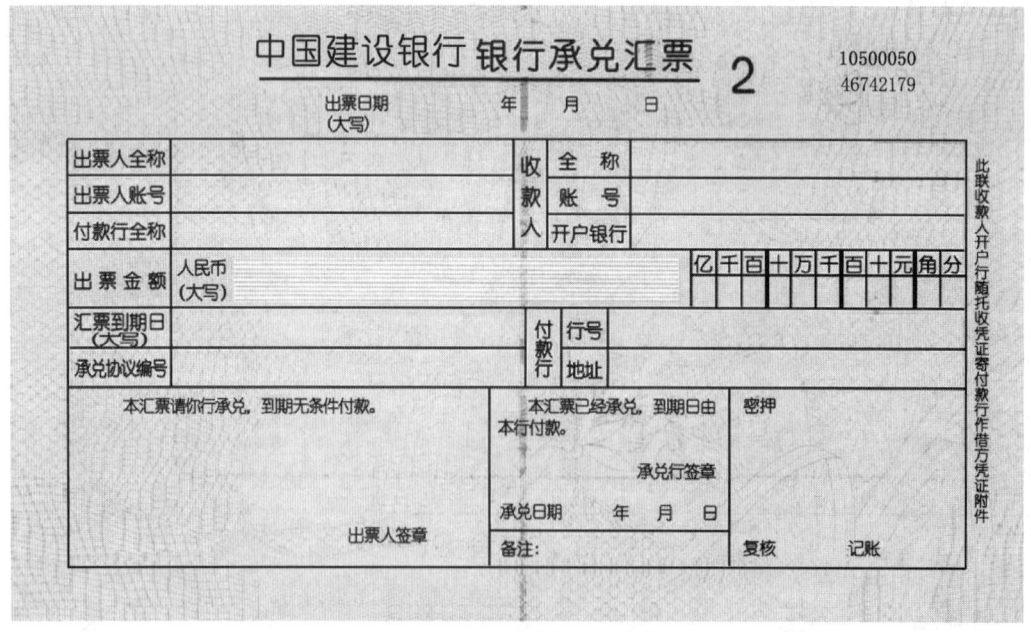

图 2-2-2-22 银行承兑汇票

任务三 预付账款

请扫描二维码,认真查看预付账款相关知识,了解预付账款的内容及账务处理等,为实习实训作好理论准备。

预付账款的内容及账务处理

(1)知识目标:理解预付账款的内容,掌握预付账款的基本账务处理。

(2)技能目标:能根据预付款业务的预付、结算和补付(或退回)原始凭证,进行经济业务的分析判断,描述发生的具体经济业务的内容;能根据预付账款相关业务的描述,列出所涉及的原始凭证并填制相关空白的原始凭证;能审核预付款业务的原始凭证的真实性、合法性和完整性等,进行正确的会计确认、计量并据以填制记账凭证。

(3)素养目标:培养学生遵纪守法、诚实守信的优良品质。

实训一 预付账款核算实训(会计凭证语言化)

贵州毕节奇伟服装有限公司 2022 年 3 月发生的与预付账款有关的经济业务如图 2-2-3-1 至图 2-2-3-5 所示。

【业务 1】

贵州毕节奇伟服装有限公司 付款申请单

申请部门:采购部			2022 年 03 月 08 日	
摘 要	预付货款		合同编号	95908719
合同金额	壹拾伍万元整		已付金额	0
付款金额	人民币(大写)壹拾伍万元整			¥150 000.00
付款方式	□现金 □转账支票 □银行汇票 □银行承兑汇票 ☑网银转账 □电汇 □银行本票 □其他		用款日期	2022-03-08
收款单位	贵阳通黔纺织科技有限公司		领款人	燕明妮
总经理:王红艳	财务部经理:李薇薇	部门经理:杨子夏	经办人:王子涵	

图 2-2-3-1 付款申请单

中国工商银行 网银回单

付款凭证

日期：2022 年 03 月 08 日　　回单编号：6659

付款人户名：贵州毕节奇伟服装有限公司
付款人账号（卡号）：2406070109200063228
收款人户名：贵阳通黔纺织科技有限公司
收款人账号（卡号）：5200169414805252487
金额：人民币壹拾伍万元整　　小写：¥150 000.00
业务（产品）种类：　　凭证种类：　　凭证号码：
摘要：预付货款　　用途：　　币种：
交易机构：　　记账柜员：　　交易代码：　　渠道：
附言：
支付交易序号：
报文种类：　　委托日期：　　业务种类：
本回单为第 1 次打印，注意重复　　打印日期：2022.03.08　　打印柜员：

图 2-2-3-2　网银回单

要求1：根据图 2-2-3-1 和图 2-2-3-2，描述经济业务：＿＿＿＿＿＿＿＿

要求2：审核原始凭证后填制记账凭证（通用记账凭证）。

【业务2】

贵州毕节奇伟服装有限公司
采购入库单

入库单号：530913343　　入库日期：2022-03-20　　入库类型：　　部门：采购部
供应商名称：贵阳通黔纺织科技有限公司　　仓库名称：　　备注：

发票号码	编码	存货名称	尺码	颜色	单位	数量	不含税价	金额
35809846		布料			米	1 300.00	100.00	130 000.00
合计						1 300.00		130 000.00

记账：杨付洋　　复核：李薇薇　　仓库保管：周金华　　采购员：杨子夏

图 2-2-3-3　采购入库单

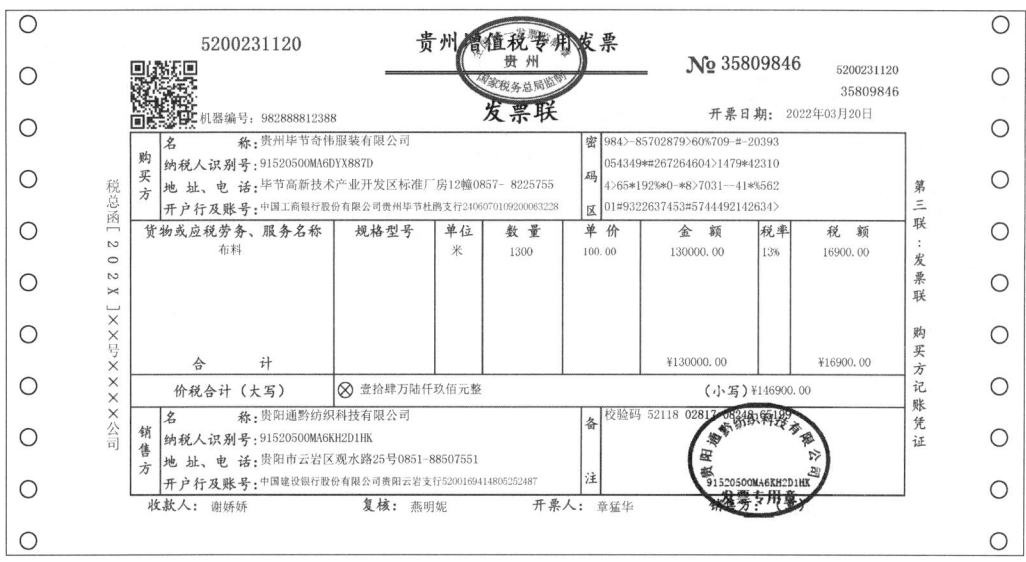

图 2-2-3-4　增值税专用发票

要求1：根据图2-2-3-3和图2-2-3-4，描述经济业务：_____

要求2：审核原始凭证后填制记账凭证（通用记账凭证）。

【业务3】

图 2-2-3-5　网银回单

要求 1：根据图 2-2-3-5，描述经济业务：________________________________

____

要求 2：审核原始凭证后填制记账凭证(通用记账凭证)。

实训二　预付账款核算实训(会计语言凭证化)

贵州毕节奇伟服装有限公司 2022 年 4 月发生的与预付账款有关的业务核算资料如下。

【业务 1】

10 日，按合同规定向贵阳市金誉纺织有限公司预付货款 120 000 元，网银支付。

要求 1：列出该经济业务涉及的原始凭证：________________________________

____

要求 2：填制空白原始凭证，如图 2-2-3-6 和图 2-2-3-7 所示。

要求 3：审核所填制原始凭证后填制记账凭证。

贵州毕节奇伟服装有限公司　付款申请单

申请部门：　　　　　　　　　　　　　　　　年　　月　　日

摘　　要		合同编号	
合同金额		已付金额	
付款金额	人民币（大写）　　　　　　　　¥		
付款方式	☐现金　☐转账支票　☐银行汇票　☐银行承兑汇票 ☐网银转账　☐电汇　☐银行本票　☐其他	用款日期	
收款单位		领款人	

总经理：　　　　财务部经理：　　　　部门经理：　　　　经办人：

图 2-2-3-6　付款申请单

中国工商银行　网银回单　　付款凭证

日期：　　年　　月　　日　　回单编号：

付款人户名：　　　　　　　　付款人开户行：

付款人账号(卡号)：

收款人户名：　　　　　　　　收款人开户行：

收款人账号(卡号)：

金额：人民币　　　　　　　　小写：

业务(产品)种类：　　　　凭证种类：　　　　凭证号码：

摘要：　　　　用途：　　　　币种：

交易机构：　　　　记账柜员：　　　　交易代码：　　　　渠道：

附言：

支付交易序号：

报文种类：　　　　委托日期：　　　　业务种类：

本回单为第　　次打印，注意重复　　打印日期：　　打印柜员：　　验证码：

图 2-2-3-7　银行回单

【业务 2】

25 日,贵阳市金誉纺织有限公司按照合同要求发来原材料布料 1 000 米,单价 100 元,金额 100 000 元,增值税税率 13%;材料验收入库,差额暂未退回。

要求 1:列出该经济业务涉及的原始凭证:＿＿＿＿＿＿＿＿＿＿

要求 2:填制空白原始凭证,如图 2-2-3-8 和图 2-2-3-9 所示。

要求 3:审核所填制原始凭证后填制记账凭证。

图 2-2-3-8 采购入库单

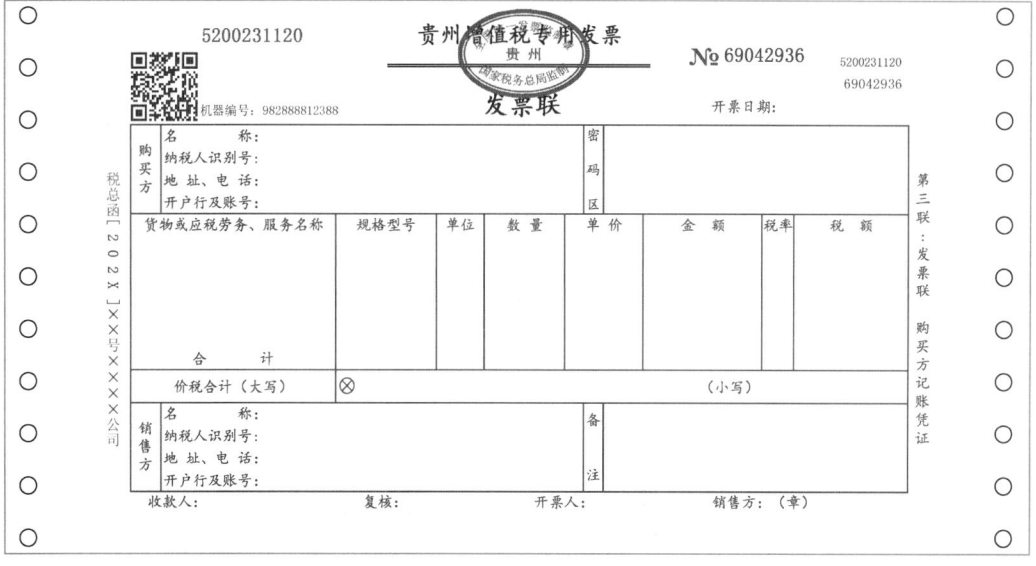

图 2-2-3-9 增值税专用发票

【业务3】

26日,收到贵阳市金誉纺织有限公司通过网银结算方式退回多预付材料款7 000元。

要求1:列出该经济业务涉及的原始凭证:_____

要求2:填制空白原始凭证,如图2-2-3-10所示。

要求3:审核所填制原始凭证后填制记账凭证。

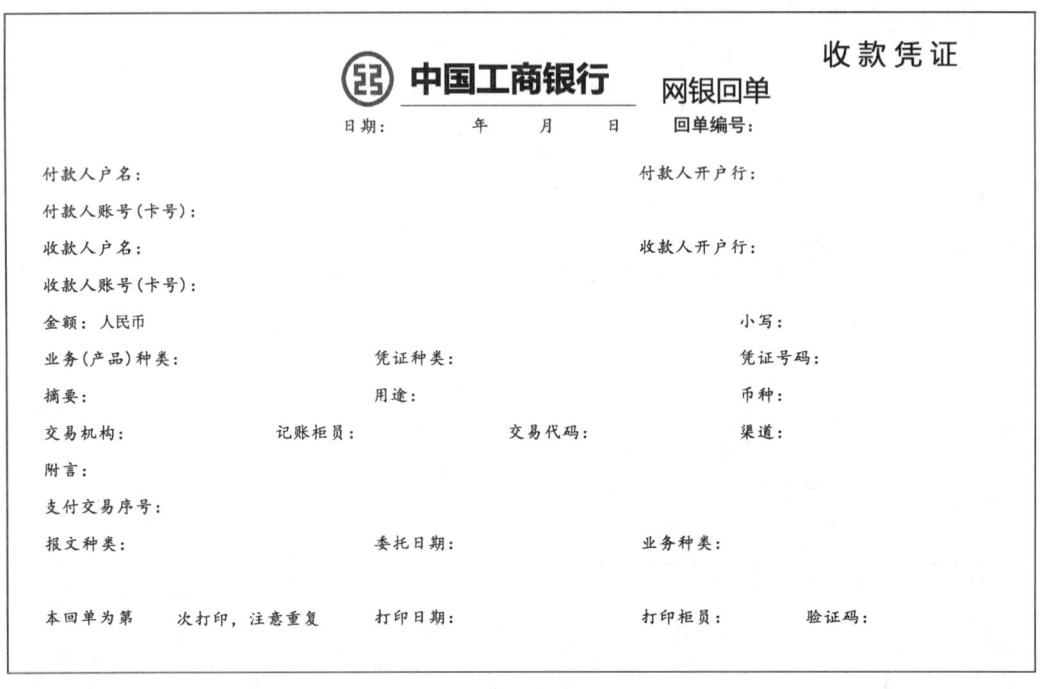

图2-2-3-10 网银回单

任务四 其他应收款

请扫描二维码,认真查看其他应收款相关知识,了解备用金制度和《企业所得税税前扣除凭证管理办法》(国家税务总局2018年第28号),小额零星经营业务的个人支出可凭载明详细信息的收据或内部凭证作为税前抵扣凭证,为实习实训作好理论准备。

备用金制度　　　　国税总局〔2018〕28号公告

(1) 知识目标：理解其他应收款的内容，掌握其他应收款的基本账务处理。

(2) 技能目标：能根据其他应收款业务取得的相关原始凭证，进行经济业务的分析判断，描述出发生的具体经济业务的内容；能根据其他应收款相关业务的描述，列出所涉及的原始凭证并填制相关空白的原始凭证；能审核其他应收款相关原始凭证的真实性、合法性和完整性等，进行正确的会计确认、计量并据以填制记账凭证。

(3) 素养目标：培养学生遵纪守法、诚实守信、廉洁自律的优良品质。

实训一　其他应收款核算实训（会计凭证语言化）

贵州毕节奇伟服装有限公司2022年4月发生的与其他应收款有关的经济业务如图2-2-4-1至图2-2-4-11所示。

【业务1】

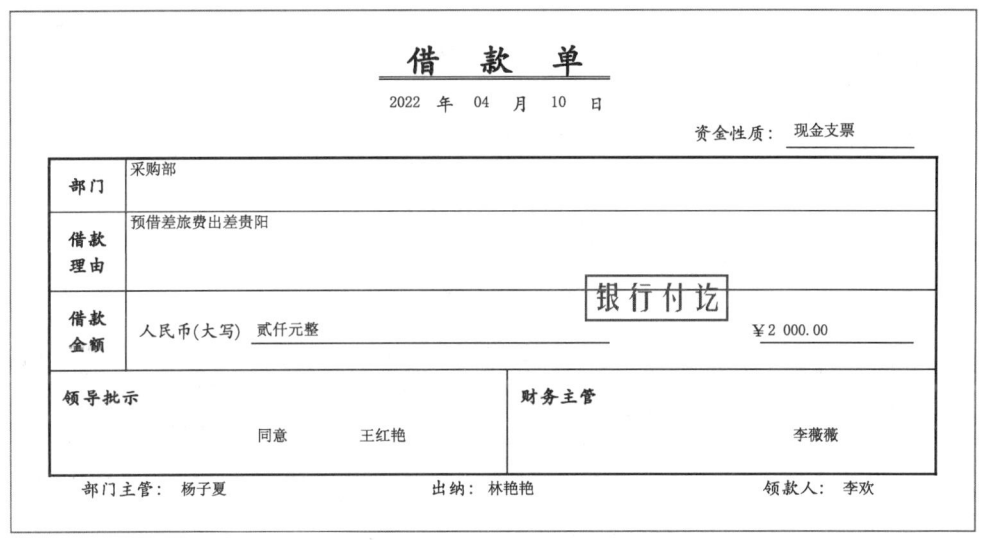

图 2-2-4-1　借款单

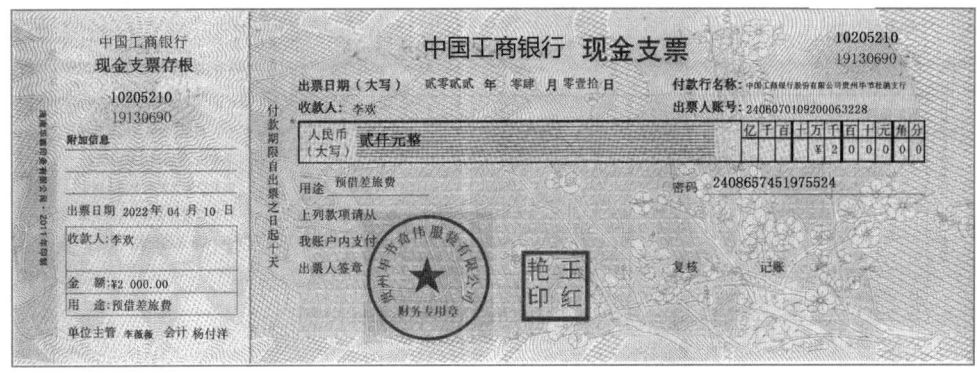

图 2-2-4-2　现金支票

要求1：根据图2-2-4-1和图2-2-4-2，描述经济业务：_____

要求2：审核原始凭证后填制记账凭证（通用记账凭证）。

【业务2】

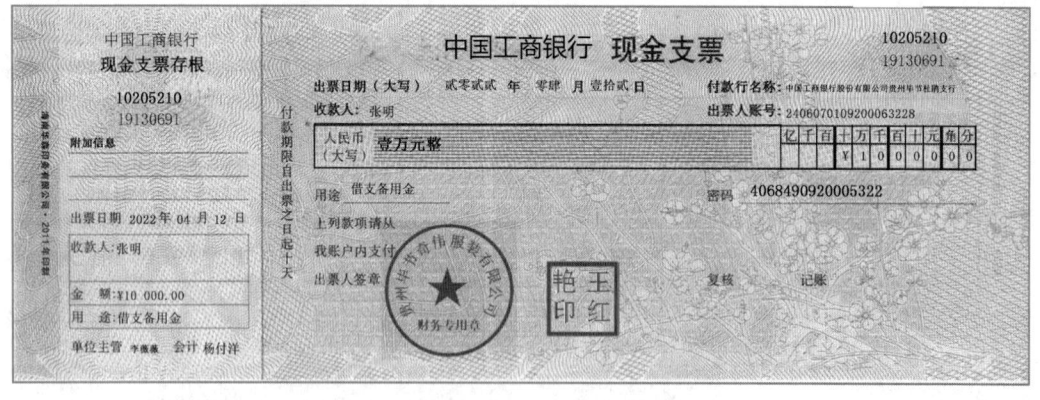

图 2-2-4-3　借款单

图 2-2-4-4　现金支票

要求1：根据图2-2-4-3和图2-2-4-4，描述经济业务：_____

要求2：审核原始凭证后填制记账凭证（通用记账凭证）。

【业务3】

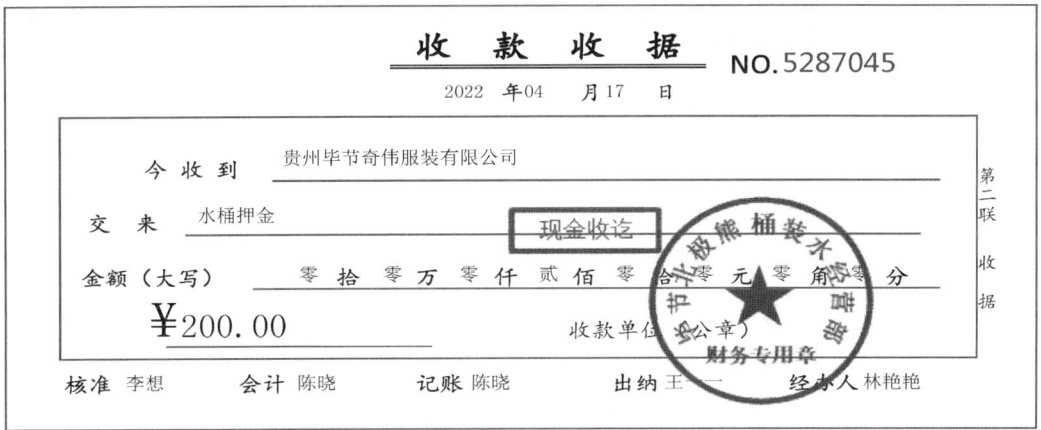

图 2-2-4-5 收款收据

要求1：根据图2-2-4-5，描述经济业务：_____

要求2：审核原始凭证后填制记账凭证（通用记账凭证）。

【业务4】

费用报销单

报销部门：销售部　　　　　　　　　　　　　　　　　　　报销日期：2022年04月28日

事由	项目	金额		
招待费		1 500.00	总经理	王红艳
零星货物搬运费		200.00		
办公用品费		1 500.00	部门主管	梁国浩
广告费		6 000.00		
金额合计（大写）：玖仟贰佰元整		小写：¥9 200.00	报销人	张明
核实金额（大写）：玖仟贰佰元整		小写：¥9 200.00		
已借/付款金额：¥10 000.00元	应退金额：　　元		应补金额：　　元	
注：1.此报销单用于：费用报销（除差旅费）、采购报账、外协报账、运输费报销、资产购置；2.签字流程：报销人→部门负责人→会计→总经理→财务流程。				
会计：杨付洋	会计主管：李薇薇			出纳：林艳艳

图 2-2-4-6 费用报销单

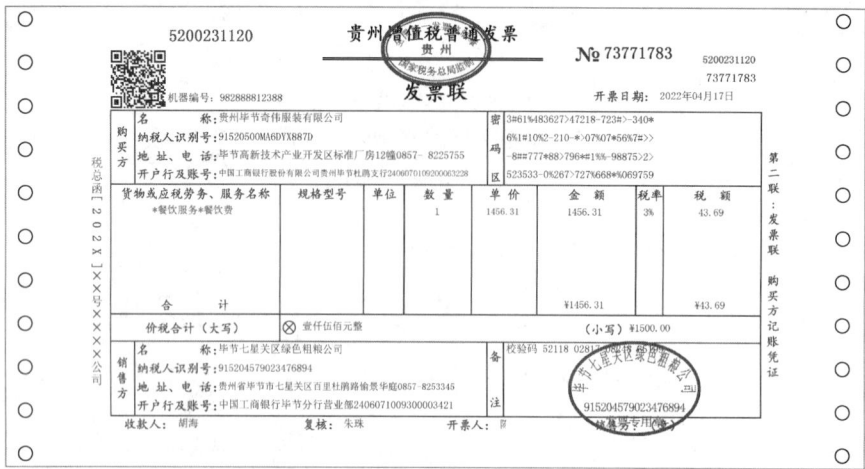

图 2-2-4-7 增值税普通发票

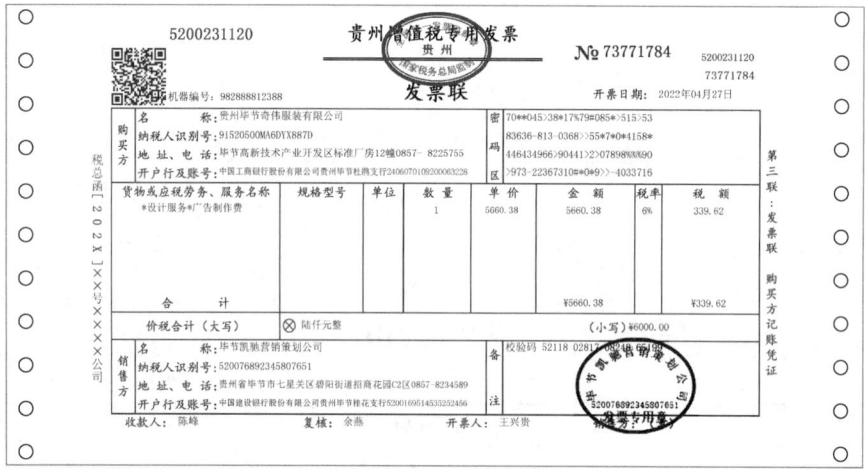

图 2-2-4-8 增值税专用发票

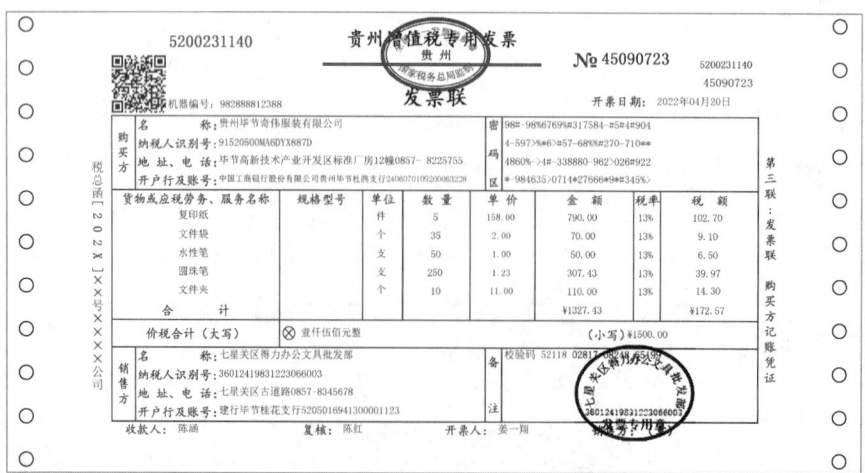

图 2-2-4-9 增值税专用发票

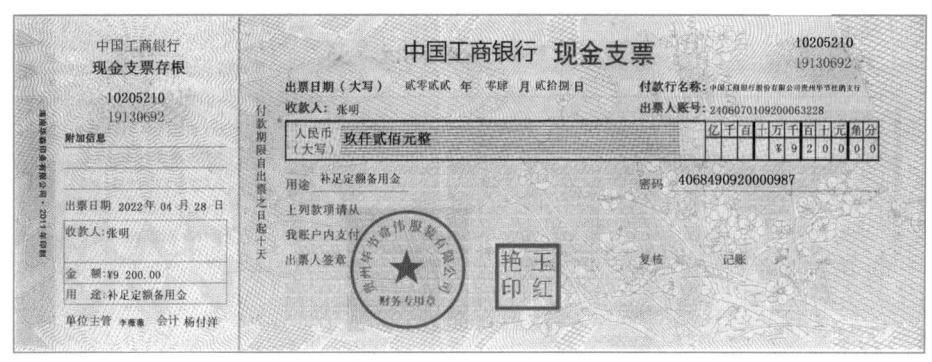

图 2-2-4-10　收款收据

图 2-2-4-11　现金支票

要求1：根据图2-2-4-6至图2-2-4-11，描述经济业务：_____

要求2：审核原始凭证后填制记账凭证(通用记账凭证)。

实训二　其他应收款核算实训(会计语言凭证化)

贵州毕节奇伟服装有限公司2022年4月发生的与其他应收款有关的业务核算资料如下。

【业务1】

9日，企业行政部因工作需要，核定其定额备用金15 000元用于日常开支，由行政部王阳明经手办理，出纳员签发现金支票支付。

要求1：列出该经济业务涉及的原始凭证：_____

要求2：填制空白原始凭证，如图2-2-4-12和图2-2-4-13所示。

要求3：审核所填制原始凭证后填制记账凭证。

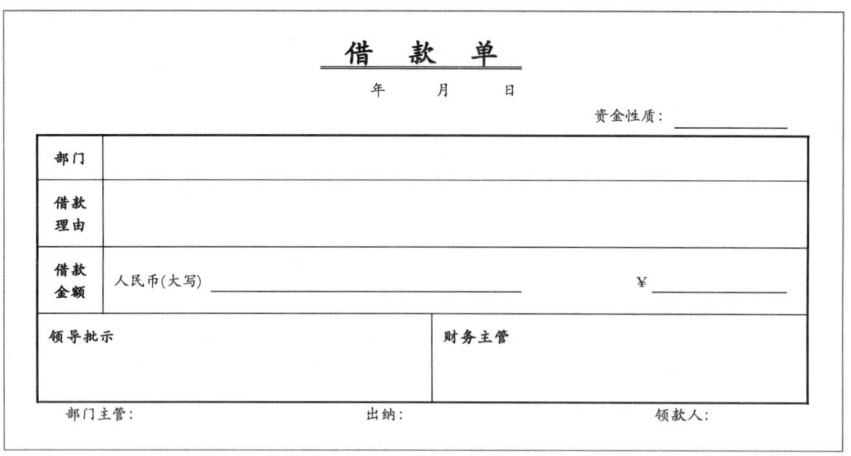

图 2-2-4-12 借款单

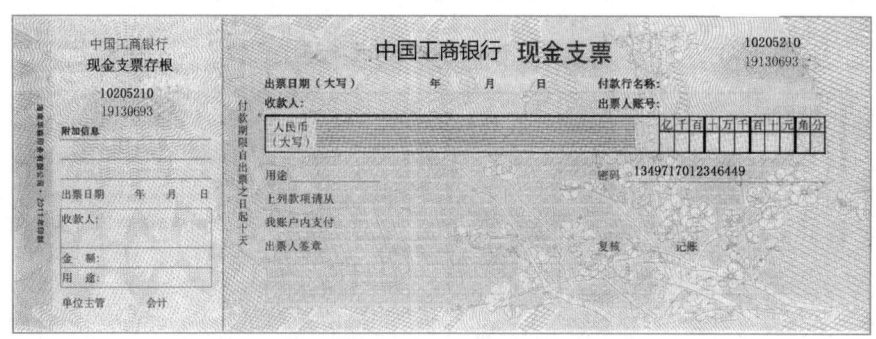

图 2-2-4-13 现金支票

【业务 2】

10 日,行政部朱莉萍出差贵阳,向财务部预借差旅费 1 500 元,出纳员签发现金支票付讫。

要求 1：列出该经济业务涉及的原始凭证：_____

要求 2：填制空白原始凭证,如图 2-2-4-14 和图 2-2-4-15 所示。

要求 3：审核所填制原始凭证后填制记账凭证。

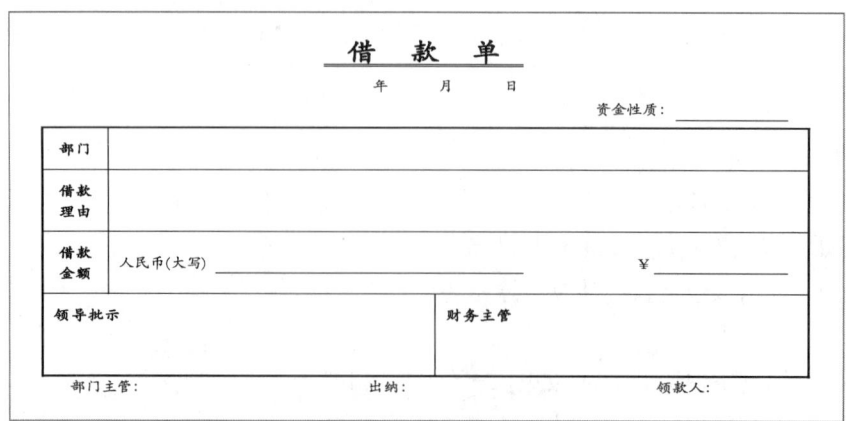

图 2-2-4-14 借款单

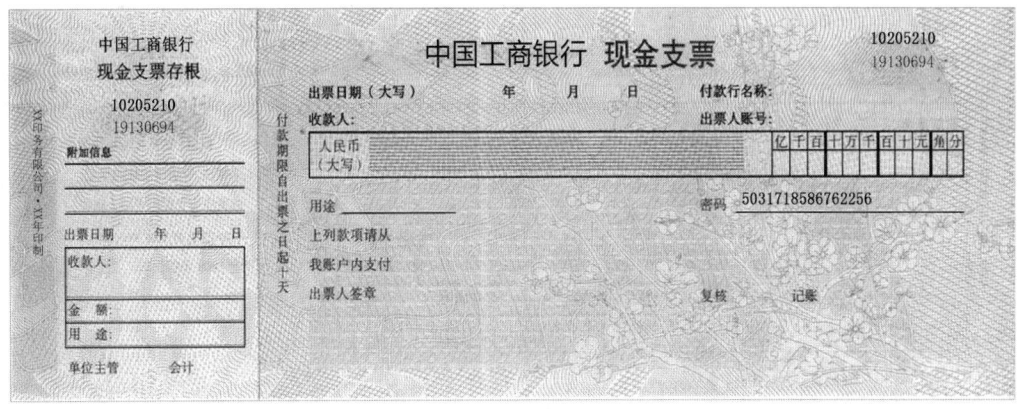

图 2-2-4-15　现金支票

【业务 3】

15 日,行政部朱莉萍出差贵阳归来,报销差旅费(出差日期 4 月 10 日至 4 月 14 日)1 880 元[其中:高铁票款 160 元,住宿费 1 000 元(从一般纳税人贵阳如家酒店管理有限公司购入住宿服务),伙食补助费 400 元,市内交通费 320 元],原借差旅费 1 500 元,不足部分出纳员当即用现金支付。

要求 1:列出该经济业务涉及的原始凭证:_____

_____

要求 2:填制空白原始凭证,如图 2-2-4-16 至图 2-2-4-24 所示。

要求 3:审核所填制原始凭证后填制记账凭证。

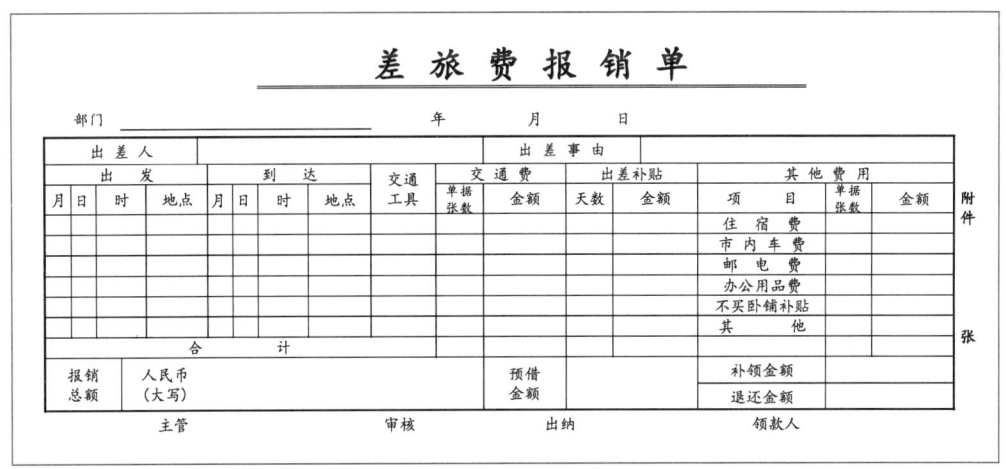

图 2-2-4-16　差旅费报销单

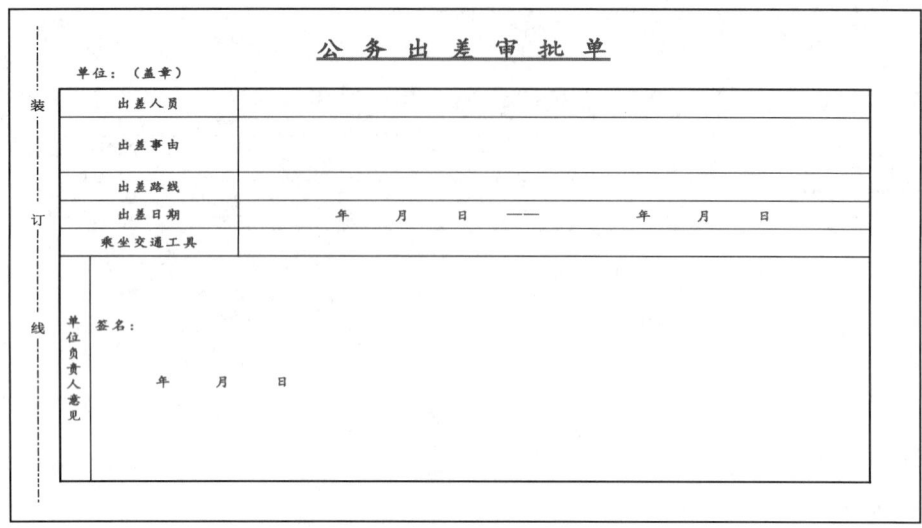

图 2-2-4-17　公务出差审批单

图 2-2-4-18　高铁票

图 2-2-4-19　高铁票

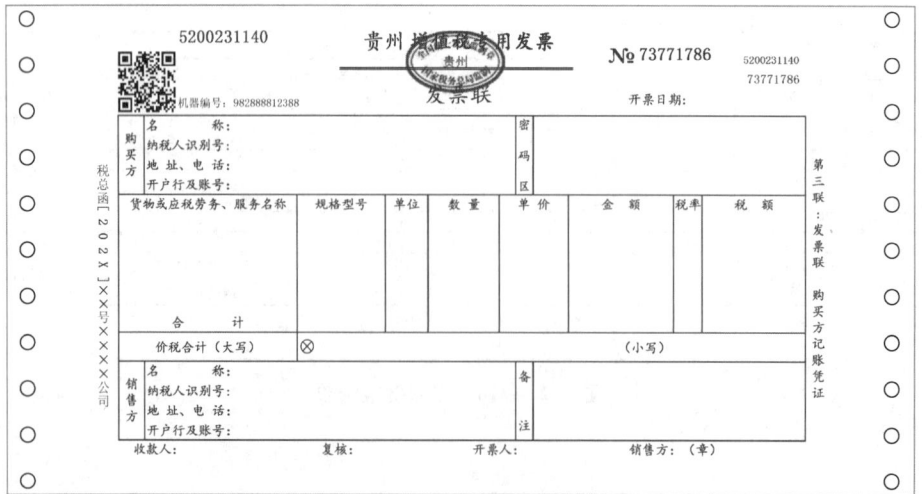

图 2-2-4-20　增值税专用发票

图 2-2-4-21　通用定额发票

图 2-2-4-22　通用定额发票

图 2-2-4-23　通用定额发票

图 2-2-4-24　通用定额发票

【业务 4】

17 日，因购办公室用桶装水，向毕节溪语泉饮用水公司支付水桶押金 150 元，出纳员以现金支付。

要求 1：列出该经济业务涉及的原始凭证：_____

_____

要求 2：填制空白原始凭证，如图 2-2-4-25 所示。

要求 3：审核所填制原始凭证后填制记账凭证。

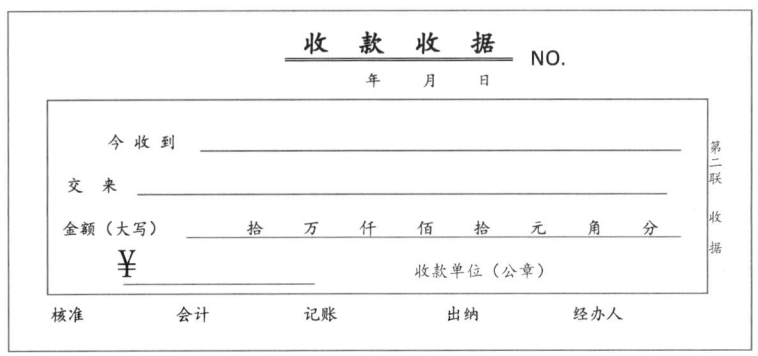
图 2-2-4-25　收款收据

模块三　存　货

任务一　原材料

学习指引

请扫描二维码,认真查看原材料业务相关知识,了解存货成本的确定、原材料的基本业务流程、原材料按实际成本计价、原材料发出的账务处理等,为实习实训作好理论准备。

存货成本的确定

原材料基本业务流程

原材料按实际成本计价

原材料发出的账务处理

实训目的

(1)知识目标:理解原材料的内容,熟悉原材料按实际成本核算的账户设置,掌握原材料按实际成本计价收入、发出的账务处理。

(2)技能目标:能根据原材料业务取得的相关原始凭证,进行经济业务的分析判断,描述出发生的具体经济业务的内容;能根据原材料相关业务的描述,列出所涉及的原始凭证并填制相关空白原始凭证;能审核原材料业务相关原始凭证的真实性、合法性和完整性等,进行正确的会计确认、计量并据以填制记账凭证。

思政案例(存货)

(3)素养目标:培养学生的观察分析能力、比较迁移能力,培养学生严谨的工作态度、实事求是的精神,通过感知、体验、实践、参与合作等方式,获得成就感。

实训一　原材料按实际成本计价实训(会计凭证语言化)

(1)贵州毕节奇伟服装有限公司2022年6月初"原材料"明细账如下:

"原材料——原料及主要材料——布料001":数量15 000米,单价100元,金额1 500 000元;

"原材料——原料及主要材料——布料002":数量10 000米,单价120元,金额1 200 000元;

"原材料——辅助材料"金额 110 000 元。

(2) 贵州毕节奇伟服装有限公司 2022 年 6 月发生的与原材料有关的经济业务如图 2-3-1-1 至图 2-3-1-30 所示。

【业务1】

贵州毕节奇伟服装有限公司
付款申请单

申请部门:供应部			2022 年 06 月 05 日	
摘　　要	支付购入布料款及代垫运费		合同编号	00334772
合同金额	贰拾伍万零柒佰捌拾元整		已付金额	
付款金额	人民币(大写)贰拾伍万零柒佰捌拾元整		￥250 780.00	
付款方式	□现金　□转账支票　□银行汇票　□银行承兑汇票 ☑网银转账　□电汇　□银行本票　□其他		用款日期	2022-06-05
收款单位	贵阳通黔纺织科技有限公司		领款人	章猛华
总经理:王红艳	财务部经理:李薇薇	部门经理:杨子夏	经办人:王子涵	

图 2-3-1-1　付款申请单

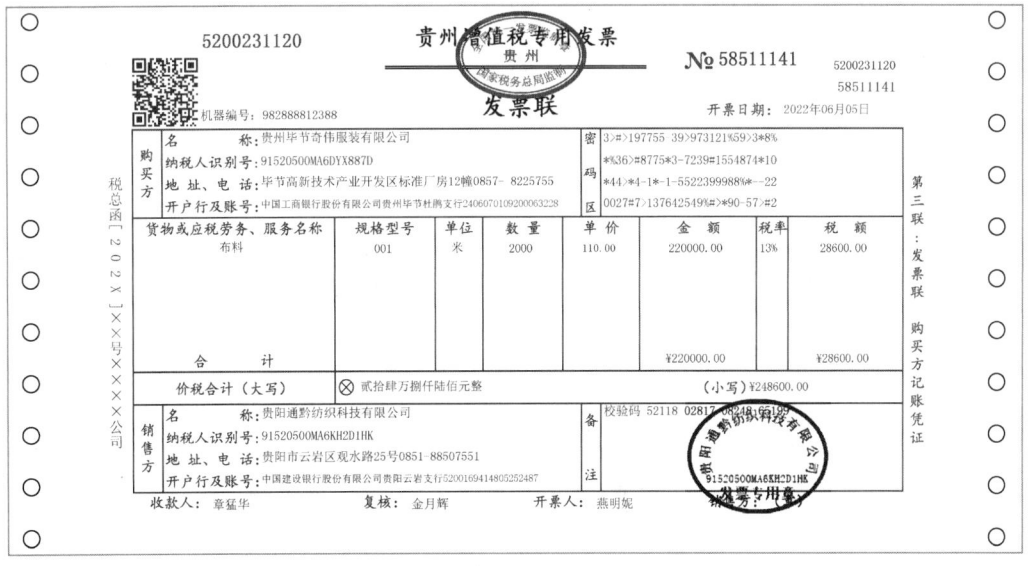

图 2-3-1-2　增值税专用发票

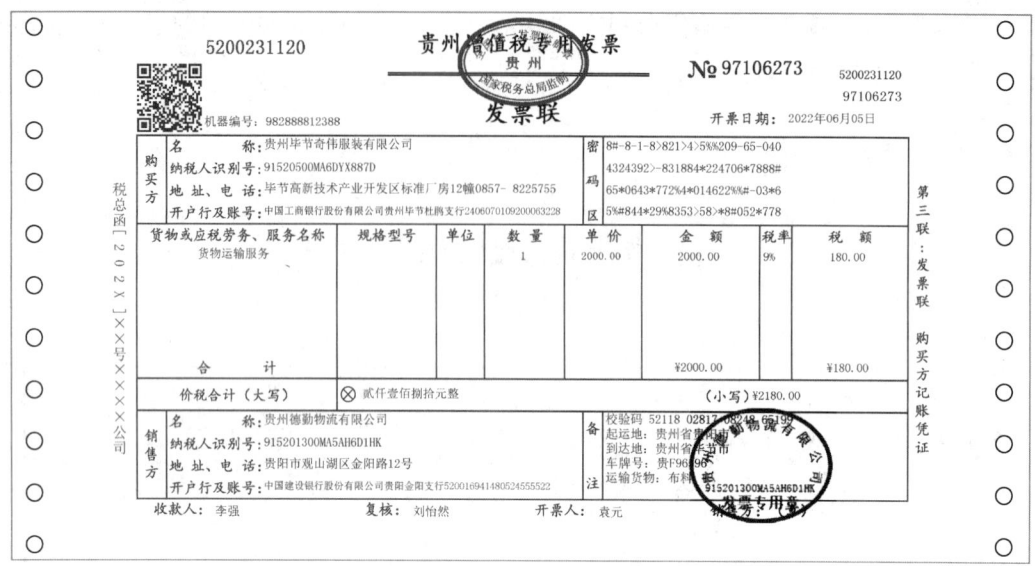

图 2-3-1-3　增值税专用发票

材料入库单

发票号码:58511141　　　　　　　　　　　　　　　　　　　　　　　金额单位:元
供应单位:贵阳通黔纺织科技有限公司　　　　　　　　　　　　　　　收料单编号:0001
材料类别:原料及主要材料　　　　2022 年 06 月 05 日　　　　　　　收料仓库:01

| 编号 | 名称 | 规格 | 单位 | 数量 | | 实际成本 | | | | |
| | | | | 应收 | 实收 | 买价 | | 运杂费 | 合计 | 单位成本 |
						单价	金额			
1	布料	001	米	2000	2000	110.00	220 000.00	2 000.00	222 000.00	111.000 0
		合计		2000	2000		¥220 000.00	¥2 000.00	¥222 000.00	¥111.000 0
		备注								

采购员:杨子夏　　　　　检验员:李梓涵　　　　　记账员:杨付洋　　　　　保管员:李梓涵

图 2-3-1-4　材料入库单

图 2-3-1-5 网银回单

要求 1：根据图 2-3-1-1 至图 2-3-1-5，描述经济业务：_____

要求 2：审核原始凭证后填制记账凭证（通用记账凭证）。

【业务 2】

图 2-3-1-6 付款申请单

图 2-3-1-7 增值税专用发票

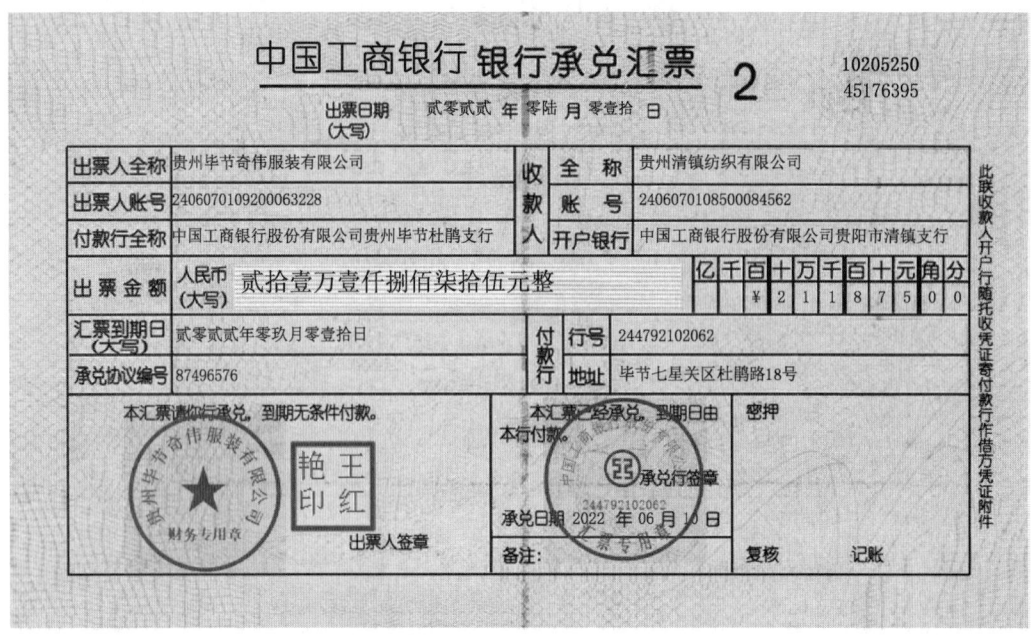

图 2-3-1-8　银行承兑汇票

图 2-3-1-9　银行承兑汇票存根

要求 1：根据图 2-3-1-6 至图 2-3-1-9，描述经济业务：_____

要求 2：审核原始凭证后填制记账凭证（通用记账凭证）。

【业务3】

领 料 单

领料部门:服装生产车间　　　　　　　　　　　　　　　　　　　　金额单位:元
用　　途:生产使用　　　　2022年06月12日　　　　　　　　　　编号:001

材料编号	材料名称	规格	计量单位	数量		成本	
				请领	实发	单价	金额
001	布料		米	2 000	2 000		
002	布料		米	3 000	3 000		
		合计		5 000	5 000		

主管:李薇薇　　记账：杨付洋　　仓管主管:周金华　　领料:刘丽　　发料:黄远

第二联　记账联

图 2-3-1-10　领料单

领 料 单

领料部门:生产车间　　　　　　　　　　　　　　　　　　　　　　金额单位:元
用　　途:生产使用一般耗用　　2022年06月12日　　　　　　　　编号:002

材料编号	材料名称	规格	计量单位	数量		成本	
				请领	实发	单价	金额
	辅助材料		个				20 000.00
		合计					￥20 000.00

主管:李薇薇　　记账：杨付洋　　仓管主管:周金华　　领料:刘丽　　发料:黄远

第二联　记账联

图 2-3-1-11　领料单

领 料 单

领料部门:行政部　　　　　　　　　　　　　　　　　　　金额单位:元
用　途:管理使用　　　　　2022 年 06 月 12 日　　　　　　编号:003

材料编号	材料名称	规格	计量单位	数量		成本	
				请领	实发	单价	金额
	辅助材料		个				5 000.00
	合计						¥5 000.00

主管:李薇薇　　记账:杨付洋　　仓管主管:周金华　　领料:刘丽　　发料:黄远

第二联　记账联

图 2-3-1-12　领料单

要求 1：根据图 2-3-1-10 至图 2-3-1-12，描述经济业务：_____

要求 2：月末汇总填制记账凭证(通用记账凭证)。

【业务 4】

材料入库单

发票号码:18751393　　　　　　　　　　　　　　　　　　金额单位:元
供应单位:贵州清镇纺织有限公司　　　　　　　　　　　　　收料单编号:0002
材料类别:原料及主要材料　　2022 年 06 月 15 日　　　　　收料仓库:01

编号	名称	规格	单位	数量		实际成本				
				应收	实收	买价		运杂费	合计	单位成本
						单价	金额			
1	布料	002	米	1 500	1 500	125.00	187 500.00		187 500.00	125.000 0
	合计			1 500	1 500		¥187 500.00		¥187 500.00	¥125.000 0
	备注									

采购员:杨子夏　　检验员:李梓涵　　记账员:杨付洋　　保管员:李梓涵

图 2-3-1-13　材料入库单

要求1：根据图2-3-1-13，描述经济业务：＿＿＿＿＿＿＿＿＿＿＿＿＿＿＿＿＿＿＿＿

要求2：审核原始凭证后填制记账凭证（通用记账凭证）。

【业务5】

贵州毕节奇伟服装有限公司　付款申请单

申请部门：供应部　　　　　　　　　　　　　　　　　　2022年06月17日

摘　　要	预付购料款			合同编号	15958421
合同金额	壹拾贰万元整			已付金额	
付款金额	人民币（大写）壹拾贰万元整				￥120 000.00
付款方式	□现金　□转账支票　□银行汇票　□银行承兑汇票 ☑网银转账　□电汇　□银行本票　□其他			用款日期	2022-06-17
收款单位	贵阳市金誉纺织有限公司			领款人	曾欢欢

总经理：王红艳　　　财务部经理：李薇薇　　　部门经理：杨子夏　　　经办人：王子涵

图2-3-1-14　付款申请单

中国工商银行　网银回单　　　　　　付款凭证

日期：2022年06月17日　　　　回单编号：0274

付款人户名：贵州毕节奇伟服装有限公司　　　付款人开户行：中国工商银行股份有限公司贵州毕节杜鹃支行
付款人账号(卡号)：2406070109200063228
收款人户名：贵阳市金誉纺织有限公司　　　　收款人开户行：中国建设银行股份有限公司贵阳金阳支行
收款人账号(卡号)：520016941480524556785
金额：人民币壹拾贰万元整　　　　　　　　　小写：￥120 000.00
业务(产品)种类：　　　　　凭证种类：　　　　　凭证号码：
摘要：预付材料款　　　　　用途：预付材料款　　币种：人民币
交易机构：　　　　记账柜员：　　　　交易代码：　　　　渠道：
附言：
支付交易序号：
报文种类：　　　　　委托日期：　　　　业务种类：
本回单为第 1 次打印，注意重复　　打印日期：2022.06.17　　打印柜员：

（中国工商银行股份有限公司贵州毕节杜鹃支行 网银回单专用章）

图2-3-1-15　网银回单

要求1：根据图2-3-1-14和图2-3-1-15，描述经济业务：＿＿＿＿＿＿＿＿＿＿＿＿＿＿＿

要求2：审核原始凭证后填制记账凭证（通用记账凭证）。

【业务6】

贵州毕节奇伟服装有限公司　付款申请单

申请部门：供应部						2022 年 06 月 20 日	
摘　　要	支付购买布料款					合同编号	12278114
合同金额	壹拾壹万捌仟陆佰伍拾元整					已付金额	
付款金额	人民币（大写）壹拾壹万捌仟陆佰伍拾元整					￥118 650.00	
付款方式	□现金	□转账支票	□银行汇票		□银行承兑汇票	用款日期	2022-06-20
	☑网银转账	□电汇	□银行本票		□其他		
收款单位	贵阳通黔纺织科技有限公司					领款人	章猛华
总经理：王红艳		财务部经理：李薇薇		部门经理：杨子夏		经办人：王子涵	

图 2-3-1-16　付款申请单

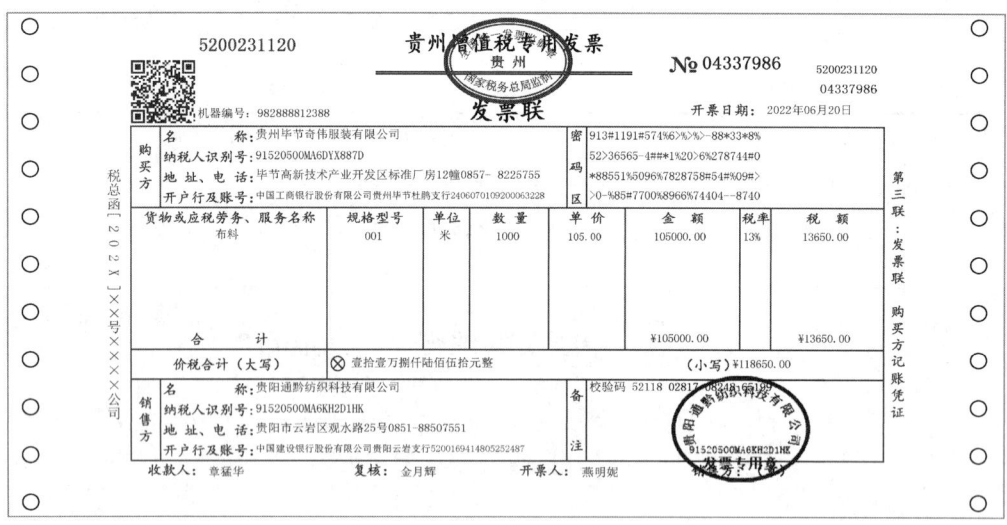

图 2-3-1-17　增值税专用发票

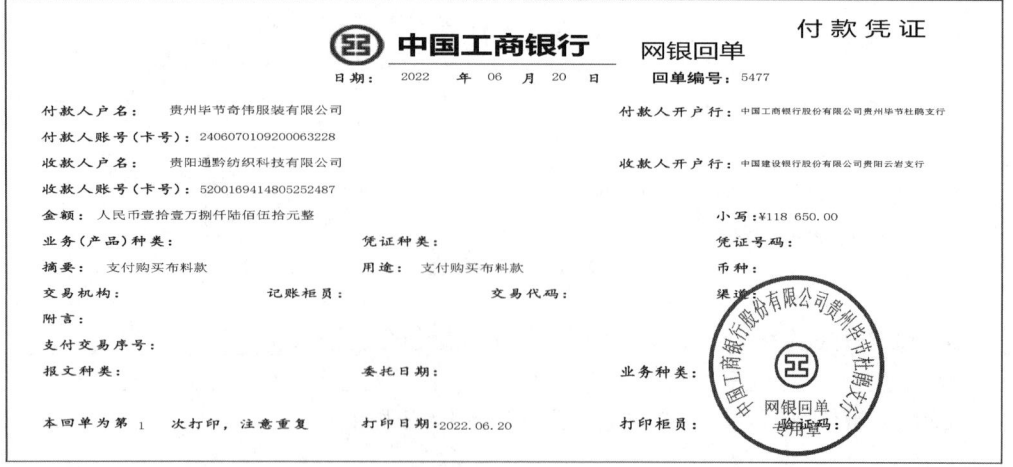

图 2-3-1-18　网银回单

材料入库单

发票号码:04337986　　　　　　　　　　　　　　　　　　　　金额单位:元
供应单位:贵阳通黔纺织科技有限公司　　　　　　　　　　　　收料单编号:0003
材料类别:原料及主要材料　　2022年06月20日　　　　　　　收料仓库:01

编号	名称	规格	单位	数量		实际成本				
				应收	实收	买价		运杂费	合计	单位成本
						单价	金额			
1	布料	001	米	1 000	1 000	105.00	105 000.00		105 000.00	105.000 0
合计				1 000	1 000		¥105 000.00		¥105 000.00	¥105.000 0
备注										

采购员:杨子夏　　　检验员:李梓涵　　　记账员:杨付洋　　　保管员:李梓涵

图 2-3-1-19　材料入库单

要求1:根据图2-3-1-16至图2-3-1-19,描述经济业务:_____

要求2:审核原始凭证后填制记账凭证(通用记账凭证)。

【业务7】

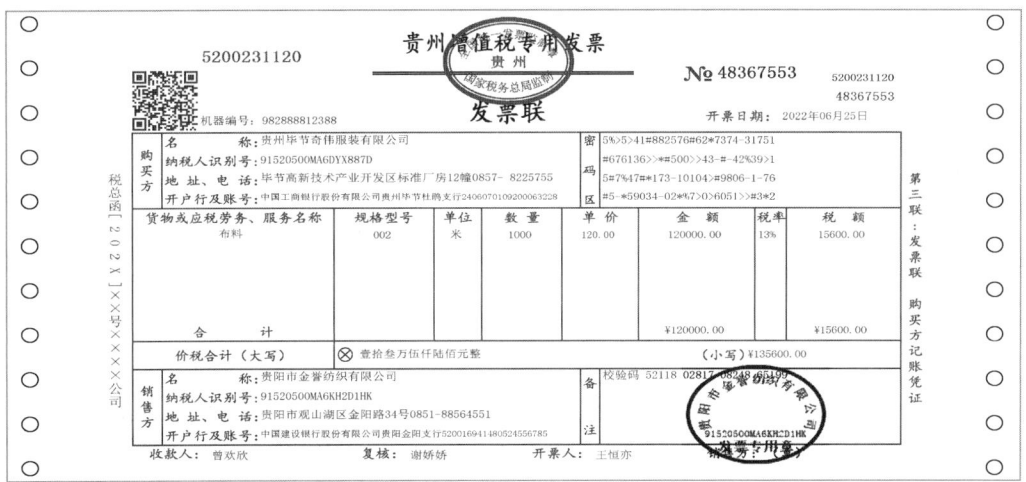

图 2-3-1-20　增值税专用发票

材料入库单

发票号码:48367553
供应单位:贵阳市金誉纺织有限公司
材料类别:原料及主要材料
2022 年 06 月 25 日

金额单位:元
收料单编号:0003
收料仓库:01

编号	名称	规格	单位	数量 应收	数量 实发	实际成本 买价 单价	实际成本 买价 金额	运杂费	合计	单位成本
1	布料	002	米	1000	1000	120.00	120 000.00		120 000.00	120.000 0
	合计			1000	1000		¥120 000.00		¥120 000.00	¥120.000 0
	备注									

采购员:杨子夏　　检验员:李梓涵　　记账员:杨付洋　　保管员:李梓涵

图 2-3-1-21　材料入库单

要求 1:根据图 2-3-1-20 和图 2-3-1-21,描述经济业务:_____

要求 2:审核原始凭证后填制记账凭证(通用记账凭证)。

【业务 8】

领 料 单

领料部门:服装生产车间
用　途:生产使用
2022 年 06 月 25 日

金额单位:元
编号:004

材料编号	材料名称	规格	计量单位	数量 请领	数量 实发	成本 单价	成本 金额
001	布料		米	1 500	1 500		
002	布料		米	2 000	2 000		
		合计		3 500	3 500		

主管:李薇薇　　记账:杨付洋　　仓管主管:周金华　　领料:刘丽　　发料:黄远

第二联　记账联

图 2-3-1-22　领料单

领 料 单

领料部门：生产车间
用　　途：车间一般耗用　　2022 年 06 月 25 日　　金额单位：元　　编号：005

材料编号	材料名称	规格	计量单位	数量 请领	数量 实发	成本 单价	成本 金额
	辅助材料		个				15 000.00
	合计						¥15 000.00

主管：李薇薇　　记账：杨付洋　　仓管主管：周金华　　领料：刘丽　　发料：黄远

第二联 记账联

图 2-3-1-23　领料单

领 料 单

领料部门：行政部
用　　途：管理使用　　2022 年 06 月 25 日　　金额单位：元　　编号：006

材料编号	材料名称	规格	计量单位	数量 请领	数量 实发	成本 单价	成本 金额
	辅助材料		个				4 000.00
	合计						¥4 000.00

主管：李薇薇　　记账：杨付洋　　仓管主管：周金华　　领料：刘丽　　发料：黄远

第二联 记账联

图 2-3-1-24　领料单

要求1：根据图 2-3-1-22 至图 2-3-1-24，描述经济业务：＿＿＿＿＿＿＿＿＿＿

要求2：月末汇总填制记账凭证（通用记账凭证）。

【业务9】

贵州毕节奇伟服装有限公司　付款申请单

申请部门：供应部　　　　　　　　　　　　　　　　　　2022 年 06 月 27 日

摘　　要	补付购买布料尾款			合同编号	15958421
合同金额	壹拾叁万伍仟陆佰元整			已付金额	
付款金额	人民币（大写）壹万伍仟陆佰元整				¥15 600.00
付款方式	□现金　　□转账支票　　□银行汇票　　□银行承兑汇票 ☑网银转账　□电汇　　　□银行本票　　□其他			用款日期	2022-06-27
收款单位	贵阳市金誉纺织有限公司			领款人	曾欢欢
总经理：王红艳	财务部经理：李薇薇		部门经理：杨子夏		经办人：王子涵

图 2-3-1-25　付款申请单

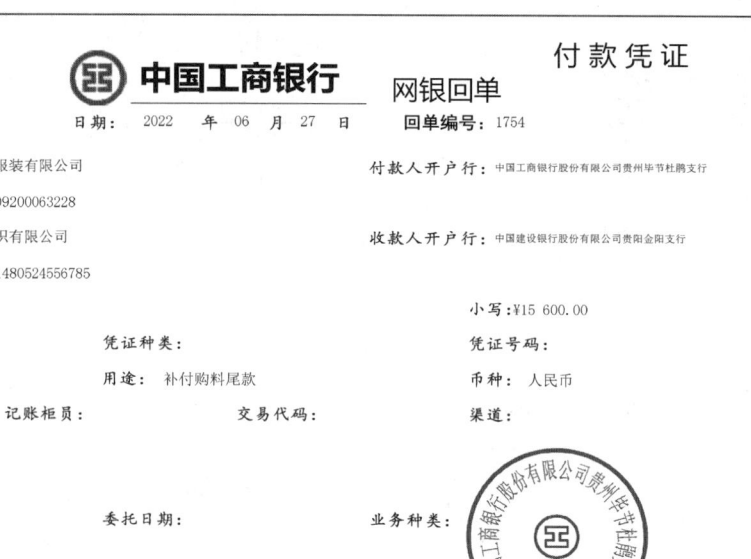

图 2-3-1-26　网银回单

要求 1：根据图 2-3-1-25 和图 2-3-1-26，描述经济业务：_____

要求 2：审核原始凭证后填制记账凭证（通用记账凭证）。

【业务 10】

原材料明细账

第 1 页

规格_____　编　号_____　储备定额_____　类　别_____　最高储存量_____
名称 布料001　计量单位 米　　计划单位_____　存放地点_____　最低储存量_____

2002年		凭证		摘要	收入			发出			结存		
月	日	种类	号数		数量	单价	金额	数量	单价	金额	数量	单价	金额
06	01			期初余额							15000	100.00	1500000.00
06	05	记	001	购入布料	2000	111.00	222000.00				17000		
06	12	记	003	领用布料				2000			15000		
06	20	记	006	购入布料	1000	105.00	105000.00				16000		
06	25	记	008	领用布料				1500			14500		
06	30			本月合计	3000		327000.00	3500	101.50	355250.00	14500	101.50	1471750.00

图 2-3-1-27　原材料明细账

原材料明细账

第 1 页

规格_____ 编号_____ 储备定额_____ 类别_____ 最高储存量_____
名称 布料002 计量单位 米 计划单位_____ 存放地点_____ 最低储存量_____

2002年		凭证		摘要	收入		金额	发出		金额	结存		金额
月	日	种类	号数		数量	单价	千百十万千百十元角分	数量	单价	千百十万千百十元角分	数量	单价	千百十万千百十元角分
06	01			期初余额							10000	120.00	1 2 0 0 0 0 0 0
06	12	记	003	领用布料				3000			7000		
06	15	记	004	购入布料	1500	125.00	1 8 7 5 0 0 0 0				8500		
06	25	记	007	购入布料	1000	120.00	1 2 0 0 0 0 0 0				9500		
06	25	记	008	领用布料				2000			7500		
06	30			本月合计	2500		3 0 7 5 0 0 0 0	5000	120.60	6 0 3 0 0 0 0 0	7500	120.60	9 0 4 5 0 0 0 0

图 2-3-1-28 原材料明细账

领用材料核算表

编制单位：贵州毕节奇伟服装有限公司　　2022年06月30日　　　　　　　　单位：元

原材料名称	计量单位	期初数量	单价	期初结存金额	本期购入数量	本期购入金额	本期发出数量	本期发出金额	期末结存数量	单价	期末结存金额
布料001	米	15 000	100.00	1 500 000.00	3 000	327 000.00	3 500	355 250.00	14 500	101.50	1 471 750.00
布料002	米	10 000	120.00	1 200 000.00	2 500	307 500.00	5 000	603 000.00	7 500	120.60	904 500.00
辅助材料	个			110 000.00				44 000.00			66 000.00

图 2-3-1-29 领用材料核算表

发出材料汇总表

2022 年 06 月 30 日　　　　　　　　　　　　　　　　　　　　　单位:元

领料部门及用途	布料001			布料002			辅助材料	合计
	数量	单价	金额	数量	单价	金额		
服装生产车间	3 500	101.50	355 250.00	5 000	120.60	603 000.00		958 250.00
生产车间一般领用							35 000.00	35 000.00
行政部门							9 000.00	9 000.00
合计	3 500		355 250.00	5 000		603 000.00	44 000.00	1 002 250.00

会计主管:李薇薇　　　　记账:杨付洋　　　　保管:李梓涵　　　　制表:杨付洋

图 2-3-1-30　发出材料汇总表

要求 1:根据图 2-3-1-27 至图 2-3-1-30,描述经济业务:_____

要求 2:审核原始凭证后汇总填制记账凭证(通用记账凭证)。

实训二　原材料按实际成本计价实训(会计语言凭证化)

(1) 贵州毕节奇伟服装有限公司 2022 年 6 月初"原材料"明细账如下：

"原材料——原料及主要材料——布料001"账户:数量 15 000 米,单价 100 元,金额 1 500 000 元；

"原材料——原料及主要材料——布料002"账户:数量 10 000 米,单价 120 元,金额 1 200 000 元；

"原材料——辅助材料"账户金额 110 000 元。

(2) 贵州毕节奇伟服装有限公司 2022 年 6 月发生的与原材料有关的业务核算资料如下。

【业务 1】

5 日,按照合同规定预付贵阳通黔纺织科技有限公司购料款 250 000 元,使用网银支付。

要求 1:列出该经济业务涉及的原始凭证:_____

要求 2:填制空白原始凭证,如图 2-3-1-31 和图 2-3-1-32 所示。

要求 3:审核所填制原始凭证后填制记账凭证(通用记账凭证)。

_____ 付款申请单

申请部门：　　　　　　　　　　　　　　　　　　　　　　　　　年　　月　　日

摘　要		合同编号	
合同金额		已付金额	
付款金额	人民币（大写）	￥	
付款方式	□现金　□转账支票　□银行汇票　□银行承兑汇票 □网银转账　□电汇　□银行本票　□其他	用款日期	
收款单位		领款人	

总经理：　　　　　　　财务部经理：　　　　　　　部门经理：　　　　　　　经办人：

图 2-3-1-31　付款申请单

付款凭证

中国工商银行　网银回单

日期：　　年　　月　　日　　　回单编号：6300

付款人户名：　　　　　　　　　　　　　　　　付款人开户行：

付款人账号（卡号）：

收款人户名：　　　　　　　　　　　　　　　　收款人开户行：

收款人账号（卡号）：

金额：人民币　　　　　　　　　　　　　　　　小写：

业务（产品）种类：　　　　凭证种类：　　　　凭证号码：

摘要：　　　　　　　　　　用途：　　　　　　币种：

交易机构：　　　记账柜员：　　　交易代码：　　　渠道：

附言：

支付交易序号：

报文种类：　　　　　　委托日期：　　　　　　业务种类：

本回单为第　　次打印，注意重复　　打印日期：　　　　打印柜员：　　　　验证码：

图 2-3-1-32　网银回单

【业务2】

10日，从贵阳市金誉纺织有限公司购布料001，数量1 500米，单价120元，金额180 000元，增值税23 400元；供应单位代垫运输费用3 000元，增值税270元。材料验收入库，全部款项通过网银支付。

要求1：列出该经济业务涉及的原始凭证：_____

要求2：填制空白原始凭证，如图2-3-1-33至图2-3-1-37所示。

要求3：审核所填制原始凭证后填制记账凭证（通用记账凭证）。

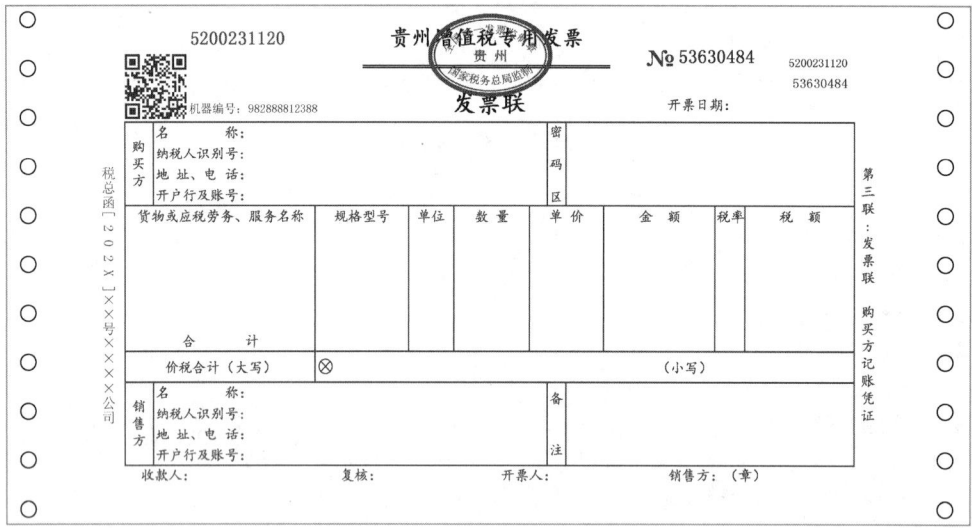

图 2-3-1-34　增值税专用发票

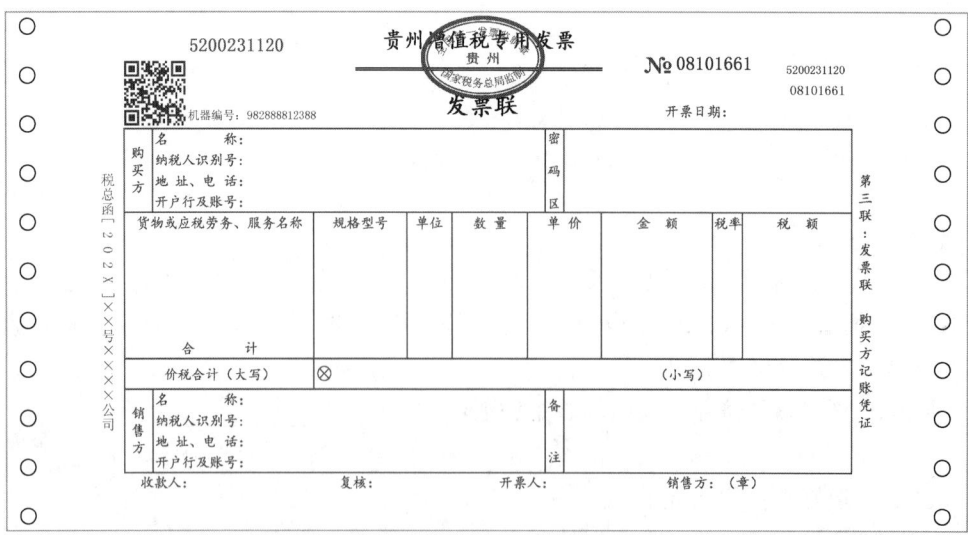

图 2-3-1-35　增值税专用发票

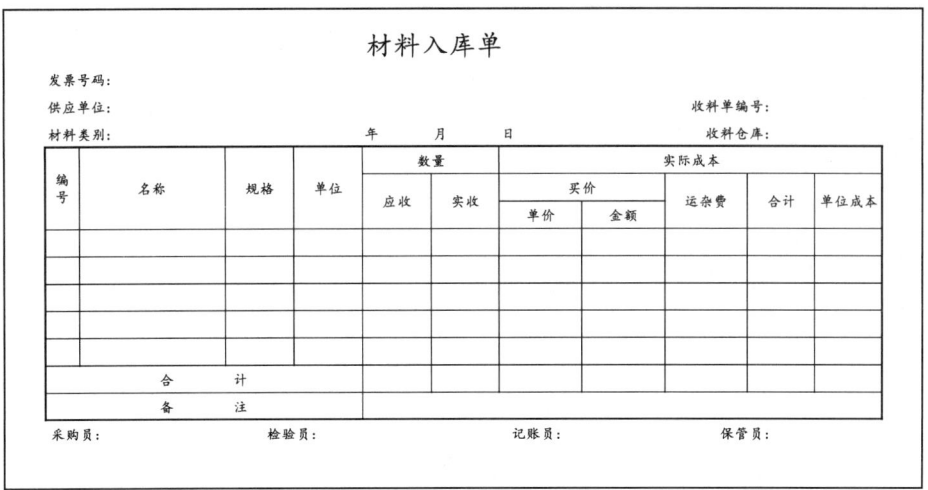

图 2-3-1-36　材料入库单

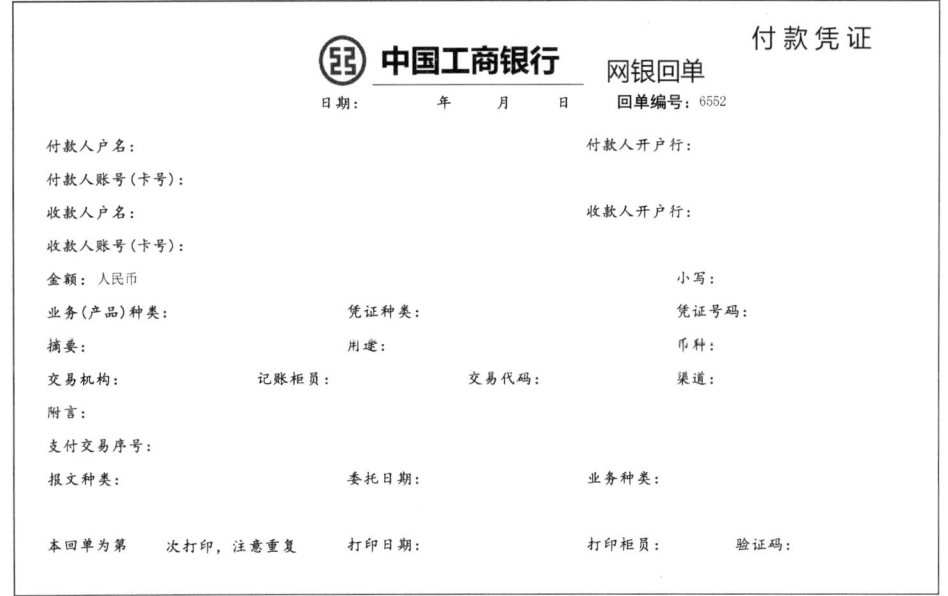

图 2-3-1-37　网银回单

【业务3】

15日,从贵州清镇纺织有限公司购入布料002,数量1 400米,单价125元,金额175 000元,增值税22 750元,全部款项以一张面值为197 750元的银行汇票支付,材料尚未运到。

要求1:列出该经济业务涉及的原始凭证:＿＿＿＿＿＿＿＿＿＿＿＿＿＿＿＿＿＿＿＿

要求2:填制空白原始凭证,如图2-3-1-38至图2-3-1-41所示。

要求3:审核所填制原始凭证后填制记账凭证(通用记账凭证)。

图 2-3-1-38　付款申请单

图 2-3-1-39　增值税专用发票

图 2-3-1-40　汇票申请书

中国工商银行
银 行 汇 票　　2　　10205210
94387693

出票日期（大写）　　年　　月　　日　　代理付款行：　　行号：

提示付款期限自出票之日起壹个月

收款人：		
出票金额	人民币（大写）	
实际结算金额	人民币（大写）	亿 千 百 十 万 千 百 十 元 角 分

申请人：　　账号：

出票行：　　行号：

备　注：

凭票付款

出票人签章

密押：	
多 余 金 额	
千 百 十 万 千 百 十 元 角 分	复核：　　记账：

此联代理付款行付款后作联行往账借方凭证附件

图 2-3-1-41　银行汇票

【业务 4】

15 日，服装生产车间领用布料 001（数量 1 500 米），领用布料 002（数量 2 000 米）；车间领用辅助材料金额 10 000 元，行政部领用辅助材料金额 6 000 元，月末汇总处理。

要求 1：列出该经济业务涉及的原始凭证：________________

要求 2：填制空白原始凭证，如图 2-3-1-42 至图 2-3-1-44 所示。

要求 3：月末汇总填制记账凭证（通用记账凭证）。

领　料　单

领料部门：

用　途：　　年　　月　　日　　编号：

材料编号	材料名称	规格	计量单位	数量		成本	
				请领	实发	单价	金额
合计							

主管：　　记账：　　仓管主管：　　领料：　　发料：

图 2-3-1-42　领料单

图 2-3-1-43 领料单

图 2-3-1-44 领料单

【业务5】

17日,收到15日从贵州清镇纺织有限公司购入的布料002,数量1 400米,单价125元,验收入库。

要求1:列出该经济业务涉及的原始凭证:_____

要求2:填制空白原始凭证,如图2-3-1-45所示。

要求3:审核所填制原始凭证后填制记账凭证(通用记账凭证)。

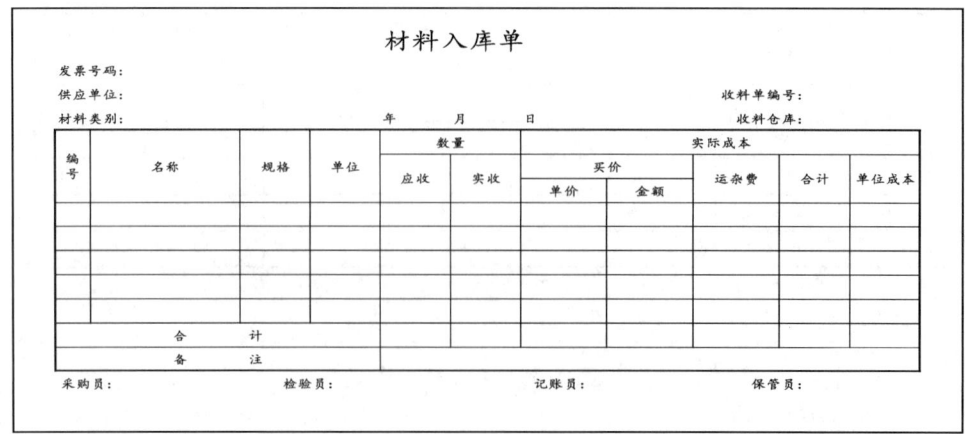

图 2-3-1-45 材料入库单

【业务6】

18日,贵阳通黔纺织科技有限公司发来布料001,数量2 000米,单价110元,金额220 000元,增值税28 600元,材料验收入库,余款未退回。

要求1:列出该经济业务涉及的原始凭证:＿＿＿＿＿＿＿＿＿＿＿＿＿＿＿＿＿＿

＿＿＿＿＿＿＿＿＿＿＿＿＿＿＿＿＿＿＿＿＿＿＿＿＿＿＿＿＿＿＿＿＿＿＿＿＿＿

要求2:填制空白原始凭证,如图2-3-1-46和图2-3-1-47所示。

要求3:审核所填制原始凭证后填制记账凭证(通用记账凭证)。

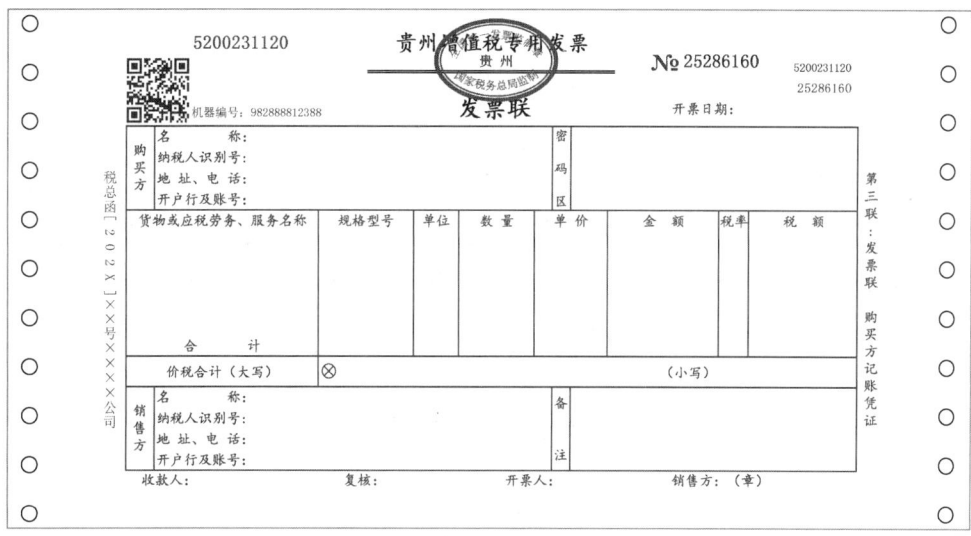

图2-3-1-46 增值税专用发票

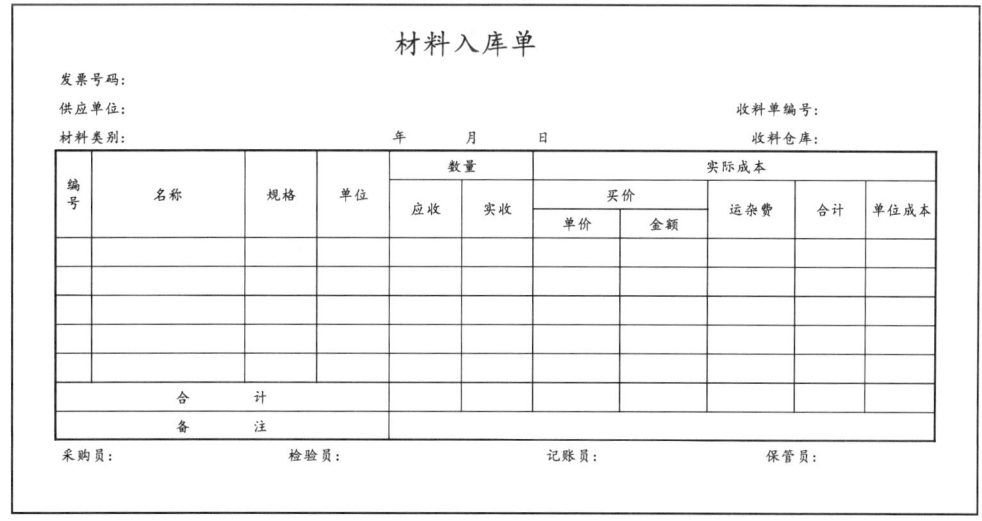

图2-3-1-47 材料入库单

【业务 7】

22 日,服装生产车间领用布料 001(数量 1 200 米),领用布料 002(数量 2 200 米);车间领用辅助材料金额 11 000 元,行政部领用辅助材料金额 4 000 元,月末汇总处理。

要求 1:列出该经济业务涉及的原始凭证:_____

要求 2:填制空白原始凭证,如图 2-3-1-48 至图 2-3-1-50 所示。

要求 3:月末汇总填制记账凭证(通用记账凭证)。

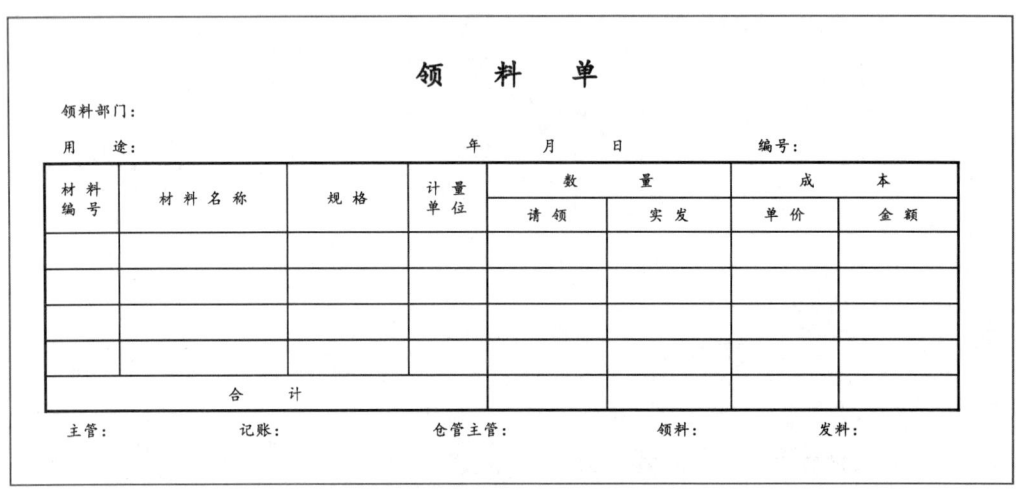

图 2-3-1-48 领料单

图 2-3-1-49 领料单

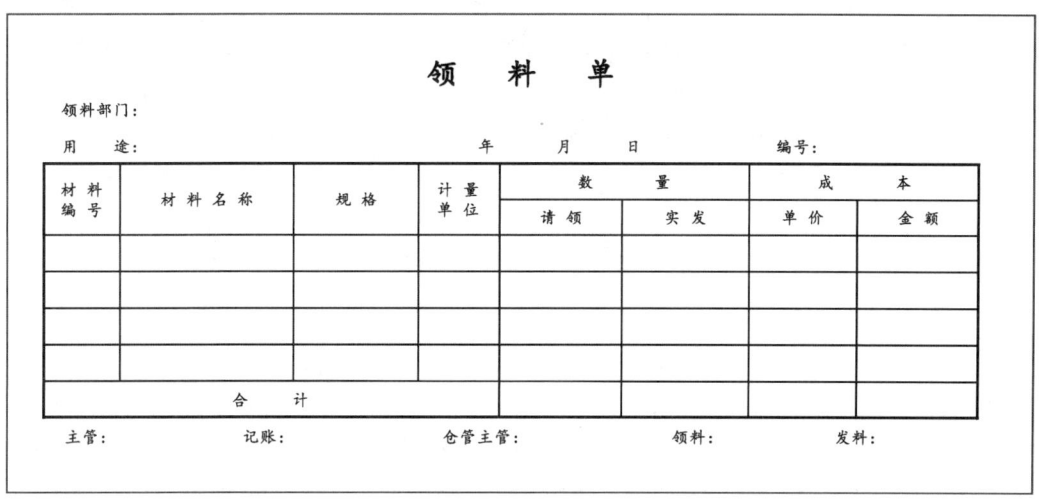

图 2-3-1-50 领料单

【业务8】

25日,从贵州清镇纺织有限公司购入布料002,数量1 500米,单价120元,金额180 000元,增值税23 400元,款项通过网银支付,材料验收入库。

要求1：列出该经济业务涉及的原始凭证：_____

要求2：填制空白原始凭证,如图2-3-1-51至图2-3-1-54所示。

要求3：审核所填制原始凭证后填制记账凭证(通用记账凭证)。

图 2-3-1-51 付款申请单

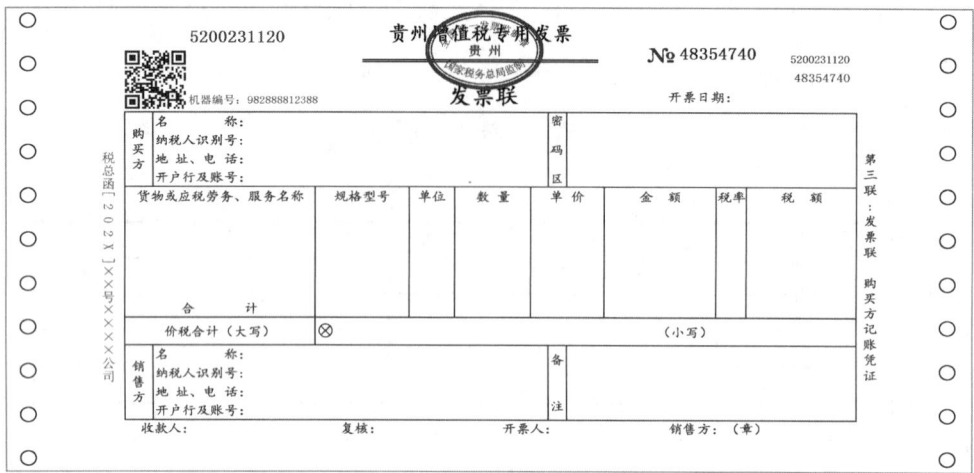

图 2-3-1-52　增值税专用发票

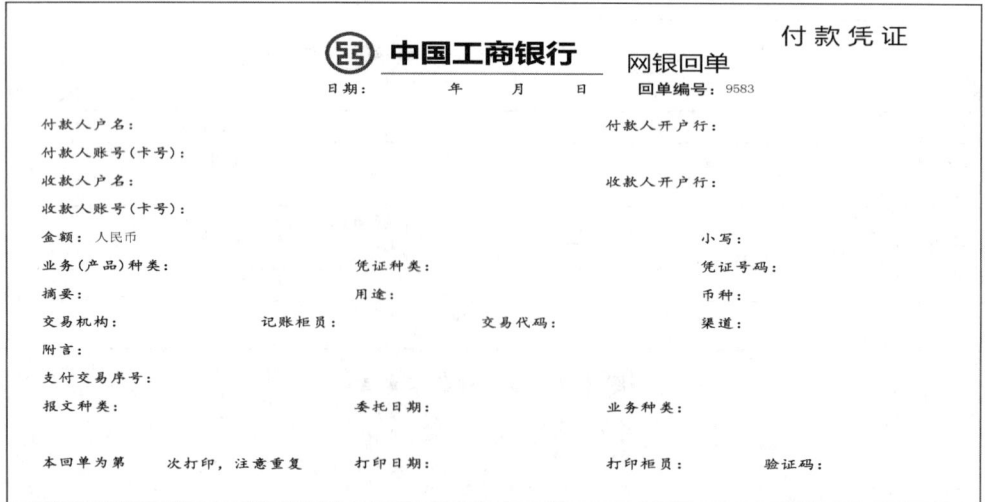

图 2-3-1-53　材料入库单

图 2-3-1-54　网银回单

【业务 9】

30 日,登记原材料明细账,汇总本月发料,原料及主要材料采用全月一次加权平均法计价。

要求 1：列出该经济业务涉及的原始凭证：_____

_____

要求 2：填制空白原始凭证,如图 2-3-1-55 至图 2-3-1-58 所示。

要求 3：审核所填制原始凭证后汇总填制记账凭证(通用记账凭证)。

领用材料核算表

编制单位：　　　　　　　　　　　　年　月　日　　　　　　　　　　　单位：

原材料名称	计量单位	期初数量	单价	期初结存金额	本期购入数量	本期购入金额	本期发出数量	本期发出金额	期末结存数量	单价	期末结存金额

图 2-3-1-55　领用材料核算表

发出材料汇总表

年　月　日　　　　　　　　　　　　　　　　　　　　　　　　　单位：

领料部门及用途	布料 001			布料 002			辅助材料	合计
	数量	单价	金额	数量	单价	金额		
合计								

会计主管：　　　　　　记账：　　　　　　保管：　　　　　　制表：

图 2-3-1-56　发出材料汇总表

明细账

第_____页

规格_____ 编　号_____ 储备定额_____ 类　别_____ 最高储存量_____
名称_____ 计量单位_____ 计划单位_____ 存放地点_____ 最低储存量_____

年		凭证		摘要	收　入										发　出										结　存									
月	日	种类	号数		数量	单价	金　额								数量	单价	金　额								数量	单价	金　额							
							千	百	十	万	百	十	元	角	分			千	百	十	万	百	十	元	角	分			千	百	十	万	百	十	元	角	分

图 2-3-1-57 明细账

明细账

第_____页

规格_____ 编　号_____ 储备定额_____ 类　别_____ 最高储存量_____
名称_____ 计量单位_____ 计划单位_____ 存放地点_____ 最低储存量_____

年		凭证		摘要	收　入										发　出										结　存									
月	日	种类	号数		数量	单价	金　额								数量	单价	金　额								数量	单价	金　额							
							千	百	十	万	百	十	元	角	分			千	百	十	万	百	十	元	角	分			千	百	十	万	百	十	元	角	分

图 2-3-1-58 明细账

任务二 周转材料

请扫描二维码,认真查看周转材料业务相关知识,了解周转材料业务流程和低值易耗品的核算,为实习实训作好理论准备。

周转材料业务流程　　低值易耗品的核算

(1) 知识目标:理解周转材料及低值易耗品的内容、核算方法;掌握摊销的主要方法及其账务处理。

(2) 技能目标:能根据低值易耗品的管理需要选择合适的方法,将低值易耗品的核算方法运用到日常核算中;能根据周转材料业务取得的相关原始凭证,进行经济业务的分析判断,描述出发生的具体经济业务的内容;能根据周转材料相关业务的描述,列出所涉及的原始凭证并填制相关空白原始凭证;能审核周转材料业务相关原始凭证的真实性、合法性和完整性等,进行正确的会计确认、计量并据以填制记账凭证。

(3) 素养目标:培养学生严谨的工作态度、实事求是的精神;培养学生的观察分析能力。

实训一 周转材料按实际成本计价实训(会计凭证语言化)

贵州毕节奇伟服装有限公司 2022 年 6 月发生的与周转材料有关的经济业务如图 2-3-2-1 至图 2-3-2-10 所示。

【业务 1】

贵州毕节奇伟服装有限公司 付款申请单

申请部门:行政部					2022 年 06 月 04 日	
摘　　要	付电暖器款				合同编号	50579959
合同金额	玖仟零肆拾元整				已付金额	
付款金额	人民币(大写)玖仟零肆拾元整				￥9 040.00	
付款方式	□现金　　☑转账支票　　□银行汇票　　□银行承兑汇票 □网银转账　　□电汇　　□银行本票　　□其他				用款日期	2022-06-04
收款单位	毕节旺达五金有限责任公司				领款人	
总经理:王红艳		财务部经理:李薇薇		部门经理:黄柏川		经办人:周婵

图 2-3-2-1 付款申请单

图 2-3-2-2 增值税专用发票

材料入库单

发票号码:66826561
供应单位:毕节旺达五金有限责任公司
收发类别:周转材料　　　　　2022 年 06 月 04 日

金额单位:元
收料单编号:001
收料仓库:储料仓库

编号	名称	规格	单位	数量		实际成本				合计
				应收	实收	买价		运杂费	其他	
						单价	金额			
01	电暖器	管理用工具	套	100	100	80.00	8 000.00			8 000.00
	合计			100	100	￥8 000.00				￥8 000.00
	备注									

采购员:杨子夏　　　检验员:李梓涵　　　记账员:杨付洋　　　保管员:李梓涵

图 2-3-2-3 材料入库单

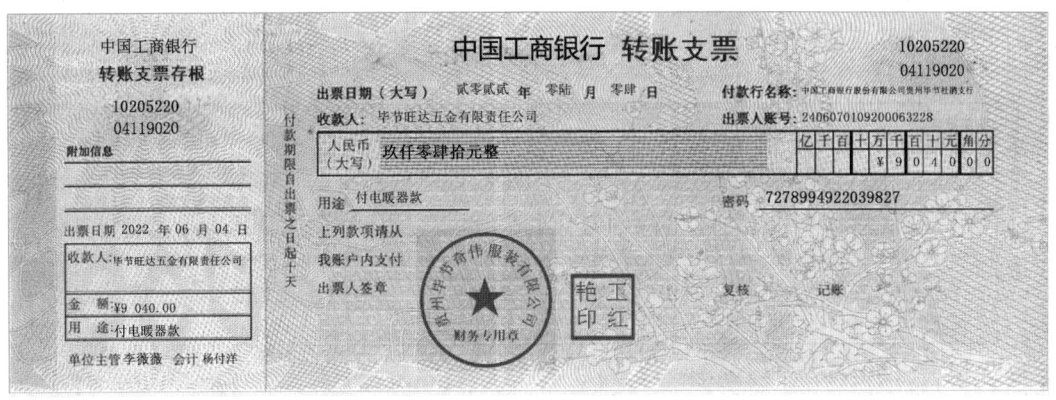

图 2-3-2-4 转账支票

要求1：根据图 2-3-2-1 至图 2-3-2-4,描述经济业务：_____

要求2：审核原始凭证后填制记账凭证(通用记账凭证)。

【业务2】

领 料 单

领料部门：生产车间　　　　　　　　　　　　　　　　金额单位：元
用　　途：生产使用(一次摊销法)　　2022 年 06 月 20 日　　编号：035

| 材料编号 | 材料名称 | 规格 | 计量单位 | 数量 | | 成本 | |
				请领	实发	单价	金额
002	针线		套	20	20	120.00	2 400.00
合计				20	20		￥2 400.00

主管：李薇薇　　记账：杨付洋　　仓管主管：周金华　　领料：王子轩　　发料：谢文富

第二联　记账联

图 2-3-2-5 领料单

要求1：根据图 2-3-2-5,描述经济业务：_____

要求2：审核原始凭证后填制记账凭证(通用记账凭证)。

【业务3】

领　料　单

领料部门：销售部
用　　途：包装产品,不单独计价　　　2022年06月21日　　　金额单位：元　　编号：036

材料编号	材料名称	规格	计量单位	数量 请领	数量 实发	成本 单价	成本 金额
001	包装纸箱		个	20	20	10.00	200.00
	合计			20	20		￥200.00

主管：李薇薇　　记账：杨付洋　　仓管主管：周金华　　领料：梁国浩　　发料：谢文富

第二联　记账联

图 2-3-2-6　领料单

要求1：根据图2-3-2-6,描述经济业务：＿＿＿＿＿＿＿＿＿＿＿

要求2：审核原始凭证后填制记账凭证（通用记账凭证）。

【业务4】

领　料　单

领料部门：行政部
用　　途：管理用（五五摊销法）　　　2022年06月25日　　　金额单位：元　　编号：037

材料编号	材料名称	规格	计量单位	数量 请领	数量 实发	成本 单价	成本 金额
003	电暖器		套	15	15	80.00	1 200.00
	合计			15	15		￥1 200.00

主管：李薇薇　　记账：杨付洋　　仓管主管：周金华　　领料：黄柏川　　发料：谢文富

第二联　记账联

图 2-3-2-7　领料单

要求1：根据图2-3-2-7，描述经济业务：_____

要求2：审核原始凭证后填制记账凭证（通用记账凭证）。

【业务5】

贵州毕节奇伟服装有限公司文件

贵伟办(2022)字第12号

由于车间生产用梭子10套不能使用，故同意该生产用具作报废处理。该生产用具原来采用一次摊销法，请按相关政策处理后续事宜。

经办人：周金华

单位负责人：王红艳

2022年06月30日

图2-3-2-8　公司文件

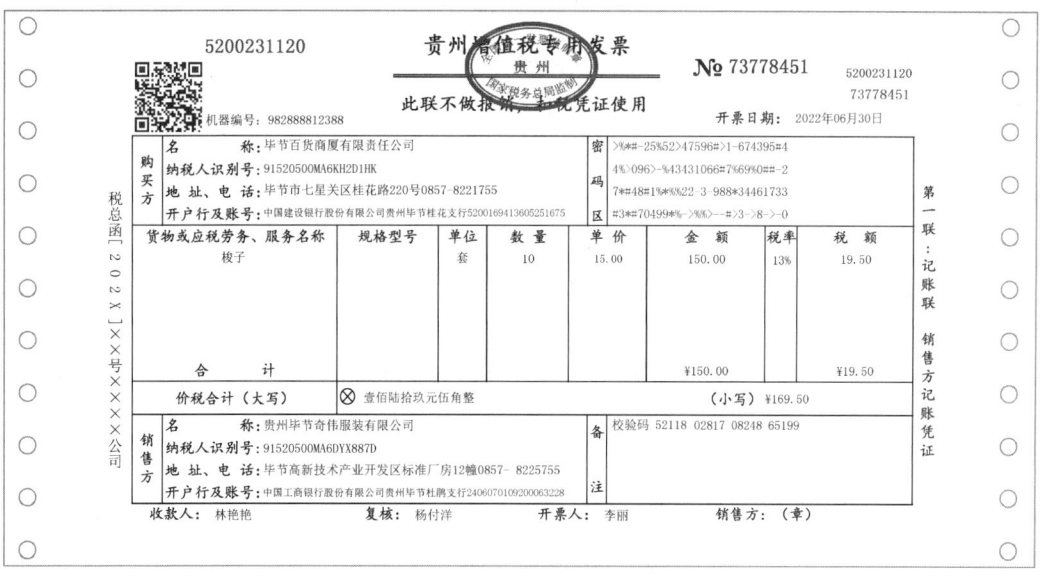

图2-3-2-9　增值税专用发票

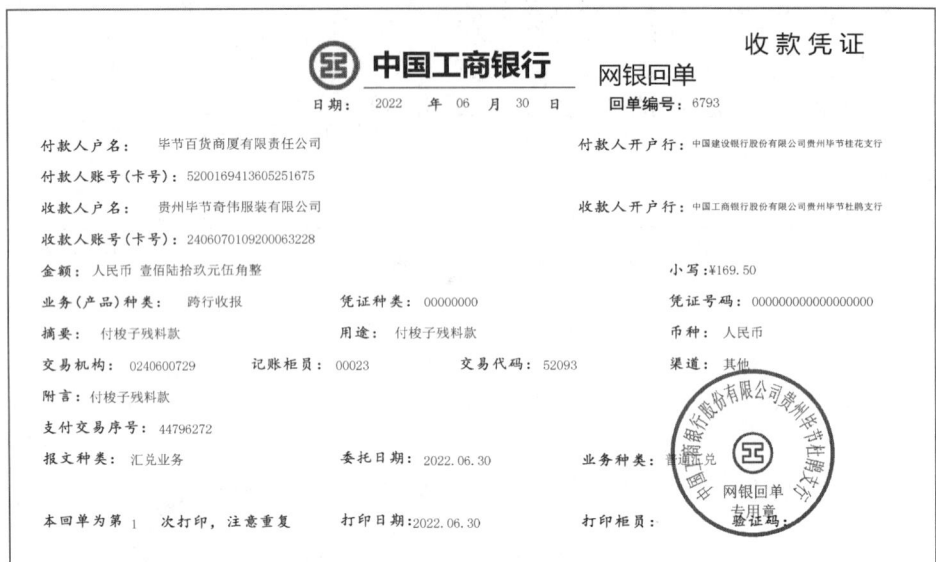

图 2-3-2-10　网银回单

要求 1：根据图 2-3-2-8 至图 2-3-2-10，描述经济业务：_____

要求 2：审核原始凭证后填制记账凭证（通用记账凭证）。

实训二　周转材料按实际成本计价实训（会计语言凭证化）

贵州毕节奇伟服装有限公司 2022 年 6 月发生的与周转材料有关的业务核算资料如下。

【业务 1】

8 日，从贵州毕节包装纸箱有限责任公司购入包装纸箱 4 000 个，单价 8 元，金额 32 000 元，增值税 4 160 元，纸箱验收入库，款项签发转账支票付讫。

要求 1：列出该经济业务涉及的原始凭证：_____

要求 2：填制空白原始凭证，如图 2-3-2-11 至图 2-3-2-14 所示。

要求 3：审核所填制的原始凭证后填制记账凭证。

_____ 付款申请单						
申请部门：					年　月　日	
摘　要				合同编号		
合同金额				已付金额		
付款金额	人民币（大写）				￥	
付款方式	□现金　　□转账支票　　□银行汇票　　□银行承兑汇票 □网银转账　□电汇　　　□银行本票　　□其他				用款日期	
收款单位				领款人		
总经理：		财务部经理：		部门经理：	经办人：	

图 2-3-2-11　付款申请单

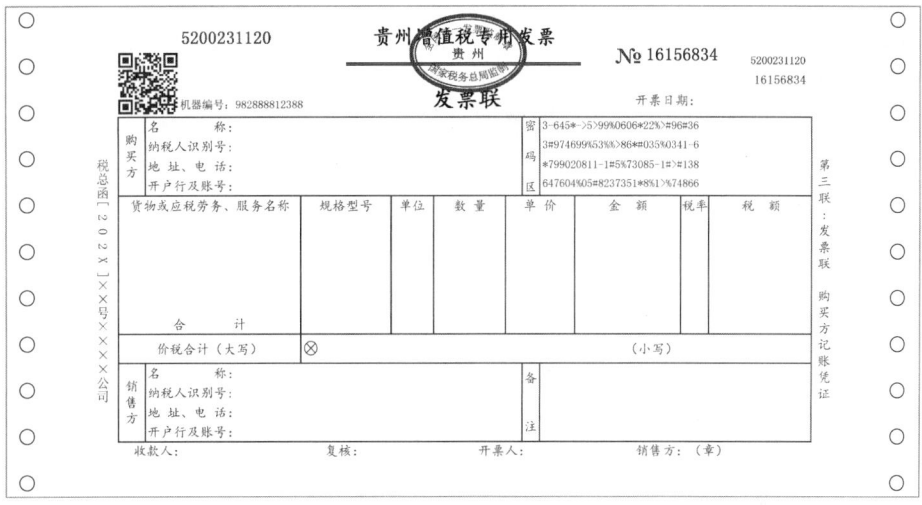

图 2-3-2-12　增值税专用发票

材料入库单

图 2-3-2-13　材料入库单

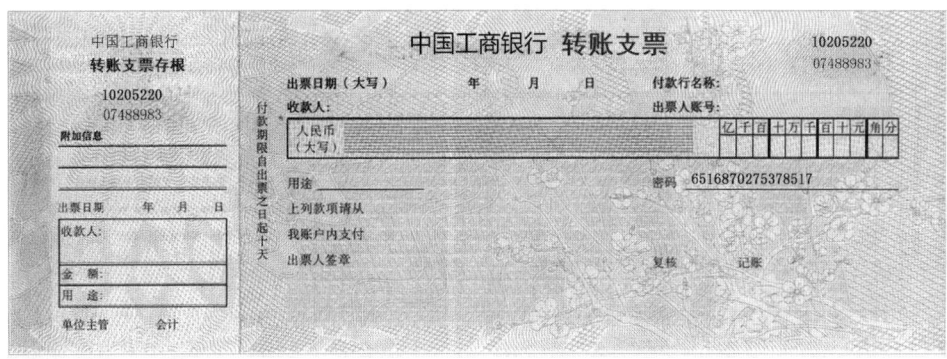

图 2-3-2-14　转账支票

【业务 2】

16 日,服装生产车间领用包装纸箱 150 个,单价 10 元,金额 1 500 元。(采用一次摊销法)

　　要求 1:列出该经济业务涉及的原始凭证:_____

_____

　　要求 2:填制空白原始凭证,如图 2-3-2-15 所示。

　　要求 3:审核所填制的原始凭证后填制记账凭证。

领　料　单								
领料部门:								
用　途:			年　月　日			编号:		
材料编号	材料名称	规格	计量单位	数　量		成　本		
				请领	实发	单价	金额	
			合　计					
主管:	记账:		仓管主管:		领料:		发料:	

图 2-3-2-15　领料单

【业务 3】

19 日,销售给毕节广元商厦有限公司服装 120 套,单价 900 元,金额 108 000 元,增值税 14 040 元;随同产品销售包装纸箱 30 个,销售单价 14 元,金额 420 元,增值税 54.60 元。全部款项 122 514.6 元,收到毕节广元商厦有限公司签发转账支票一张,送存银行。

　　要求 1:列出该经济业务涉及的原始凭证:_____

_____

　　要求 2:填制空白原始凭证,如图 2-3-2-16 至图 2-3-2-19 所示。

　　要求 3:审核所填制的原始凭证后填制记账凭证。

销　售　单								
购货单位:		地址和电话:			单据编号:			
纳税识别号:		开户行及账号:			制单日期:			
编码	产品名称	规格	单位	单价	数量	金额	备注	
合计	人民币(大写):							
总经理:	销售经理:		经手人:		会计:		签收人:	

图 2-3-2-16　销售单

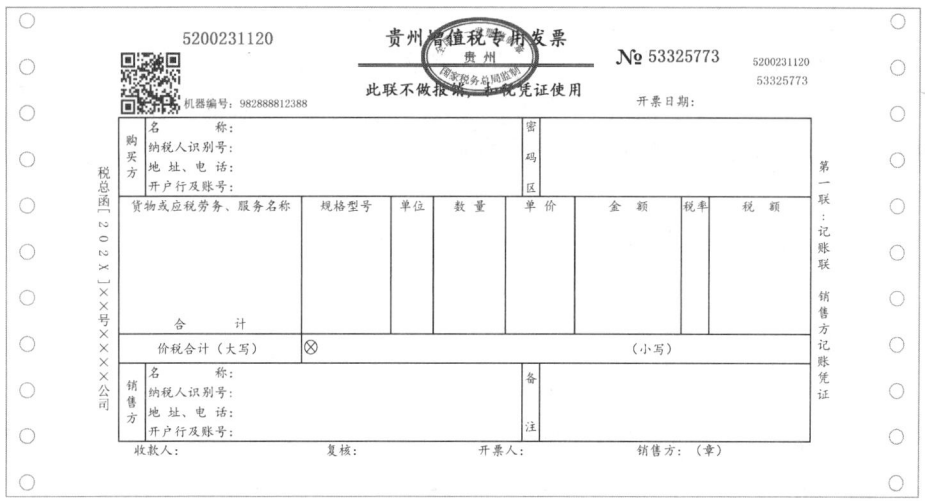

图 2-3-2-17 增值税专用发票

图 2-3-2-18 转账支票

图 2-3-2-19 银行进账单

【业务4】

20日,销售部领用包装纸箱30个,单位成本10元,金额300元,随同产品出售不单独计价。

要求1:列出该经济业务涉及的原始凭证:＿＿＿＿＿＿＿＿＿＿＿

要求2:填制空白原始凭证,如图2-3-2-20所示。

要求3:审核所填制的原始凭证后填制记账凭证。

领 料 单

领料部门:

用　途:　　　　　　　　　　　年　月　日　　　　　编号:

材料编号	材料名称	规格	计量单位	数 量		成 本	
				请领	实发	单价	金额
合　计							

主管:　　　　　记账:　　　　　仓管主管:　　　　　领料:　　　　　发料:

图2-3-2-20　领料单

【业务5】

30日,结转销售包装纸箱成本300元。

要求1:列出该经济业务涉及的原始凭证:＿＿＿＿＿＿＿＿＿＿＿

要求2:填制空白原始凭证,如图2-3-2-21所示。

要求3:审核所填制的原始凭证后填制记账凭证。

销售成本汇总表

年　月　日　　　　　　　　　　　　　　　单位:元

产品名称	销售数量	单位成本	销售成本
合计			

审核:　　　　　　　　　　　　　　　　　　　　　　　　制单:

图2-3-2-21　销售成本汇总表

任务三 库存商品

请扫描二维码,认真查看库存商品业务相关知识,了解商贸企业库存商品的核算,为实习实训作好理论准备。

商贸企业库存商品的核算

(1) 知识目标:了解商贸企业库存商品与制造企业库存商品的不同之处;掌握商贸企业库存商品核算内容和账务处理。

(2) 技能目标:能正确核算商贸企业库存商品业务;能根据库存商品收发业务相关原始凭证,进行经济业务的分析判断,描述出发生的具体经济业务的内容;能根据库存商品相关业务的描述,列出所涉及的原始凭证并填制相关空白的原始凭证;能审核库存商品业务相关原始凭证的真实性、合法性和完整性等,进行正确的会计确认、计量并据以填制记账凭证。

(3) 素养目标:培养学生观察、比较、分析能力;培养学生严谨的工作态度、实事求是的工作品质。

实训一 商业贸易企业库存商品实训(会计凭证语言化)

(1) 贵州毕节金鑫贸易有限公司 2022 年 6 月 30 日库存商品明细资料如下:

津威 A1 葡锌乳酸奶(饮料)5 000 箱,单位成本 28.5 元。

80 g 葡萄果肉果冻(糖果类商品)4 000 箱,单位成本 40 元。

(2) 贵州毕节金鑫贸易有限公司有关业务信息资料如表 2-3-3-1 所示。

表 2-3-3-1 公司有关业务信息资料

单位名称	纳税人识别号	开户银行	账号	地址
贵州毕节金鑫贸易有限公司	91520500577145844Y	中国工商银行股份有限公司贵州毕节支行	9200063026	毕节电商物流园
四川果冻食品有限公司	9151090032950144AB	中国工商银行股份有限公司四川遂宁支行	9000006616	四川遂宁工业园区
广东揭阳食品有限公司	91441900618336926U	中国农业银行股份有限公司广东揭阳支行	7529006158	广东揭阳中山西路 10 号
毕节旺诚超市有限责任公司	915205005874925U6Y	中国建设银行股份有限公司毕节桂花支行	7895464521	七星关区中山路 5 号
大方旺福超市有限公司	91520521MA6WH1585R	中国建设银行股份有限公司大方支行	5687452162	大方县奢香南路 8 号

(3)核算说明：①商品发出采用全月一次加权平均法计算销售成本；②企业采购商品的进货费用直接列为销售费用。

(4)贵州毕节金鑫贸易有限公司 2022 年 7 月发生与库存商品有关经济业务如图 2-3-3-1 至图 2-3-3-26 所示。

【业务1】

贵州毕节金鑫贸易有限公司 付款申请单

申请部门：	采购部				2022 年 07 月 06 日
摘要	支付货款及代垫运输费用			合同编号	84624885
合同金额	壹拾叁万壹仟零捌拾元整			已付金额	
付款金额	人民币（大写）壹拾叁万叁仟贰佰陆拾元整			￥133 260.00	
付款方式	□现金 □转账支票 □银行汇票 □银行承兑汇票			用款日期	2022-07-06
	☑网银转账 □电汇 □银行本票 □其他				
收款单位	广东揭阳食品有限公司			领款人	谢晨
总经理：张亮		财务部经理：余晓风	部门经理：吴黔		经办人：陈晓柏

图 2-3-3-1 付款申请单

贵州毕节金鑫贸易有限公司
采购入库单

金额单位:元

入库单号：840876985　　入库日期：2022-07-06　　入库类型：　　部门：采购部
供应商名称：广东揭阳食品有限公司　　仓库名称：　　备注：

发票号码	编码	存货名称	尺码	颜色	单位	数量	不含税价	金额
62155247		津威 AI 葡锌乳酸奶			箱	4 000.00	29.00	116 000.00
合计						4 000.00		116 000.00

记账：陈浩　　复核：余晓风　　仓库保管：陈晓　　采购员：吴月

图 2-3-3-2 采购入库单

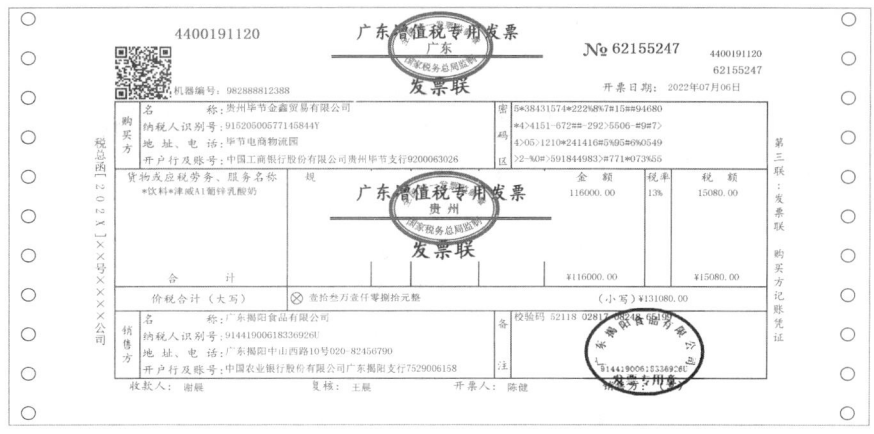

图 2-3-3-3 增值税专用发票

图 2-3-3-4 增值税专用发票

图 2-3-3-5 网银回单

要求1：根据图2-3-3-1至图2-3-3-5，描述经济业务：_____

要求2：审核原始凭证后填制记账凭证（通用记账凭证）。

【业务2】

贵州毕节金鑫贸易有限公司
采购入库单

金额单位：元

入库单号：840876986　　入库日期：2022-07-10　　入库类型：　　　　部门：采购部
供应商名称：四川果冻食品有限公司　　仓库名称：　　　　备注：

发票号码	编码	存货名称	尺码	颜色	单位	数量	不含税价	金额
82425194		葡萄果肉果冻			箱	3 000.00	42.00	126 000.00
合计						3 000.00		126 000.00

记账：陈浩　　复核：余晓风　　仓库保管：陈晓　　采购员：吴月

图2-3-3-6　采购入库单

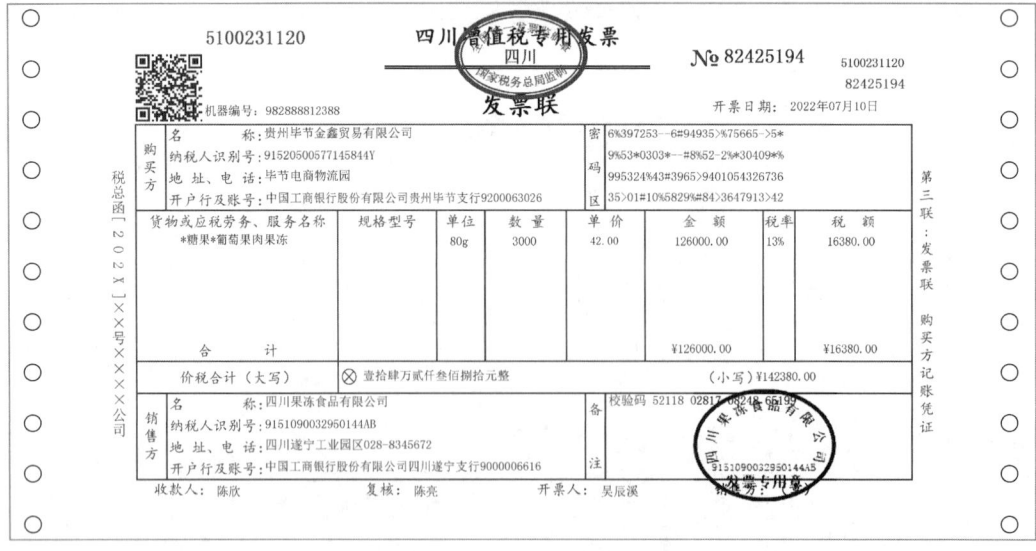

图2-3-3-7　增值税专用发票

要求 1：根据图 2-3-3-6 和图 2-3-3-7，描述经济业务：＿＿＿＿＿＿＿＿＿

要求 2：审核原始凭证后填制记账凭证（通用记账凭证）。

【业务 3】

销 售 单

金额单位：元

购货单位：毕节旺诚超市有限责任公司　　地址和电话：七星关区中山路 5 号 0857-8254678　　单据编号：001
纳税识别号：915205005874925U6Y　　开户行及账号：建行毕节桂花支行 7895464521　　制单日期：2022 年 07 月 12 日

编码	产品名称	规格	单位	单价	数量	金额	备注
01	津威 A1 葡锌乳酸奶		箱	36.00	2000	72 000.00	
02	葡萄果肉果冻	80 g	箱	52.00	1500	78 000.00	
合计	人民币（大写）：壹拾伍万元整					￥150 000.00	

总经理：张亮　　销售经理：李莉　　经手人：罗春　　会计：陈浩　　签收人：李思南

图 2-3-3-8　销售单

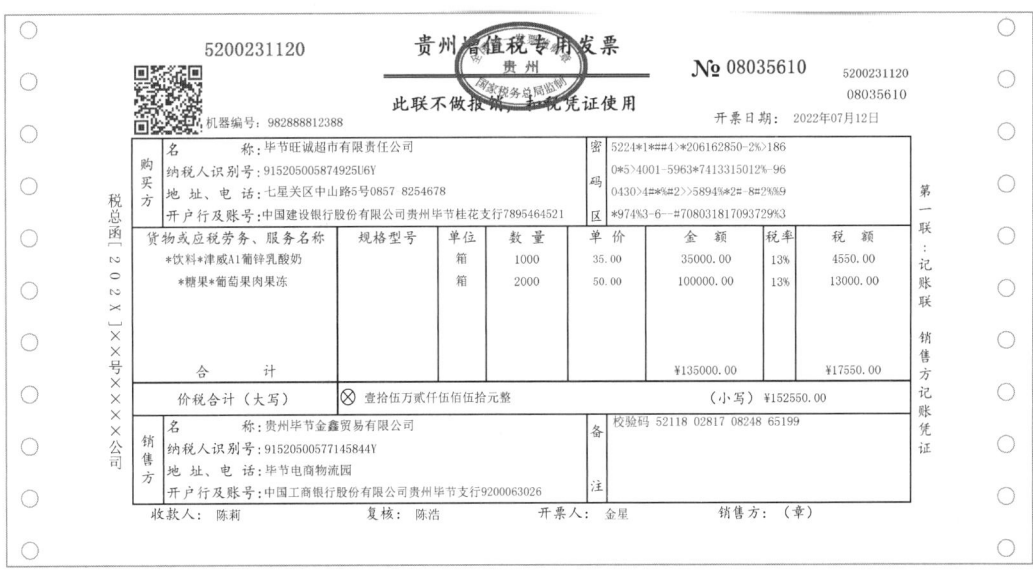

图 2-3-3-9　增值税专用发票

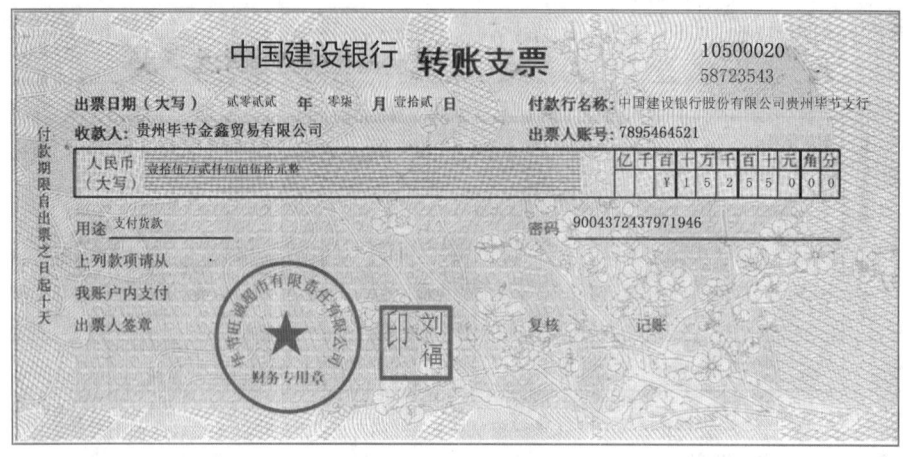

图 2-3-3-10 转账发票

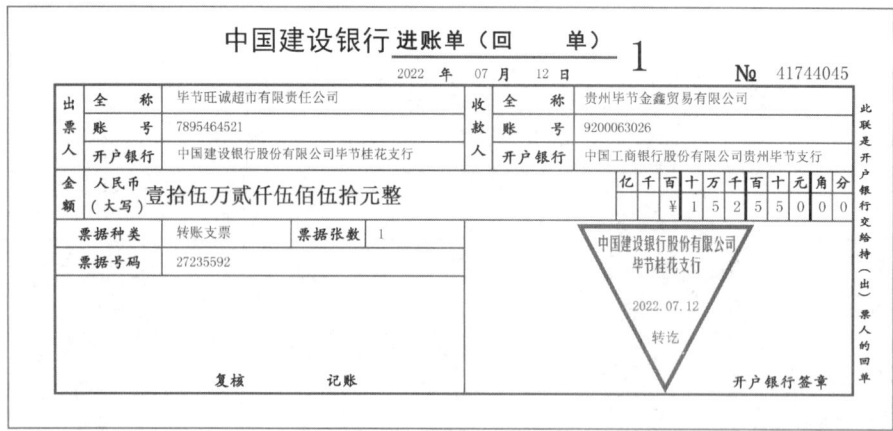

图 2-3-3-11 进账单

要求1：根据图2-3-3-8至图2-3-3-11，描述经济业务：_____

要求2：审核原始凭证后填制记账凭证（通用记账凭证）。

【业务4】

图 2-3-3-12 付款申请单

贵州毕节金鑫贸易有限公司
采购入库单

金额单位:元

入库单号:840876987　入库日期:2022-07-18　入库类型:　部门:采购部
供应商名称:四川果冻食品有限公司　仓库名称:　备注:

发票号码	编码	存货名称	尺码	颜色	单位	数量	不含税价	金额
12713862		葡萄果肉果冻			箱	2 000.00	40.00	80 000.00
合计						2 000.00		80 000.00

记账:陈浩　　复核:余晓凤　　仓库保管:陈晓　　采购员:吴月

图 2-3-3-13　采购入库单

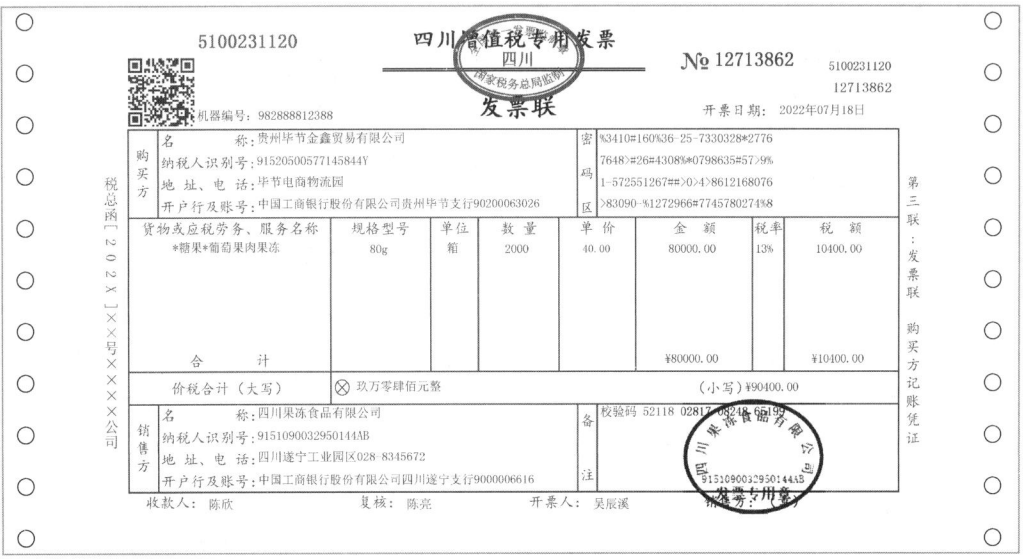

图 2-3-3-14　增值税专用发票发票联

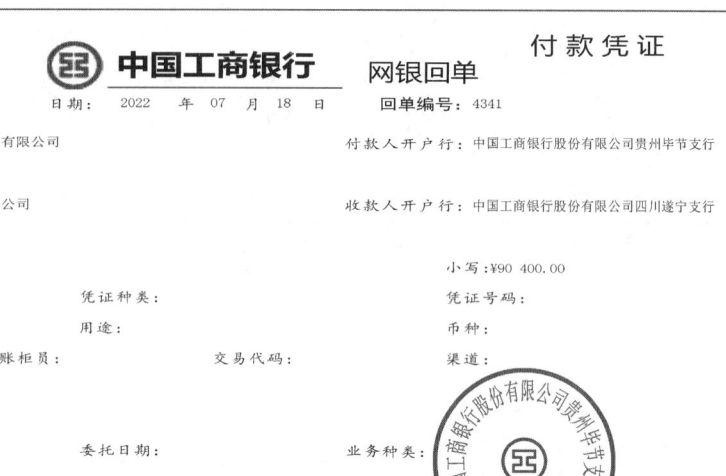

图 2-3-3-15 网银回单

要求1：根据图2-3-3-12至图2-3-3-15,描述经济业务：_____

要求2：审核原始凭证后填制记账凭证(通用记账凭证)。

【业务5】

销　售　单							金额单位：元	
购货单位：大方旺福超市有限公司			地址和电话：大方县奢香南路8号 0857-8657890				单据编号：002	
纳税识别号：91520521MA6WH1585R			开户行及账号：建行大方支行 5687452162				制单日期：2022年07月20日	
编码	产品名称	规格	单位	单价	数量	金额	备注	
01	津威A1葡锌乳酸奶		箱	35.00	2000	70 000.00		
02	葡萄果肉果冻	80 g	箱	50.00	1000	50 000.00		
合计	人民币(大写)：壹拾贰万元整					￥120 000.00		
总经理：张亮		销售经理：李莉		经手人：罗春		会计：陈浩		签收人：李思南

图 2-3-3-16 销售单

图 2-3-3-17 增值税专用发票记账联

要求 1：根据图 2-3-3-16 和图 2-3-3-17，描述经济业务：_____

要求 2：审核原始凭证后填制记账凭证（通用记账凭证）。

【业务 6】

贵州毕节金鑫贸易有限公司 付款申请单

2022 年 07 月 25 日

申请部门：	采购部			
摘　要	支付货款及代垫运输费用		合同编号	34215670
合同金额	壹拾柒万贰仟柒佰柒拾元整		已付金额	
付款金额	人民币（大写）壹拾柒万贰仟柒佰柒拾元整			￥172 770.00
付款方式	□现金　□转账支票　□银行汇票　☑银行承兑汇票　□网银转账　□电汇　□银行本票　□其他		用款日期	2022 07 25
收款单位	广东揭阳食品有限公司		领款人	谢晨
总经理：张亮	财务部经理：余晓风	部门经理：吴黔		经办人：陈晓柏

图 2-3-3-18 付款申请单

贵州毕节金鑫贸易有限公司 采购入库单

金额单位：元

入库单号：840876988　入库日期：2022-07-25　入库类型：　　部门：采购部
供应商名称：广东揭阳食品有限公司　　仓库名称：　　备注：

发票号码	编码	存货名称	尺码	颜色	单位	数量	不含税价	金额
04707973		津威 A1 葡锌乳酸奶			箱	5 000.00	30.00	150 000.00
合计						5 000.00		150 000.00

记账：陈浩　　复核：余晓风　　仓库保管：陈晓　　采购员：吴月

图 2-3-3-19 采购入库单

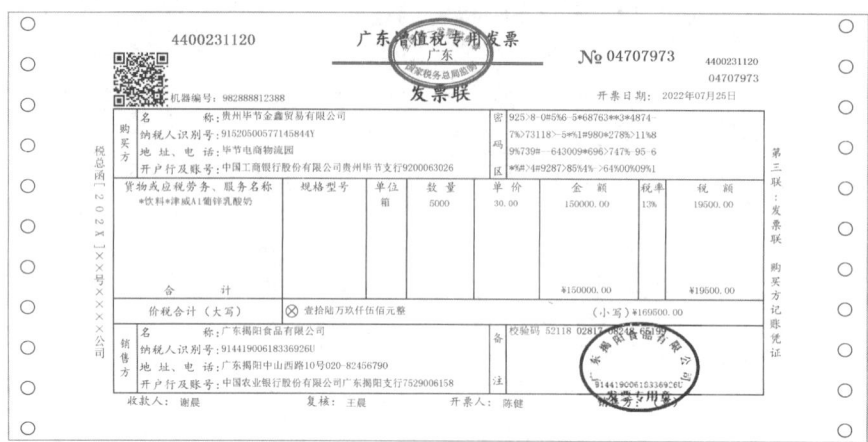

图 2-3-3-20 增值税专用发票

图 2-3-3-21 增值税专用发票

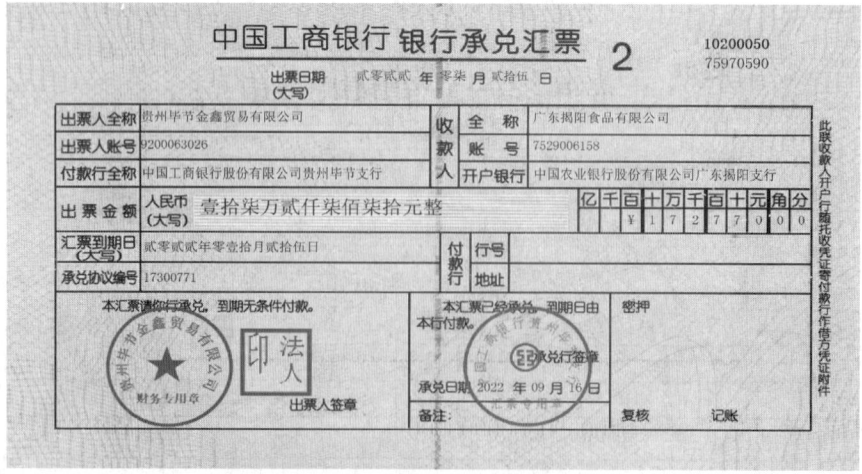

图 2-3-3-22 银行承兑汇票

中国工商银行 银行承兑汇票 （存　根）　3　10200050 75970590

出票日期（大写）　贰零贰贰　年　零柒　月　贰拾伍　日

出票人全称	贵州毕节金鑫贸易有限公司	收款人	全　称	广东揭阳食品有限公司
出票人账号	9200063026		账　号	7529006158
付款行全称	中国工商银行股份有限公司贵州毕节支行		开户银行	中国农业银行股份有限公司广东揭阳支行

出票金额	人民币（大写）壹拾柒万贰仟柒佰柒拾元整	亿	千	百	十	万	千	百	十	元	角	分
				¥	1	7	2	7	7	0	0	0

汇票到期日（大写）	贰零贰贰年零壹拾月贰拾伍日	付款行	行号	
承兑协议编号	17300771		地址	

备注：

此联由出票人存查

图 2-3-3-23　银行承兑汇票存根联

要求 1：根据图 2-3-3-18 至图 2-3-3-23，描述经济业务：________________

____

要求 2：审核原始凭证后填制记账凭证（通用记账凭证）。

【业务 7】

已销商品成本计算表

2022 年 7 月 31 日

商品名称	期初结存		本期采购入库		加权平均单价	本期销售		期末结存	
	数量	金额	数量	金额		数量	金额	数量	金额
津威 A1 葡锌乳酸奶	5 000	142 500.00	9 000	266 000.00	29.18	3 000	87 540.00	1 100	320 960.00
葡萄果肉果冻	4 000	160 000.00	5 000	206 000.00	40.67	3 000	122 010.00	6 000	243 990.00
合计	9 000	302 500.00	14 000	472 000.00		6 000	209 550.00	1 700	564 950.00

复核人：余晓风　　　　制表人：陈浩

图 2-3-3-24　已销商品成本计算表

要求 1：根据图 2-3-3-24，描述经济业务：________________

____

要求 2：审核原始凭证后填制记账凭证（通用记账凭证）。

【业务8】

明细账

第___页
规格_____ 编　号_____ 储备定额_____ 类　别_____ 最高储存量_____
名称_____ 计量单位_____ 计划单位_____ 存放地点_____ 最低储存量_____

年		凭证		摘要	收入		金额								发出		金额								结存		金额							
月	日	种类	号数		数量	单价	千	百	十	万	千	百	十	元	角	分	数量	单价	千	百	十	万	千	百	十	元	角	分	数量	单价	千	百	十	万	千	百	十	元	角	分

图 2-3-3-25　明细账

明细账

第___页
规格_____ 编　号_____ 储备定额_____ 类　别_____ 最高储存量_____
名称_____ 计量单位_____ 计划单位_____ 存放地点_____ 最低储存量_____

年		凭证		摘要	收入		金额								发出		金额								结存		金额							
月	日	种类	号数		数量	单价	千	百	十	万	千	百	十	元	角	分	数量	单价	千	百	十	万	千	百	十	元	角	分	数量	单价	千	百	十	万	千	百	十	元	角	分

图 2-3-3-26　明细账

根据 2022 年 7 月发生的经济业务登记库存商品数量金额式明细账，如图 2-3-3-25 和图 2-3-3-26 所示。

实训二 商业贸易企业库存商品实训(会计语言凭证化)

贵州毕节金鑫贸易有限公司 2022 年 7 月发生与库存商品有关经济业务如下(其他资料见本任务实训一)。

【业务 1】

10 日，向四川果冻食品有限公司购进糖果类商品(80 g 葡萄果肉果冻)4 000 箱，单价 40 元，金额 160 000 元，增值税 20 800 元。商品已验收入库，款项通过网银支付。

要求 1：列出该经济业务涉及的原始凭证：________________________________

____

要求 2：填制空白原始凭证，如图 2-3-3-27 至图 2-3-3-30 所示。

要求 3：审核所填制原始凭证后填制记账凭证(通用记账凭证)。

贵州毕节金鑫贸易有限公司 付款申请单

申请部门： 年 月 日

摘　　要		合同编号	
合同金额		已付金额	
付款金额	人民币（大写） ¥		
付款方式	☐ 现金 ☐ 转账支票 ☐ 银行汇票 ☐ 银行承兑汇票 ☐ 网银转账 ☐ 电汇 ☐ 银行本票 ☐ 其他	用款日期	
收款单位		领款人	

总经理： 财务部经理： 部门经理： 经办人：

图 2-3-3-27 付款申请单

贵州毕节金鑫贸易有限公司

采购入库单

入库单号： 入库日期： 入库类型： 部 门：

供应商名称： 仓库名称： 备 注：

发票号码	编 码	存货名称	尺码	颜色	单位	数 量	不含税价	金 额
合 计								

记 账： 复 核： 仓库保管： 采购员：

图 2-3-3-28 采购入库单

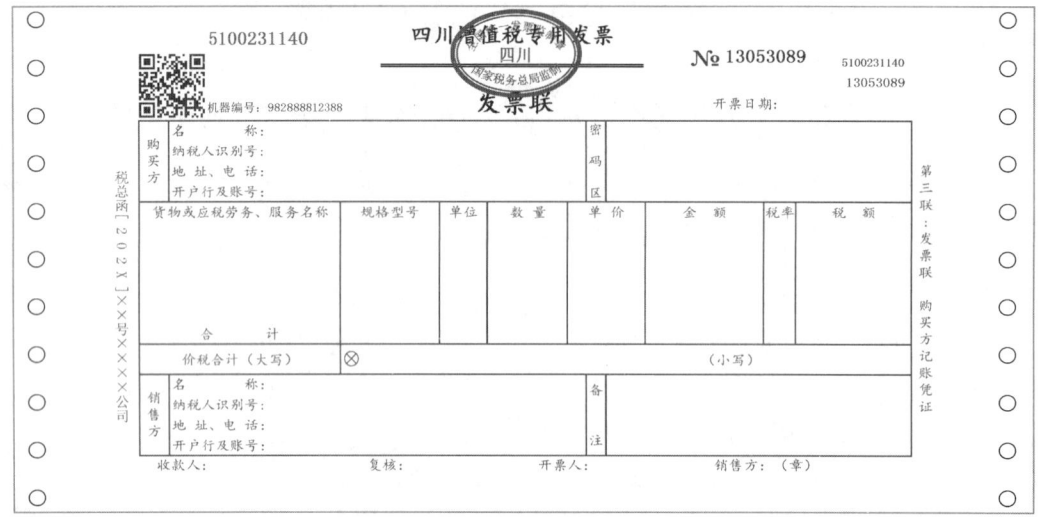

图 2-3-3-29　增值税专用发票

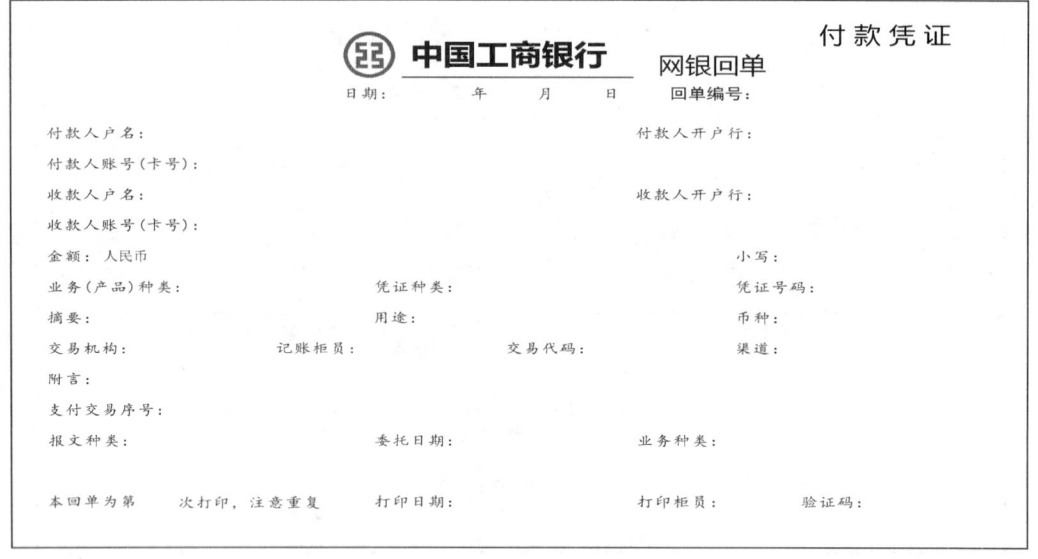

图 2-3-3-30　网银回单

【业务2】

12日,向广东揭阳食品有限公司购进饮料(津威 A1 葡锌乳酸奶)4 000 箱,单价31元,金额 124 000 元,增值税 16 120 元;供货单位代垫运输费用 2 500 元,增值税 225 元。商品已验收入库,全部款项通过网银支付。

要求1:列出该经济业务涉及的原始凭证:＿＿＿＿＿＿＿＿＿＿

要求2:填制空白原始凭证,如图 2-3-3-31 至图 2-3-3-35 所示。

要求3:审核所填制原始凭证后填制记账凭证(通用记账凭证)。

贵州毕节金鑫贸易有限公司 付款申请单

申请部门：						年　　月　　日
摘　要					合同编号	
合同金额					已付金额	
付款金额	人民币（大写）				¥	
付款方式	□现金　　□转账支票　　□银行汇票　　□银行承兑汇票 □网银转账　□电汇　　　□银行本票　　□其他				用款日期	
收款单位					领款人	
总经理：		财务部经理：		部门经理：		经办人：

图 2-3-3-31　付款申请单

贵州毕节金鑫贸易有限公司
采购入库单

入库单号：		入库日期：		入库类型：		部　门：	
供应商名称：				仓库名称：		备　注：	

发票号码	编码	存货名称	尺码	颜色	单位	数量	不含税价	金额
合　计								

记　账：　　　　复　核：　　　　仓库保管：　　　　采购员：

图 2-3-3-32　采购入库单

图 2-3-3-33　增值税专用发票

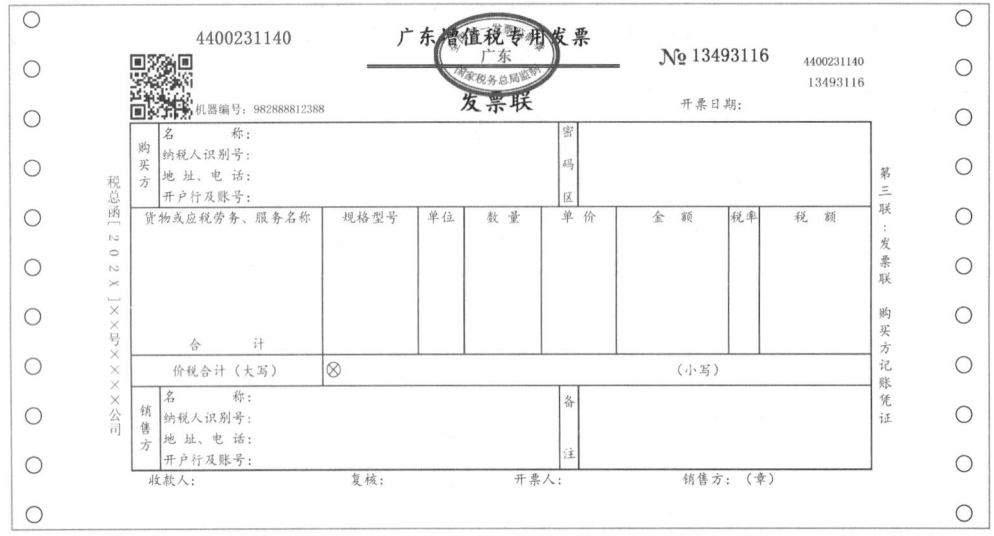

图 2-3-3-34　增值税专用发票

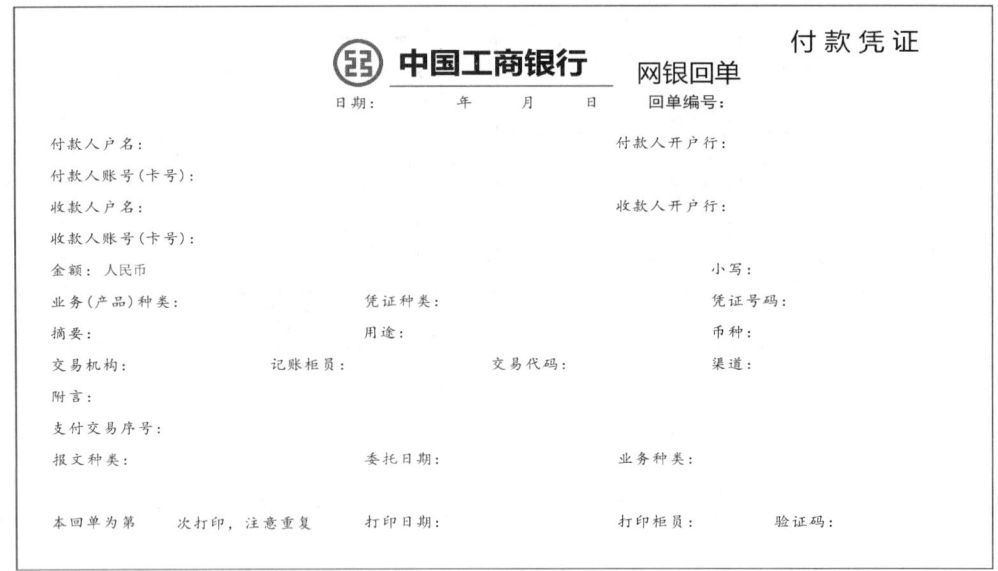

图 2-3-3-35　网银回单

【业务3】

15日,向大方旺福超市有限公司销售饮料(津威 A1 葡锌乳酸奶)1 000 箱,单价 36 元,金额 36 000 元;销售糖果类商品(80 g 葡萄果肉果冻)1 200 箱,单价为 50 元,金额为 60 000 元,价款合计 96 000 元,增值税 12 480 元。上述款项未收到。

要求1:列出该经济业务涉及的原始凭证:＿＿＿＿＿＿＿＿＿＿＿＿＿＿＿＿＿＿＿

要求2:填制空白原始凭证,如图 2-3-3-36 和 2-3-3-37 所示。

要求3:审核所填制原始凭证后填制记账凭证(通用记账凭证)。

销 售 单

购货单位：			地址和电话：				单据编号：	
纳税识别号：			开户行及账号：				制单日期：	
编码	产品名称	规格	单位	单价	数量	金额	备注	
合计	人民币（大写）：							

总经理：　　　销售经理：　　　经手人：　　　会计：　　　签收人：

图 2-3-3-36　销售单

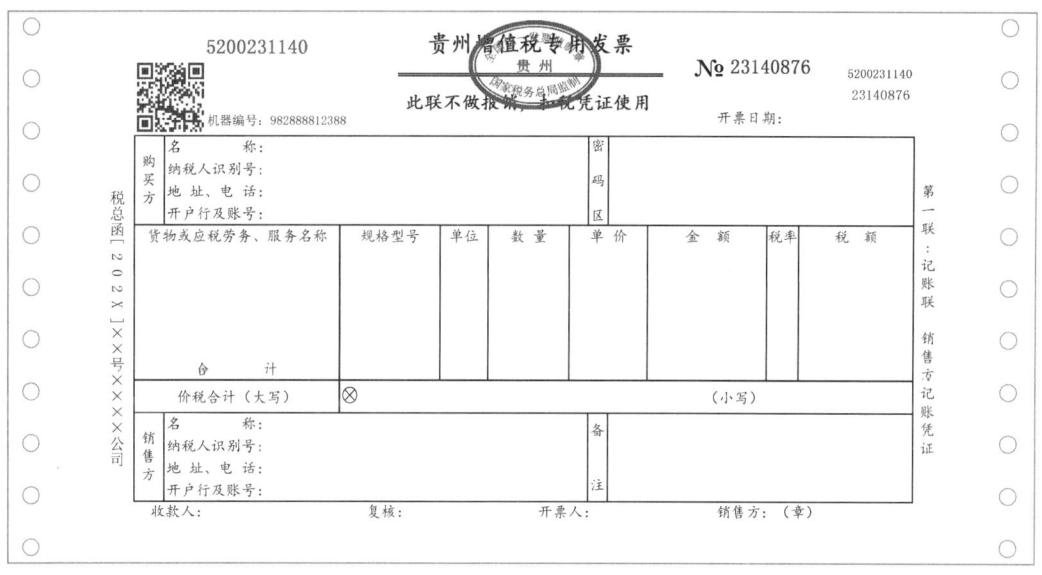

图 2-3-3-37　增值税专用发票

【业务 4】

20 日，向毕节旺诚超市有限责任公司销售饮料（津威 A1 葡锌乳酸奶）2 000 箱，单价 36 元，金额 72 000 元，销售糖果类商品（80 g 葡萄果肉果冻）1 500 箱，单价 52 元，金额 78 000 元，价款合计 150 000 元，增值税 19 500 元；收到毕节旺诚超市有限责任公司签发一张 169 500 元转账支票，送存银行。

要求 1：列出该经济业务涉及的原始凭证：＿＿＿＿＿＿＿＿＿＿＿＿＿＿＿＿＿＿＿

要求 2：填制空白原始凭证，如图 2-3-3-38 至图 2-3-3-41 所示。

要求 3：审核所填制原始凭证后填制记账凭证（通用记账凭证）。

销 售 单

购货单位：			地址和电话：			单据编号：	
纳税识别号：			开户行及账号：			制单日期：	

编码	产品名称	规格	单位	单价	数量	金额	备注
合计	人民币（大写）：						

总经理：　　　销售经理：　　　经手人：　　　会计：　　　签收人：

图 2-3-3-38　销售单

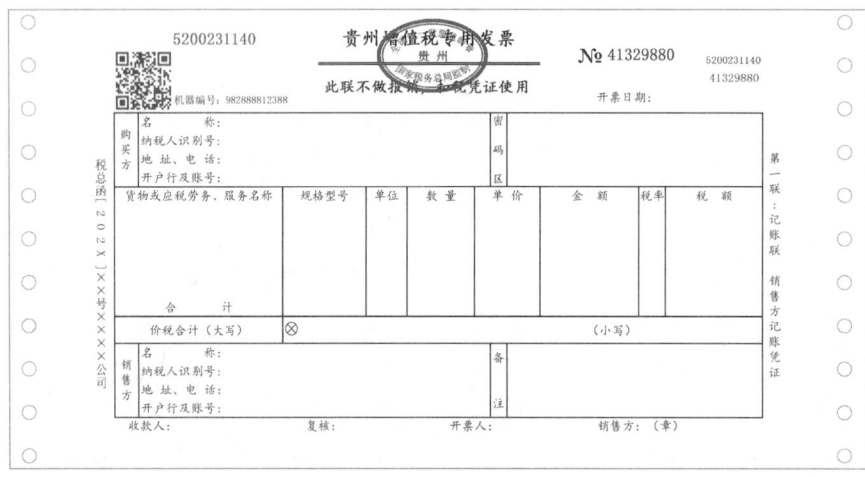

图 2-3-3-39　增值税专用发票

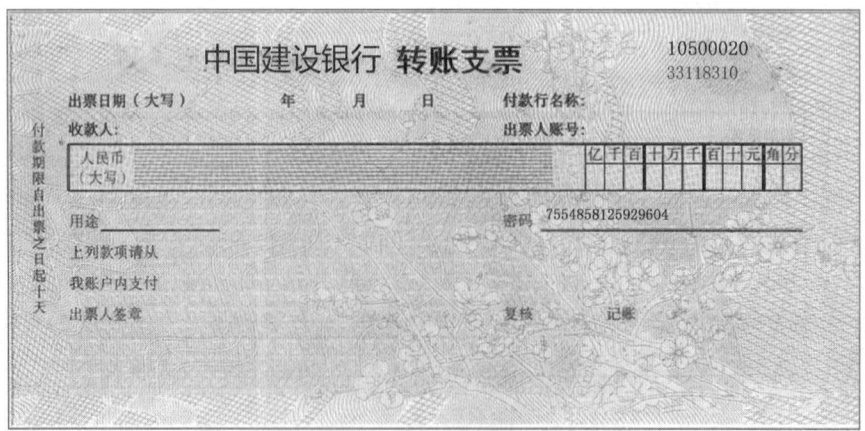

图 2-3-3-40　转账支票

中国建设银行进账单（回 单） 1

年 月 日 №

出票人	全 称		收款人	全 称	
	账 号			账 号	
	开户银行			开户银行	
金额	人民币（大写）				亿 千 百 十 万 千 百 十 元 角 分
票据种类		票据张数			
票据号码					
复核 记账				开户银行签章	

此联是开户银行交给持（出）票人的回单

图 2-3-3-41 进账单

【业务 5】

31 日，结转本月已销商品成本。

要求 1：列出该经济业务涉及的原始凭证：________________________________

____

要求 2：填制空白原始凭证，如图 2-3-3-42 所示。

要求 3：审核所填制原始凭证后填制记账凭证(通用记账凭证)。

已销商品成本计算表

年 月 日

商品名称	期初结存		本期采购入库		加权平均单价	本期销售		期末结存	
	数量	金额	数量	金额		数量	金额	数量	金额

复核人： 制表人：

图 2-3-3-42 已销商品成本计算表

【业务 6】

根据 2022 年 7 月发生的经济业务登记库存商品数量金额明细账，如图 2-3-3-43 和图 2-3-3-44 所示。

明细账

第___页

规格_____　编　号_____　储备定额_____　类　别_____　最高储存量_____
名称_____　计量单位_____　计划单位_____　存放地点_____　最低储存量_____

年		凭证		摘要	收入			发出			结存		
月	日	种类	号数		数量	单价	金额 千百十万千百十元角分	数量	单价	金额 千百十万千百十元角分	数量	单价	金额 千百十万千百十元角分

图 2-3-3-43　明细账

明细账

第___页

规格_____　编　号_____　储备定额_____　类　别_____　最高储存量_____
名称_____　计量单位_____　计划单位_____　存放地点_____　最低储存量_____

年		凭证		摘要	收入			发出			结存		
月	日	种类	号数		数量	单价	金额 千百十万千百十元角分	数量	单价	金额 千百十万千百十元角分	数量	单价	金额 千百十万千百十元角分

图 2-3-3-44　明细账

模块四 投　　资

任务一　交易性金融资产

请扫描二维码,认真查看交易性金融资产业务相关知识,了解交易性金融资产的业务流程图,交易性金融资产的账务处理等,为实习实训作好理论准备。

交易性金融资产的业务流程图

交易性金融资产的账务处理

（1）知识目标：熟悉交易性金融资产的初始计量,掌握交易性金融资产的取得和处置的账务处理。

（2）技能目标：能根据交易性金融资产取得、持有收益和处置的原始凭证,进行经济业务的分析判断,描述出发生的具体经济业务的内容;能根据交易性金融资产取得、持有收益和处置的具体经济业务描述,列出所涉及的原始凭证并填制相关空白原始凭证;能审核交易性金融资产相关原始凭证的真实性、合法性和完整性等,进行正确的会计确认、计量并据以填制记账凭证。

思政案例（投资）

（3）素养目标：培养学生风险意识、守法意识;培养学生承担风险和抗挫折的能力,增强学生的心理素质。

实训一　交易性金融资产实训（会计凭证语言化）

贵州毕节奇伟服装有限公司发生与交易性金融资产有关的经济业务如图2-4-1-1至图2-4-1-13所示。

【业务1】

华创证券有限责任公司
毕节营业部客户存款凭条

［存款］

流水号：3277391　　　　　　　　　　　　　　　　2022 年 10 月 10 日

户名：贵州毕节奇伟服装有限公司　　资金账号：54007091　　委托人签名：王红艳

存入金额：￥500 000　　　　　　　余额：￥500 000

　　　　　　　　　账户：A764770502　　　　　账户：0355750154

　　　　　　　　　　　　　　　　　操作员：李华　　复核员：阚娟

图 2-4-1-1　客户存款凭条

中国工商银行　网银回单　付款凭证

日期：2022 年 10 月 10 日　　回单编号：7502

付款人户名：贵州毕节奇伟服装有限公司　　付款人开户行：中国工商银行股份有限公司贵州毕节杜鹃支行
付款人账号（卡号）：2406070109200063228
收款人户名：贵州毕节奇伟服装有限公司　　收款人开户行：中国工商银行股份有限公司贵州毕节杜鹃支行
收款人账号（卡号）：54007091
金额：人民币伍拾万元整　　　　　　　　　小写：￥500 000.00
业务（产品）种类：　　　　　凭证种类：　　　　　凭证号码：
摘要：划转投资专户款　　　　用途：划转投资专户款　　币种：人民币
交易机构：　　　　　　　　　记账柜员：　　　　　交易代码：　　　　　渠道：
附言：
支付交易序号：
报文种类：　　　　　　　　　委托日期：　　　　　业务种类：
本回单为第 1 次打印，注意重复　打印日期：2022.10.10　打印柜员：　　　　　　

图 2-4-1-2　网银回单

要求1：根据图 2-4-1-1 和图 2-4-1-2，描述经济业务：_____

要求2：审核原始凭证后填制记账凭证（通用记账凭证）。

【业务2】

贵州毕节奇伟服装有限公司文件

奇伟办 （ 2022 ） 字第 02 号

关于购入贵州百灵制药发行债券的决议

经公司经理办公会会议决定，拟购买贵州百灵制药发行的两年期、票面年利率为6%的可上市交易的债券20万元(债券代码为:002424)，作为交易性金融资产。

参会人员：王红艳 李薇薇 黄柏川 杨子夏

2022 年 10 月 20 日

图 2-4-1-3 公司文件

债券投资委托代理协议

(甲方)投资人：贵州毕节奇伟服装有限公司
(乙方)代理人：华创证券有限责任公司毕节营业部

甲乙双方在充分信任的基础上，本着平等互利、友好合作的原则，经友好协商，自愿达成如下协议，以资共同遵照执行。

一、投资合作事项：

甲方将从投资专户出资20万元委托乙方进行债券投资操作，以求获得较好利益。投资目标债券为贵州百灵制药发行的两年期、面值为20万元、票面年利率为6%的可上市交易债券，该债券分别于每年6月及12月各计付利息一次。办理投资时乙方收取700元代理佣金。

……
……

甲方代表人：王红艳
2022年10月20日

乙方代表人：邵德军
2022年10月20日

图 2-4-1-4 债券投资委托代理协议

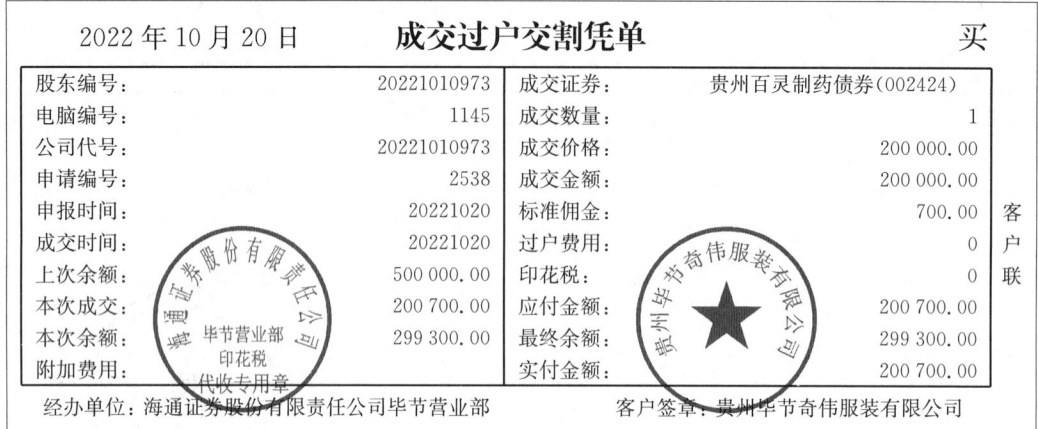

图 2-4-1-5　成交过户交割凭单

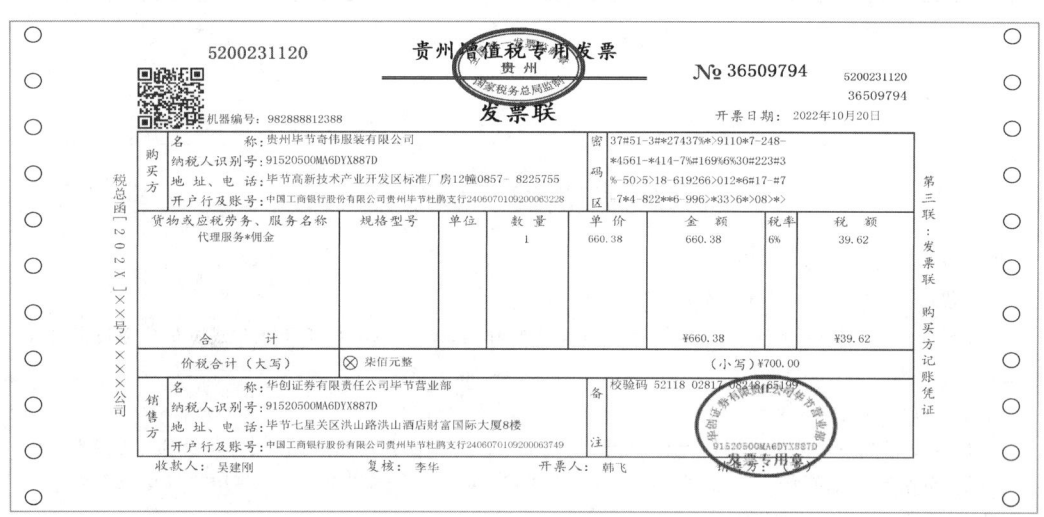

图 2-4-1-6　增值税专用发票

要求1：根据图2-4-1-3至图2-4-1-6,描述经济业务：_____

要求2：审核原始凭证后填制记账凭证(通用记账凭证)。

【业务3】

贵州广电网络股份有限公司文件
贵广网(2022)字第072号
关于发放现金股利的公告
经公司股东会议决议通过,现宣告向各股东发放现金股利0.20元/股,拟订于10月25日支付。 　　董事长：李国福 2022年10月21日

图 2-4-1-7　公司文件

贵州毕节奇伟服装有限公司现金股利计算表

持股数量(股)	每股股利	现金股利合计
20 000	0.20元/股	4 000.00

图 2-4-1-8 现金股利计算表

要求1：根据图2-4-1-7和图2-4-1-8，描述经济业务：_____

要求2：审核原始凭证后填制记账凭证(通用记账凭证)。

【业务4】

贵州毕节奇伟服装有限公司文件

奇伟办(2022)字第 03 号

关于出售贵广网络股票的决议

经公司经理办公会会议决定，拟以不低于12元/股的价格出售贵广网络(600996)股票2万股。

参会人员：王红艳 李薇薇 黄柏川 杨子夏

2022年10月31日

图 2-4-1-9 公司文件

成交过户交割凭单

2022年10月31日   卖

股东编号：	20221010973	成交证券：	贵广网络(600996)
电脑编号：	1145	成交数量：	20 000
公司代号：	20221010973	成交价格：	12.80
申请编号：	2631	成交金额：	256 000.00
申报时间：	20221031	标准佣金：	0
成交时间：	20221031	过户费用：	0
上次余额：	299 300.00	印花税：	0
本次成交：	256 000.00	应收金额：	256 000.00
本次余额：	555 300.00	最终余额：	555 300.00
附加费用：		实收金额：	256 000.00

（华创证券有限责任公司 毕节营业部 业务专用章 123456789012）

通知联

经办单位：华创证券有限责任公司毕节营业部   客户签章：贵州毕节奇伟服装有限公司

图 2-4-1-10 成交过户交割凭单

处置交易性金融资产损益计算表

2022 年 10 月 31 日

投资项目	出售股份数量（股）	出售股价（元/股）	出售所得（元）	出售部分账面价值（元）	投资损益（元）
贵广网络(600996)股票	20 000	12.80	256 000.00	232 000.00	24 000.00
合　计			￥256 000.00	￥232 000.00	24 000.00

图 2-4-1-11　处置交易性金融资产损益计算表

华创证券有限责任公司
毕节营业部客户存款凭条

[存款]

流水号：2419441　　　　　　　　　　　　　　　　　2022 年 10 月 31 日

户名：贵州毕节奇伟服装有限公司	资金账号：54007091	委托人签名：王红艳
存入金额：￥256 000	余额：￥555 300	
账户：A764770502	账号：0355750154	
	操作员：李华	复核员：阚娟

（华创证券有限责任公司 毕节营业部 业务专用章 123456789012）

图 2-4-1-12　客户存款凭条

要求 1：根据图 2-4-1-9 至图 2-4-1-12，描述经济业务：_____

要求 2：审核原始凭证后填制记账凭证（通用记账凭证）。

【业务 5】

华创证券有限责任公司
毕节营业部客户债券利息存款凭条

[存款]

流水号：0916746　　　　　　　　　　　　　　　　　2022 年 12 月 20 日

户名：贵州毕节奇伟服装有限公司	资金账号：54007091	委托人签名：王红艳
存入金额：2 000.00	余额：557 300.00	
账户：A764770502	账号：0355750154	
	操作员：李华	复核员：阚娟

（华创证券有限责任公司 毕节营业部 业务专用章 123456789012）

图 2-4-1-13　客户债券利息存款凭条

要求 1：根据图 2-4-1-13，描述经济业务：________________________________

____

要求 2：审核原始凭证后填制记账凭证(通用记账凭证)。

实训二　交易性金融资产实训(会计语言凭证化)

贵州毕节奇伟服装有限公司 2022 年 10 月发生与交易性金融资产有关的经济业务如下。

【业务 1】

8 日，公司通过工商银行网银转账划款 600 000 元到海通证券股份有限责任公司毕节营业部资金账户，以备用于投资。

要求 1：列出该经济业务涉及的原始凭证：________________________________

要求 2：填制空白原始凭证，如图 2-4-1-14 和图 2-4-1-15 所示。

要求 3：审核所填制原始凭证后填制记账凭证(通用记账凭证)。

海通证券股份有限责任公司

毕节营业部客户存款凭条

［存款］

流水号：　　　　年　　月　　日

户名：　　资金账号：　　委托人签名

存入金额：　　余额：

账户：　　账号：

操作员：　　复核员：

图 2-4-1-14　客户存款凭条

中国工商银行　网银回单　付款凭证

日期：　　年　　月　　日　　回单编号：7337

付款人户名：　　付款人开户行：

付款人账号(卡号)：

收款人户名：　　收款人开户行：

收款人账号(卡号)：

金额：人民币　　小写：

业务(产品)种类：　　凭证种类：　　凭证号码：

摘要：　　用途：　　币种：

交易机构：　　记账柜员：　　交易代码：　　渠道：

附言：

支付交易序号：

报文种类：　　委托日期：　　业务种类：

本回单为第　　次打印，注意重复　　打印日期：　　打印柜员：　　验证码：

图 2-4-1-15　网银回单

【业务 2】

10 日,公司作出投资决议,以存入海通证券公司投资专款购入"航天长峰"股票 2 万股(股票代码为:600855)以备近期出售,每股价格为 10.8 元,并支付普通发票所列的相关交易佣金 756 元。

要求 1:列出该经济业务涉及的原始凭证:_____

_____

要求 2:填制空白原始凭证,如图 2-4-1-16 至图 2-4-1-18 所示。

要求 3:审核所填制原始凭证后填制记账凭证(通用记账凭证)。

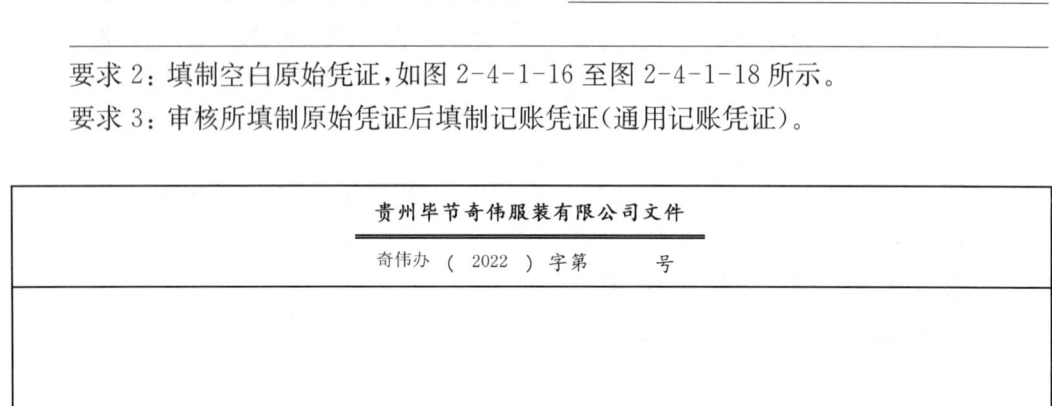

图 2-4-1-16 公司文件

图 2-4-1-17 成交过户交割凭单

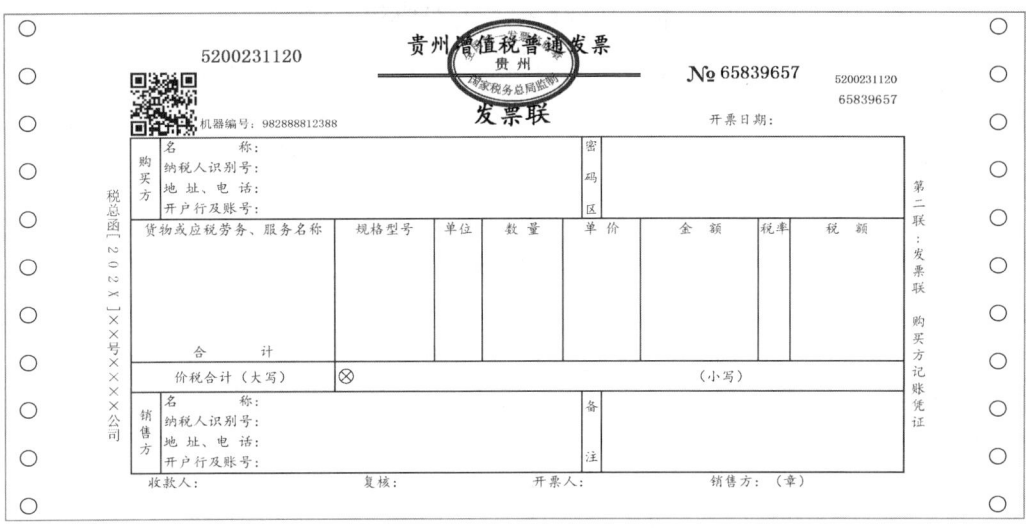

图 2-4-1-18　增值税普通发票

【业务3】

20日，公司作出投资决议，以存入海通证券公司投资专款购入银河通利公司发行的三年期、票面年利率为7%的可上市交易的债券25万元（债券代码为：161505）。公司实际支付价款250 875元，其中875元为相关交易佣金（取得增值税专用发票）。该债券分别于每年6月及12月各计付利息一次。该债券一旦价格合适，公司将予以出售。

要求1：列出该经济业务涉及的原始凭证：_____

要求2：填制空白原始凭证，如图2-4-1-19至图2-4-1-22所示。

要求3：审核所填制原始凭证后填制记账凭证（通用记账凭证）。

贵州毕节奇伟服装有限公司文件
奇伟办 （ 2022 ） 字第　　号
年　　月　　日

图 2-4-1-19　公司文件

债券投资委托代理协议

(甲方)投资人：
(乙方)代理人：

甲方代表人：　　　　　　　　　　　　乙方代表人：
　　　年　月　日　　　　　　　　　　　　年　月　日

图 2-4-1-20　债券投资委托代理协议

成交过户交割凭单　　　　　　买

股东编号：　　　　　　　　成交证券：
电脑编号：　　　　　　　　成交数量：
公司代号：　　　　　　　　成交价格：
申请编号：　　　　　　　　成交金额：
申报时间：　　　　　　　　标准佣金：
成交时间：　　　　　　　　过户费用：
上次余额：　　　　　　　　印花税：
本次成交：　　　　　　　　应付金额：
本次余额：　　　　　　　　最终余额：
附加费用：　　　　　　　　实付金额：

经办单位：　　　　　　　　客户签章：

客户联

图 2-4-1-21　成交过户交割凭单

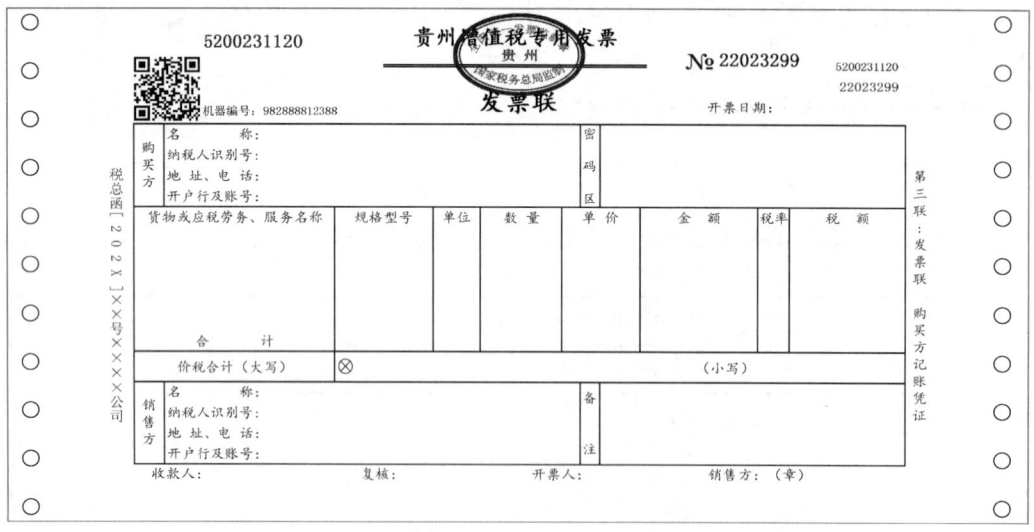

图 2-4-1-22　增值税专用发票

【业务4】

21日，航天长峰(全称：北京航天长峰股份有限公司)宣告发放现金股利0.15元/股，拟定于10月26日支付；

要求1：列出该经济业务涉及的原始凭证：_____

要求2：填制空白原始凭证，如图2-4-1-23和图2-4-1-24所示。
要求3：审核原始凭证后填制记账凭证（通用记账凭证）。

贵州毕节奇伟服装有限公司文件
奇伟办（2022）字第　　号
年　　月　　日

图 2-4-1-23　公司文件

贵州毕节奇伟服装有限公司现金股利计算表		
持股数量（股）	每股股利	现金股利合计

图 2-4-1-24　现金股利计算表

【业务5】

31日，公司作出决议，出售航天长峰股票2万股（股票代码为：600855），每股价格11.86元，出售价款转存海通证券公司存款专户。（联系本任务实训二业务2）

要求1：列出该经济业务涉及的原始凭证：_____

_____

要求2：填制空白原始凭证，如图2-4-1-25至图2-4-1-28所示。
要求3：审核所填制原始凭证后填制记账凭证（通用记账凭证）。

贵州毕节奇伟服装有限公司文件
奇伟办（2022）字第　　号
年　　月　　日

图 2-4-1-25　公司文件

成交过户交割凭单   卖

股东编号：	成交证券：
电脑编号：	成交数量：
公司代号：	成交价格：
申请编号：	成交金额：
申报时间：	标准佣金：
成交时间：	过户费用：
上次余额：	印花税：
本次成交：	应收金额：
本次余额：	最终余额：
附加费用：	实收金额：

通知联

经办单位：　　　　　　　　客户签章：

图 2-4-1-26　成交过户交割凭单

海通证券股份有限责任公司
毕节营业部客户存款凭条

[存款]

流水号：　　　　　　　　　　　　　　　　年　　月　　日

户名：	资金账号：	委托人签名
存入金额：	余额：	
账户：	账号：	
	操作员：	复核员：

图 2-4-1-27　客户存款凭条

处置交易性金融资产损益计算表
年　　月　　日

投资项目	出售股份数量（股）	出售股价（元/股）	出售所得（元）	出售部分账目价值（元）	投资收益（元）
合　计					

图 2-4-1-28　处置交易金融资产损益计算表

任务二　债权投资

请扫描二维码,认真查阅《企业会计准则第 22 号——金融工具确认和计量》相关知识,了解金融工具的确认、分类和计量,为实习实训作好理论准备。

《企业会计准则第 22 号——金融工具确认和计量》

(1) 知识目标:熟悉债权投资的初始计量,掌握债权投资的取得和处置的账务处理。

(2) 技能目标:能根据债权投资的取得、持有收益和处置的原始凭证,进行经济业务的分析判断,描述出发生的具体经济业务的内容;能根据债权投资的取得、持有收益和处置的具体经济业务描述,列出所涉及的原始凭证,并填制相关空白原始凭证;能审核债权投资相关原始凭证的真实性、合法性和完整性等,进行正确的会计确认、计量并据以填制记账凭证。

(3) 素养目标:培养学生风险意识、守法意识;培养学生承担风险和抗挫折的能力,增强学生的心理素质。

实训一　债权投资实训(会计凭证语言化)

贵州毕节奇伟服装有限公司发生与债权投资有关的经济业务如图 2-4-2-1 至图 2-4-2-12 所示。

【业务 1】

图 2-4-2-1　网银回单

华创证券有限责任公司
毕节营业部客户存款凭条

[存款]

流水号：811769　　　　　　　　　　　　　　　　　2022 年 01 月 01 日

户名：贵州毕节奇伟服装有限公司	资金账号：54007091	委托人签名：王红艳
存入金额：￥600 000	余额：￥600 000	
账户：A764770502	账户：0355750154	
	操作员：吴亮　　复核员：陈晓	

（华创证券有限责任公司毕节营业部业务专用章 123456789012）

图 2-4-2-2　客户存款凭条

要求1：根据图2-4-2-1和图2-4-2-2，描述经济业务：_____

要求2：审核原始凭证后填制记账凭证（通用记账凭证）。

【业务2】

贵州毕节奇伟服装有限公司文件

奇伟办（2022）字第　01　号

关于购入招商安嘉（016513）债券的决议

经公司经理办公会会议决定，拟以 309 300 元的价格购入 2021 年 1 月 1 日发行的面值 300 000 元的两年期招商安嘉（016513）债券作为债权投资。

参会人员：王红艳　李薇薇　黄柏川　杨子夏

2022 年 01 月 01 日

图 2-4-2-3　公司文件

债券投资委托代理协议

（甲方）投资人：贵州毕节奇伟服装有限公司
（乙方）代理人：华创证券有限责任公司毕节营业部

　　甲乙双方在充分信任的基础上，本着平等互利、友好合作的原则，经友好协商，自愿达成如下协议，以资共同遵照执行。

证券名称：招商安嘉债券（代码：016513）
期限：两年期
发行日期：2021 年 1 月 1 日
债券份额：300 份
债券价格：1 000 元
债券面值：300 000 元
票面年利率：5%
本息支付方式：半年付息一次，到期还本
成交金额：300 000 元
交易费用：1 800 元
实付金额：309 300 元

上列证券委托贵公司买入，请即依照贵公司代买证券规则办理。

甲方签章：　　　　　　　　　　　　　　乙方签章：
2022 年 01 月 01 日　　　　　　　　　　2022 年 01 月 01 日

图 2-4-2-4　债券投资委托代理协议

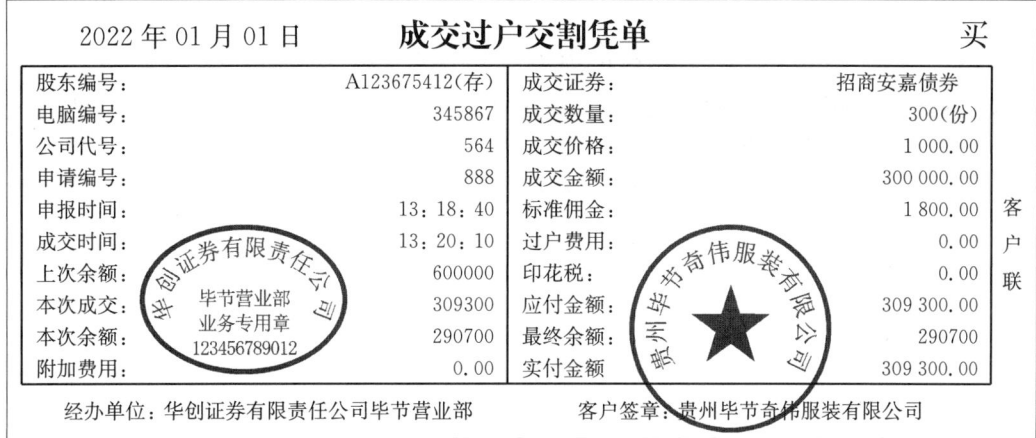

图 2-4-2-5 成交过户交割凭单

图 2-4-2-6 增值税普通发票

要求1：根据图2-4-2-3至图2-4-2-6，描述经济业务：_____

_____

要求2：审核原始凭证后填制记账凭证(通用记账凭证)。

【业务3】

贵州毕节奇伟服装有限公司文件

奇伟办(2022)字第 02 号

关于购入融通四季添利(代码：161614)债券的决议

经公司经理办公会会议决定,拟以200 000元的价格购入2022年1月1日发行的面值200 000元的三年期融通四季添利(代码：161614)债券作为债权投资。

参会人员：王红艳　李薇薇　黄柏川　杨子夏

2022年01月01日

图 2-4-2-7　公司文件

债券投资委托代理协议

(甲方)投资人：贵州毕节奇伟服装有限公司
(乙方)代理人：华创证券有限责任公司毕节营业部

  甲乙双方在充分信任的基础上，本着平等互利、友好合作的原则，经友好协商，自愿达成如下协议，以资共同遵照执行。

证券名称：融通四季添利债券(代码：161614)
期限：三年期
发行日期：2022年1月1日
债券份额：200份
债券价格：1 000元
债券面值：200 000元
票面年利率：6%
本息支付方式：按年计息，到期一次还本付息
成交金额：200 000元
交易费用：0元
实付金额：200 000元

  上列证券委托贵公司买入，请即依照贵公司代买证券规则办理。

甲方签章
2022年01月01日

乙方签章
2022年01月01日

图 2-4-2-8 债券投资代理协议

2022年01月01日	成交过户交割凭单		买	
股东编号：	A123675412(存)	成交证券：	融通四季添利债券	
电脑编号：	345867	成交数量：	200(份)	
公司代号：	564	成交价格：	1 000.00	
申请编号：	999	成交金额：	200 000.00	
申报时间：	15：12：30	标准佣金：	0	客
成交时间：	15：12：15	过户费用：	0	户
上次余额：	290700	印花税：	0	联
本次成交：	200000	应付金额：	200 000.00	
本次余额：	90700	最终余额：	90 700	
附加费用：	0	实付金额：	200 000.00	

经办单位：华创证券有限责任公司毕节营业部 客户签章：贵州毕节奇伟服装有限公司

图 2-4-2-9 成交过户交割凭单

要求1：根据图2-4-2-7至图2-4-2-9，描述经济业务：_____

_____

要求2：审核原始凭证后填制记账凭证（通用记账凭证）。

【业务4】

华创证券有限责任公司

毕节营业部客户债券利息存款凭条

[存款]

流水号：675432　　　　　　　　　　　　　　　2022年01月06日

户名：贵州毕节奇伟服装有限公司	资金账号：54007091	委托人签名：王红艳
存入金额：¥7 500	余额：¥98 200	（华创证券有限责任公司 毕节营业部 业务专用章 123456789012）
账户：A764770502	账号：0355750154	

操作员：吴亮　　复核员：陈晓

图2-4-2-10　客户债券利息存款凭条

要求1：根据图2-4-2-10，描述经济业务：_____

_____

要求2：审核原始凭证后填制记账凭证（通用记账凭证）。

【业务5】

债券投资利息收益计算表

2022年6月30日　　　　　　　　　　　　　　　　　单位：元

债券名称	票面要素					购买日期	购买成本	溢(折)价	本期摊销溢折	投资收益	其他
	发行日期	到期日期	票面价值	单复利率	偿还方式						
招商安嘉债券	2021年1月1日	2023年1月1日	300 000.00	5%	半年付息，到期还本	2022年1月1日	301 800.00	1 800.00		7 500.00	

审核：李薇薇　　　　　　　　　　　　　　　　　制单：杨付洋

图2-4-2-11　债券投资利息收益计算表

要求1：根据图2-4-2-11，描述经济业务：_____

要求2：审核原始凭证后填制记账凭证（通用记账凭证）。

【业务6】

债券投资利息收益计算表
2022年12月31日 　　　　　　　　　　　　　　　　　　单位：元

债券名称	票面要素					购买日期	购买成本	溢(折)价	本期摊销溢折	投资收益	其他
	发行日期	到期日期	票面价值	单复利率	偿还方式						
融通四季添利债券	2022年1月1日	2025年1月1日	200 000.00	6%	按年计息，到期一次还本付息	2022年1月1日	200 000.00			12 000.00	

审核：李薇薇　　　　　　　　　　　　　　　　　　制单：杨付洋

图2-4-2-12　债券投资利息收益计算表

要求1：根据图2-4-2-12，描述经济业务：_____

要求2：审核原始凭证后填制记账凭证（通用记账凭证）。

实训二　债权投资实训（会计语言凭证化）

贵州毕节奇伟服装有限公司2022年发生与债权投资有关的经济业务如下。

【业务1】

1月1日，公司通过工行网银转账划款550 000元到海通证券股份有限责任公司毕节营业部资金账户，以备用于投资。

要求1：列出该经济业务涉及的原始凭证：_____

要求2：填制空白原始凭证，如图2-4-2-13和图2-4-2-14所示。

要求3：审核所填制原始凭证后填制记账凭证（通用记账凭证）。

中国工商银行 网银回单 付款凭证

日期：　年　月　日　　回单编号：

付款人户名：　　　　　　　　　　　付款人开户行：
付款人账号(卡号)：
收款人户名：　　　　　　　　　　　收款人开户行：
收款人账号(卡号)：
金额：人民币　　　　　　　　　　　小写：
业务(产品)种类：　　凭证种类：　　凭证号码：
摘要：　　　　　　　用途：　　　　币种：
交易机构：　　记账柜员：　　交易代码：　　渠道：
附言：
支付交易序号：
报文种类：　　　　委托日期：　　　业务种类：
本回单为第　　次打印，注意重复　打印日期：　　打印柜员：　　验证码：

图 2-4-2-13　网银回单

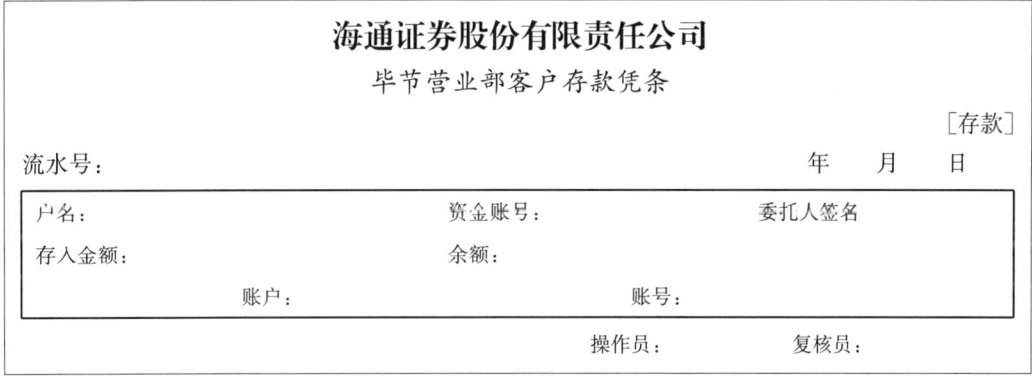

图 2-4-2-14　客户存款凭条

【业务 2】

1月1日，公司作出投资决议，以存入海通证券公司投资专款购入广发集中债券C(代码：002712)两年期债券 200 份，价格 1 250 元(发行日期：2021 年 1 月 1 日)，债券面值 250 000 元，票面年利率 5%，半年付息一次，到期还本；该债券作为债权投资，票面利率与实际利率相差很小。以投资专户款项支付价款 257 550 元，其中 6 250 元为已到付息期但尚未领取的利息，相关交易费用 1 300 元。

要求 1：列出该经济业务涉及的原始凭证：_____

_____

要求 2：填制空白原始凭证，如图 2-4-2-15 至图 2-4-2-18 所示。

要求 3：审核所填制原始凭证后填制记账凭证(通用记账凭证)。

贵州毕节奇伟服装有限公司文件
奇伟办（ 2022 ）字第　　号
年　　月　　日

图 2-4-2-15　公司文件

债券投资委托代理协议

(甲方)投资人：贵州毕节奇伟服装有限公司

(乙方)代理人：海通证券股份有限责任公司毕节营业部

　　甲乙双方在充分信任的基础上，本着平等互利、友好合作的原则，经友好协商，自愿达成如下协议，以资共同遵照执行。

证券名称：　　　　　　　期限：　　　　　　　　发行日期：
债券份额：　　　　　　　债券价格：　　　　　　债券面值：
票面年利率：　　　　　　本息支付方式：　　　　成交金额：
交易费用：　　　　　　　实付金额：

　　上列证券委托贵公司买入，请即依照贵公司代买证券规则办理。

甲方代表人：　　　　　　　　　　　　　　　　　乙方代表人：
　　年　　月　　日　　　　　　　　　　　　　　　年　　月　　日

图 2-4-2-16　债券投资委托代理协议

成交过户交割凭单　　　　　　　买

股东编号：	成交证券：	
电脑编号：	成交数量：	
公司代号：	成交价格：	
申请编号：	成交金额：	
申报时间：	标准佣金：	客
成交时间：	过户费用：	户
上次余额：	印花税：	联
本次成交：	应付金额：	
本次余额：	最终余额：	
附加费用：	实付金额：	

经办单位：　　　　　　　　　　　客户签章：

图 2-4-2-17　成交过户交割凭单

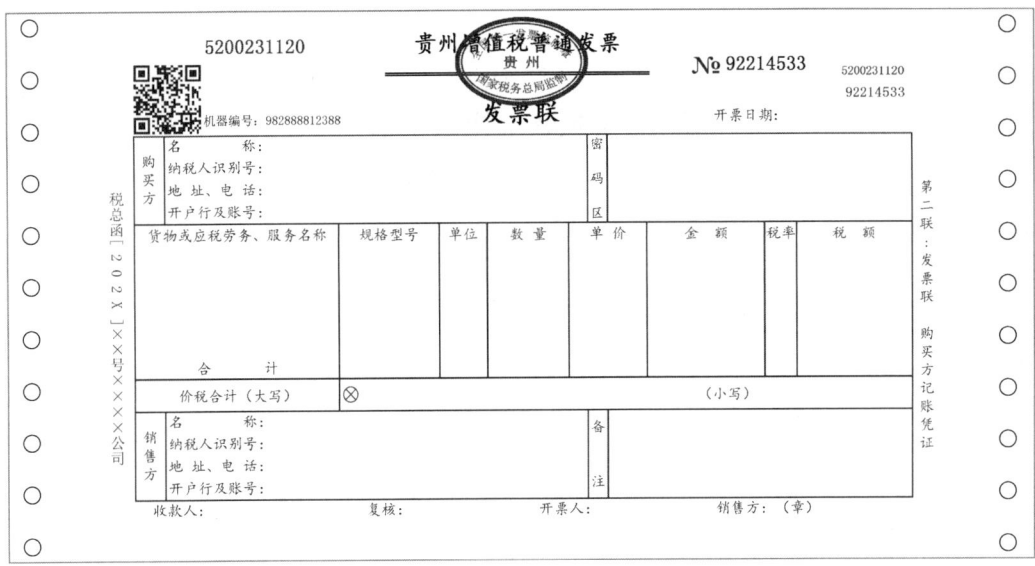

图 2-4-2-18　增值税普通发票

【业务3】

6月30日,公司计提广发集中债券C(代码:002712)半年期利息6 250元。

要求1:列出该经济业务涉及的原始凭证:_____

要求2:填制空白原始凭证,如图2-4-2-19所示。

要求3:审核所填制原始凭证后填制记账凭证(通用记账凭证)。

债券投资利息收益计算表

年　月　日　　　　　　　　　　　　　　　　　　　　　　单位:元

债券名称	票面要素					购买日期	购买成本	溢(折)价	本期摊销溢折	投资收益	其他
	发行日期	到期日期	票面价值	单复利率	偿还方式						

审核:李薇薇　　　　　　　　　　　　　　　　　　制单:杨付洋

图 2-4-2-19　债券投资利息收益计算表

【业务4】

7月5日,公司收到广发集中债券C上半年利息6 250元,利息转存证券公司存款专户。

要求1:列出该经济业务涉及的原始凭证:_____

要求2：填制空白原始凭证,如图2-4-2-20所示。

要求3：审核所填制原始凭证后填制记账凭证(通用记账凭证)。

海通证券股份有限责任公司

毕节营业部客户债券利息存款凭条

[存款]

流水号：			年　月　日
户名：	资金账号：	委托人签名	
存入金额：	余额：		
	账户：	账号：	
		操作员：	复核员：

图2-4-2-20　客户债券利息存款凭条

【业务5】

12月31日,公司计提广发集中债券C下半年利息6 250元。

要求1：列出该经济业务涉及的原始凭证：_____

要求2：填制空白原始凭证,如图2-4-2-21所示。

要求3：审核所填制原始凭证后填制记账凭证(通用记账凭证)。

债券投资利息收益计算表

年　月　日　　　　　　　　　　　　　　　　　单位：元

债券名称	票面要素					购买日期	购买成本	溢(折)价	本期摊销溢折	投资收益	其他
	发行日期	到期日期	票面价值	单复利率	偿还方式						

审核：李薇薇　　　　　　　　　　　　　　　　　　　　　制单：杨付洋

图2-4-2-21　债券投资利息收益计算表

【业务6】

12月31日,公司收到广发集中债券C本金250 000元及下半年利息6 250元,款项转存证券公司存款专户。

要求1：列出该经济业务涉及的原始凭证：_____

要求2：填制空白原始凭证,如图2-4-2-22和图2-4-2-23所示。

要求3：审核所填制原始凭证后填制记账凭证（通用记账凭证）。

海通证券股份有限责任公司
毕节营业部客户债券利息存款凭条

［存款］

流水号：　　　　　　　　　　　　　　　　　年　　月　　日

户名：	资金账号：	委托人签名
存入金额：	余额：	
账户：	账号：	
	操作员：	复核员：

图 2-4-2-22　客户债券利息存款凭条

海通证券股份有限责任公司
毕节营业部客户存款凭条

［存款］

流水号：　　　　　　　　　　　　　　　　　年　　月　　日

户名：	资金账号：	委托人签名
存入金额：	余额：	
账户：	账号：	
	操作员：	复核员：

图 2-4-2-23　客户存款凭条

模块五　固定资产

任务一　固定资产取得

学习指引

请扫描二维码,认真查看固定资产业务相关知识,了解固定资产业务的业务流程,固定资产入账价值的确定等,为实习实训作好理论准备。

固定资产的业务流程

固定资产入账价值的确定

实训目的

（1）知识目标：了解固定资产的明细核算,掌握固定资产增加的账务处理。

（2）技能目标：能根据固定资产取得的相关原始凭证,进行经济业务分析判断,描述出发生的具体经济业务的内容；能根据固定资产取得具体经济业务描述,列出所涉及的原始凭证并填制相关空白原始凭证；能审核固定资产取得的相关原始凭证的合法性、真实性和完整性等,进行正确的会计确认、计量,然后据以填制记账凭证。

（3）素养目标：培养学生举一反三的能力；培养学生独立思考、分析问题的能力以及不怕困难的精神。

思政案例（固定资产）

实训一　固定资产取得核算实训（会计凭证语言化）

贵州毕节奇伟服装有限公司 2022 年 7 月发生的与固定资产有关的经济业务如图 2-5-1-1 至图 2-5-1-23 所示。

【业务1】

贵州毕节奇伟服装有限公司　付款申请单						
申请部门：供应部					2022 年　07 月　10 日	
摘　　要	支付购进变压器款			合同编号	55108583	
合同金额	肆万伍仟贰佰元整			已付金额		
付款金额	人民币（大写）肆万伍仟贰佰元整				￥45 200.00	
付款方式	□现金　　　　□转账支票　　　□银行汇票　　　□银行承兑汇票 ☑网银转账　　□电汇　　　　□银行本票　　　□其他				用款日期	2022-07-10
收款单位	南方电网毕节供电有限责任公司			领款人	周祖明	
总经理：王红艳		财务部经理：李薇薇		部门经理：杨子夏		经办人：王子涵

图 2-5-1-1　付款申请单

图 2-5-1-2　增值税专用发票

图 2-5-1-3　网银回单

贵州毕节奇伟服装有限公司
物料验收单

厂商名称：南方电网毕节供电有限责任公司							日期：2022年07月10日		
	订单号码	物料名称	交货数量	实收数量	单位	抽样检验数量	抽样率	验收合格率	备注
收料	55208583	变压器	1	1	台	1	100%	100%	交付安装
检验	检验标准 检验项目						IQC ☑ □ 不合格处理	判定 合 格 不合格 □退货 □选别 □加工 □特采 □其他	
	1								
	2								
	3								
	4								
	5								
	6								
	7						品管部	工程部	
	8								
备注：				收料员 李子涵	检验员 王可	品保主管 李红杰	仓管员 袁吉	采购 杨子夏	

第四联：会计联

图 2-5-1-4 物料验收单

要求1：根据图 2-5-1-1 至图 2-5-1-4，描述经济业务：_____

要求2：审核原始凭证后填制记账凭证（通用记账凭证）。

【业务2】

贵州毕节奇伟服装有限公司　付款申请单

申请部门：供应部					2022 年 07 月 12 日	
摘　要	支付购进变压器安装材料款				合同编号	22826367
合同金额	肆仟伍佰贰拾元整				已付金额	
付款金额	人民币（大写）肆仟伍佰贰拾元整				￥4 520.00	
付款方式	□现金 ☑网银转账	□转账支票 □电汇	□银行汇票 □银行本票	□银行承兑汇票 □其他	用款日期	2022-07-12
收款单位	贵州毕节电力工程公司				领款人	郭建
总经理：王红艳		财务部经理：李薇薇		部门经理：杨子夏	经办人：王子涵	

图 2-5-1-5 付款申请单

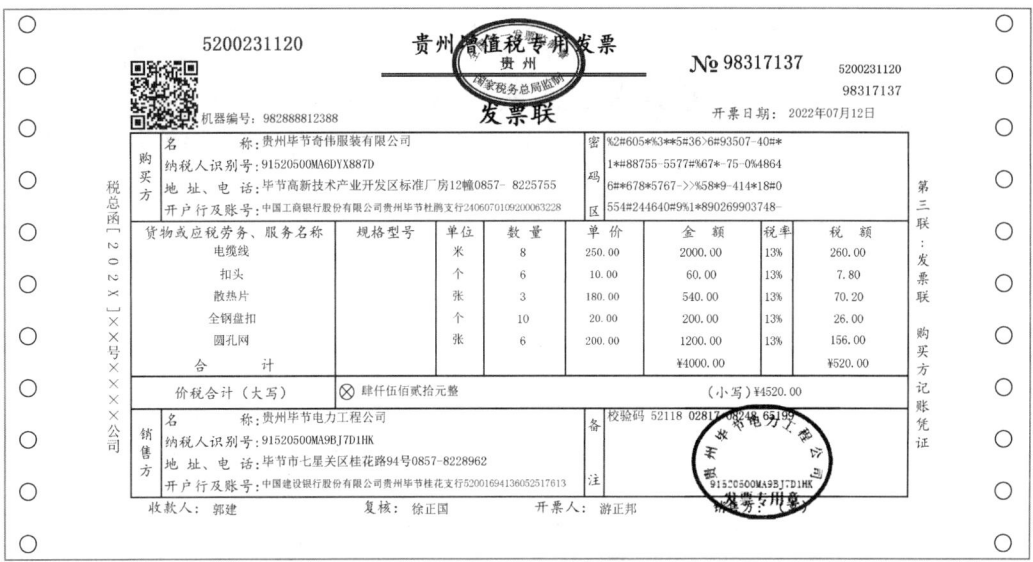

图 2-5-1-6 增值税专用发票

贵州毕节奇伟服装有限公司
物料验收单

厂商名称：贵州毕节电力工程公司							日期：2022年07月12日			
	订单号码	物料名称	交货数量	实收数量	单位	抽样检验数量	抽样率	验收合格率	备注	
收料	22826367	电缆线	8	8	米	1	12.5%	100%		
	22826367	扣头	6	6	个	1	16.67%	100%		
	22826367	散热片	3	3	张	1	33.3%	100%		
	22826367	全钢盘扣	10	10	个	1	10%	100%		
	22826367	圆孔网	6	6	张	1	16.67%	100%		
检验	检验标准 检验项目						IQC ☑ □	判定 合格 不合格		
	1									
	2					不合格处理		□ 退货 □ 选别 □ 加工 □ 特采 □ 其他		
	3									
	4									
	5									
	6									
	7						品管部	工程部		
	8									
备注：					收料员 李子涵	检验员 王可	品保主管 李红杰	仓管员 袁吉	采购 杨子夏	

图 2-5-1-7 物料验收单

付 款 凭 证

中国工商银行 网银回单

日期：2022 年 07 月 12 日　　回单编号：4462

付款人户名：贵州毕节奇伟服装有限公司　　付款人开户行：中国工商银行股份有限公司贵州毕节杜鹃支行
付款人账号（卡号）：2406070109200063228
收款人户名：贵州毕节电力工程公司　　收款人开户行：中国建设银行股份有限公司贵州毕节桂花支行
收款人账号（卡号）：52001694136052517613
金额：人民币肆仟伍佰贰拾元整　　小写：¥4 520.00
业务（产品）种类：　　凭证种类：　　凭证号码：
摘要：付变压器安装材料费　　用途：付变压器安装材料费　　币种：人民币
交易机构：　　记账柜员：　　交易代码：　　渠道：
附言：
支付交易序号：
报文种类：　　委托日期：　　业务种类：

本回单为第 1 次打印，注意重复　　打印日期：2022.07.12　　打印柜员：

图 2-5-1-8　网银回单

领 料 单

领用部门：供应部
仓库：01　　2022 年 07 月 12 日　　编号：243

编号	类别	材料名称	规格	单位	数量		实际成本	
					请领	实发	单价	金额
1		电缆线		米	8	8	250.00	2 000.00
2		扣头		个	6	6	10.00	60.00
3		散热片		张	3	3	180.00	540.00
4		全钢盘扣		个	10	10	20.00	200.00
5		圆孔网		张	6	6	200.00	1 200.00
用途	安装变压器			领料部门		发料部门		
				负责人	领料人	核准人	发料人	
				王子轩	李梓涵	周金华	李梓涵	

第三联 记账联

图 2-5-1-9　领料单

要求1：根据图 2-5-1-5 至图 2-5-1-9，描述经济业务：_____

要求2：审核原始凭证后填制记账凭证（通用记账凭证）。

【业务3】

贵州毕节奇伟服装有限公司 付款申请单

申请部门：供应部　　　　　　　　　　　　　　　　　　　　　　　2022 年 07 月 15 日

摘　　要	支付购进轿车款				合同编号	71275271
合同金额	贰拾柒万壹仟贰佰元整				已付金额	
付款金额	人民币（大写）贰拾柒万壹仟贰佰元整				¥271 200.00	
付款方式	☐ 现金　☐ 转账支票　☐ 银行汇票　☐ 银行承兑汇票 ☑ 网银转账　☐ 电汇　☐ 银行本票　☐ 其他				用款日期	2022-07-15
收款单位	贵州毕节四禾汽车贸易有限责任公司				领款人	康研
总经理：王红艳		财务部经理：李薇薇		部门经理：杨子夏		经办人：王子涵

图 2-5-1-10　付款申请单

机动车销售统一发票

发票代码：172328020315
发票号码：02276828

开票日期：2022-07-15

机打代码	172328020315	税控码	70#*72655>68#*>*3-823390*45% 824682->65*82*>002#7*04171** 5#67-9479-957#*0*%8688%>1419 9>#%125*0)2%02G0023#1024##02
机打号码	02276828		
机器编号	440900095421		
购买方名称及身份证号码/组织机构代码	贵州毕节奇伟服装有限公司91520500MA6DYX887D	纳税人识别号	91520500MA6DYX887D
车辆类型	*机动车*轿车	厂牌型号	上汽大众 途昂X	产地	浙江宁波
合格证号	VBG2X1130026815	进口证明书号		商检单号	
发动机号码	130211569	车辆识别代号/车架号码	LSGFC54UXDP088434
价税合计	⊗ 贰拾柒万壹仟贰佰元整		小写	¥271 200.00
销货单位名称	贵州毕节四禾汽车贸易有限责任公司	电话	0857-82218998
纳税人识别号	91520500MA6KH5H7JK	账号	5200169413605252221
地址	毕节市七星关区桂花路118号	开户银行	中国建设银行股份有限公司贵州毕节桂花支行
增值税征收率		增值税税额	31 200.00	主管税务机关及代码	国家税务总局毕节市税务局
合计税价		240 000.00	完税凭证号码		吨位	限乘人数
销货单位盖章		开票人　刘力远			备注	

第一联：发票联（购货单位付款凭证）

图 2-5-1-11　机动车销售统一发票

固定资产验收单

公司名称：贵州毕节奇伟服装有限公司

资产编号	0007	资产名称	轿车		
规格（编号）	上汽大众途昂X	资产代码		管理人	黄柏川
计量单位	辆	单价(元)	¥240 000.00	金额(元)	¥264 000.00
出厂日期	2022 年 07 月 06 日	购置日期	2022 年 07 月 15 日		
生产厂家	上海大众汽车有限公司	安装地点	毕节高新技术产业开发区标准厂房12幢		
附件情况					

固定资产验收情况说明：
验收合格

验收确认：
合格

验收日期： 2022 年 07 月 15 日

管理部门负责人签字： 黄柏川
公司总经理签字： 王红艳

注：此表一式三份，使用部门、保管部门、财务部门各一份。

图 2-5-1-12 固定资产验收单

中国工商银行 网银回单　付款凭证

日期： 2022 年 07 月 15 日　　回单编号：6698

付款人户名： 贵州毕节奇伟服装有限公司　　付款人开户行：中国工商银行股份有限公司贵州毕节杜鹃支行
付款人账号（卡号）：2406070109200063228
收款人户名： 贵州毕节四禾汽车贸易有限责任公司　　收款人开户行：中国建设银行股份有限公司贵州毕节桂花支行
收款人账号（卡号）：5200169413605252221
金额： 人民币贰拾柒万壹仟贰佰元整　　　　　　　小写：¥271 200.00
业务（产品）种类：　　　　凭证种类：　　　　凭证号码：
摘要： 付购买汽车款　　用途：付购买汽车款　　币种：人民币
交易机构：　　记账柜员：　　交易代码：　　渠道：
附言：
支付交易序号：
报文种类：　　委托日期：　　业务种类：

本回单为第 1 次打印，注意重复　　打印日期：2022.07.15　　打印柜员：

图 2-5-1-13 网银回单

贵州毕节奇伟服装有限公司 付款申请单

申请部门：财务部				2022 年 07 月 15 日	
摘 要	支付车辆购置税			合同编号	74765681
合同金额	贰万肆仟元整			已付金额	
付款金额	人民币（大写）贰万肆仟元整			￥24 000.00	
付款方式	□现金 ☑网银转账	□转账支票 □电汇	□银行汇票 □银行本票	□银行承兑汇票 □其他	用款日期 2022-07-15
收款单位	国家税务总局毕节市七星关区税务局			领款人	
总经理：王红艳	财务部经理：李薇薇		部门经理：李薇薇		经办人：林艳艳

图 2-5-1-14 付款申请单

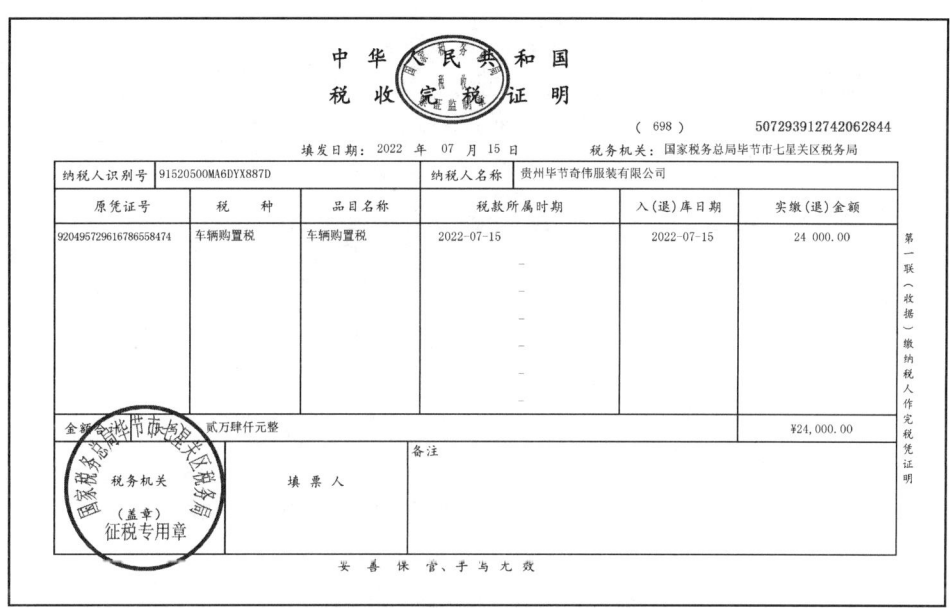

图 2-5-1-15 完税凭证

图 2-5-1-16 网银回单

贵州毕节奇伟服装有限公司 付款申请单

申请部门：供应部　　　　　　　　　　　　　　　　　　　　2022 年 07 月 15 日

摘　　要	支付车辆保险费		合同编号	42606399
合同金额	柒仟肆佰贰拾元整		已付金额	
付款金额	人民币（大写）柒仟肆佰贰拾元整			￥7 420.00
付款方式	□现金　☑转账支票　□银行汇票　□银行承兑汇票 □网银转账　□电汇　□银行本票　□其他		用款日期	2022-07-15
收款单位	毕节财产保险股份有限公司		领款人	刘怡
总经理：王红艳	财务部经理：李薇薇	部门经理：杨子夏		经办人：王子涵

图 2-5-1-17　付款申请单

图 2-5-1-18　增值税专用发票

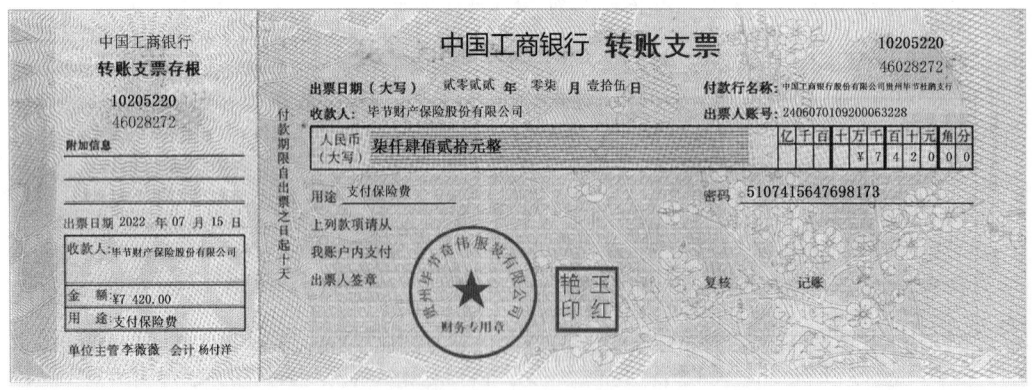

图 2-5-1-19　转账支票

要求1：根据图 2-5-1-10 至图 2-5-1-19，描述经济业务：_____

要求2：审核原始凭证后填制记账凭证（通用记账凭证）。

【业务4】

贵州毕节奇伟服装有限公司 付款申请单

2022 年 07 月 20 日

申请部门：供应部			
摘 要	支付变压器安装工程款	合同编号	63453384
合同金额	捌仟柒佰贰拾元整	已付金额	
付款金额	人民币（大写）捌仟柒佰贰拾元整		￥8 720.00
付款方式	☐现金 ☑转账支票 ☐银行汇票 ☐银行承兑汇票 ☐网银转账 ☐电汇 ☐银行本票 ☐其他	用款日期	2022-07-20
收款单位	贵州毕节电力工程公司	领款人	郭建
总经理：王红艳	财务部经理：李薇薇	部门经理：杨子夏	经办人：王子涵

图 2-5-1-20 付款申请单

图 2-5-1-21 增值税专用发票

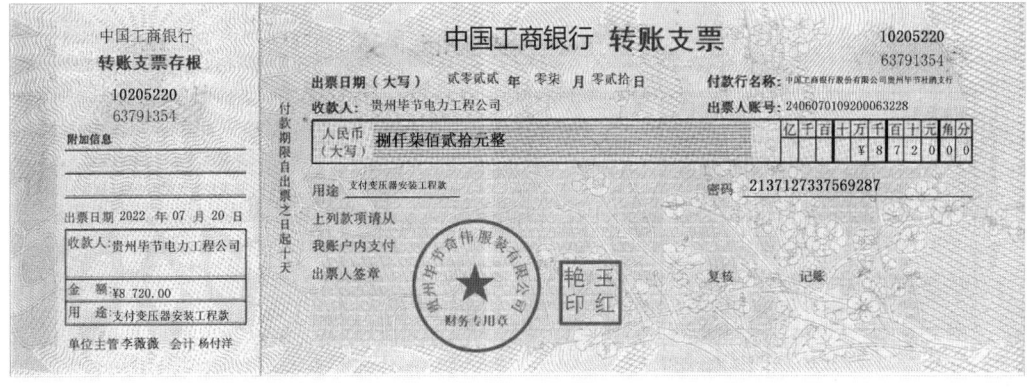

图 2-5-1-22 转账支票

要求1：根据图2-5-1-20至图2-5-1-22,描述经济业务：_____

要求2：审核原始凭证后填制记账凭证(通用记账凭证)。

【业务5】

固定资产验收单

2022 年 07 月 22 日　　　　　　　　　　　　　　　编号：0006

名称	规格型号	来源	数量	购(造)价	使用年限	预计残值
变压器		外购	1	40 000.00	10	2 600.00
安装费	月折旧率	建造单位		交工日期	附件	
12 000.00	0.79%	贵州毕节电力工程公司		2022 年 07 月 22 日		
验收部门	供应部	验收人员	杨子夏	管理部门	行政部	管理人员	黄柏川
备注						

审核：李薇薇　　　制单：杨付洋

图 2-5-1-23　固定资产验收单

要求1：根据图2-5-1-23固定资产验收单,描述经济业务：_____

要求2：审核原始凭证后填制记账凭证(通用记账凭证)。

实训二　固定资产取得核算实训(会计语言凭证化)

贵州毕节奇伟服装有限公司2022年7月与固定资产增加相关的经济业务如下。

【业务1】

10日,向贵阳通达服装设备有限责任公司购进智能缝纫机4台,单价35 000元,总价140 000元,增值税18 200元,款项通过申请银行汇票支付；另委托贵州毕节佰悦运输有限公司运输该批缝纫机,运费5 000元,增值税450元,运费以转账支票付讫；缝纫机直接交付安装。

要求1：列出该经济业务涉及的原始凭证：_____

要求2：填制空白原始凭证,如图2-5-1-24至图2-5-1-31所示。

要求3：审核原始凭证后填制记账凭证(通用记账凭证)。

_____ 付款申请单

申请部门：				年 月 日
摘　要			合同编号	
合同金额			已付金额	
付款金额	人民币（大写）			￥
付款方式	☐现金　☐转账支票　☐银行汇票　☐银行承兑汇票 ☐网银转账　☐电汇　☐银行本票　☐其他		用款日期	
收款单位			领款人	
总经理：	财务部经理：	部门经理：		经办人：

图 2-5-1-24　付款申请单

贵州增值税专用发票

5200231120　　No 69680311　　5200231120 / 69680311

机器编号：982888812388　　　　　发票联　　　　开票日期：

购买方	名　称：
	纳税人识别号：
	地址、电话：
	开户行及账号：

货物或应税劳务、服务名称	规格型号	单位	数量	单价	金额	税率	税额
合　计							

价税合计（大写）　⊗　　　　　（小写）

销售方	名　称：
	纳税人识别号：
	地址、电话：
	开户行及账号：

收款人：　　复核：　　开票人：　　销售方：（章）

税总函[202X]××号×××公司

第三联：发票联　购买方记账凭证

图 2-5-1-25　增值税专用发票

中国工商银行　汇票申请书

申请日期：　年　月　日　　　第　号

申请人		收款人	
账号或地址		账号或住址	
用途		代理付款行	
汇款金额	人民币 （大写）	亿千百十万千百十元角分	

上列款项请从我账号内支付。　　科目 _____
　　　　　　　　　　　　　　　　对方科目 _____

申请人签章　　财务主管　　复核　　经办

此联汇款人留存

图 2-5-1-26　汇票申请书

中国工商银行
银 行 汇 票

10205210
39415608
2

出票日期（大写）：　　年　月　日
代理付款行：　　　　行号：

收款人：
出票金额（大写）：人民币
实际结算金额（大写）：人民币　　亿千百十万千百十元角分

申请人：
出票行：　　　行号：
备注：
凭票付款
出票人签章

账号：
密押：
多余金额　千百十万千百十元角分
复核：　　记账：

提示付款期限自出票之日起壹个月

此联代理付款行付款后作联行往账借方凭证附件

图 2-5-1-27　银行汇票

贵州毕节奇伟服装有限公司
物料验收单

厂商名称：　　　　日期：　　年　月　日

	订单号码	物料名称	交货数量	实收数量	单位	抽样检验数量	抽样率	验收合格率	备注
收料									

	检验标准 检验项目					IQC	判定
检验	1					□	合格
	2					□	不合格
	3				不合格处理	□ 退货
	4					□ 选别
	5					□ 加工
	6					□ 特采
	7				品管部	工程部	□ 其他
	8						

备注：　　收料员　检验员　品保主管　仓管员　采购

第四联：会计联

图 2-5-1-28　物料验收单

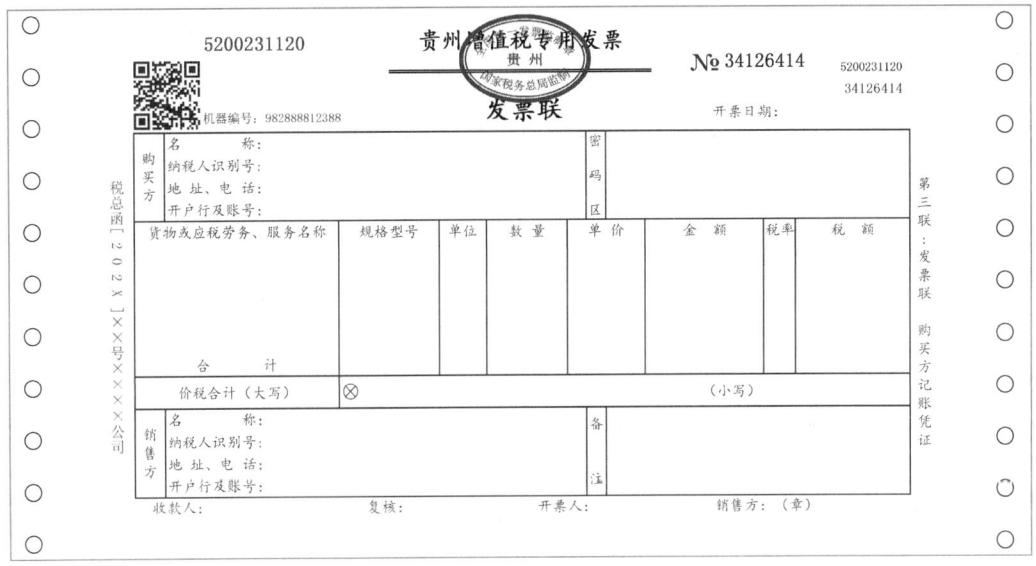

图 2-5-1-29 付款申请单

图 2-5-1-30 增值税专用发票

图 2-5-1-31 转账支票

【业务 2】

12 日,向毕节聚源机器配件有限公司购进缝纫机安装配件一批(螺丝钉 20 套,单价 50 元;减震器 20 套,单价 150 元),买价 4 000 元,增值税 520 元,全部款项签发转账支票付讫,配件交付缝纫机安装工程使用。

要求 1:列出该经济业务涉及的原始凭证:_____

_____

要求 2:填制空白原始凭证,如图 2-5-1-32 至图 2-5-1-36 所示。

要求 3:审核原始凭证后填制记账凭证(通用记账凭证)。

图 2-5-1-32　付款申请单

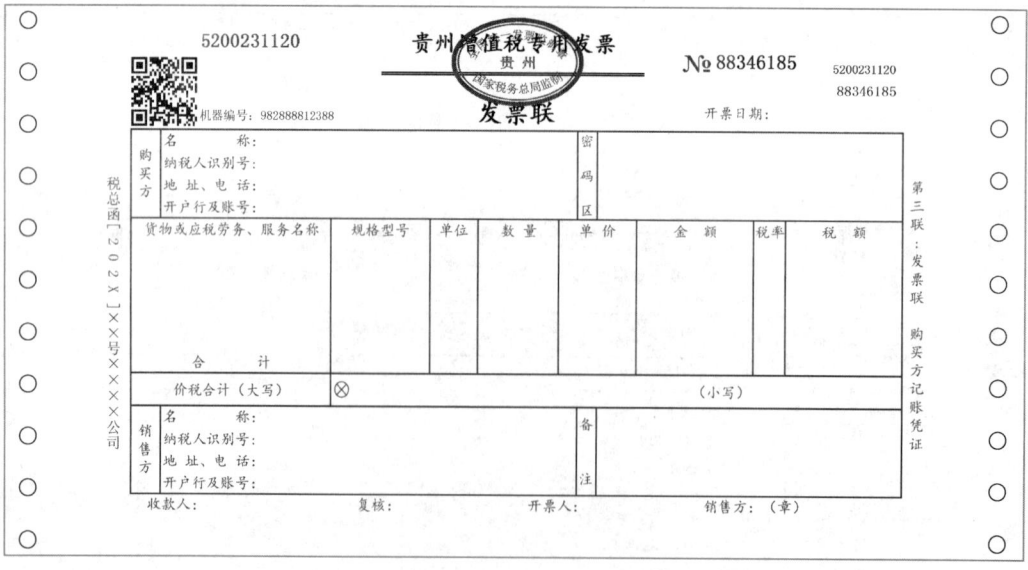

图 2-5-1-33　增值税专用发票

贵州毕节奇伟服装有限公司
物料验收单

厂商名称：				日期：		年 月 日			
收料	订单号码	物料名称	交货数量	实收数量	单位	抽样检验数量	抽样率	验收合格率	备注
检验	检验标准 检验项目					IQC □ □ 不合格处理		判定 □合格 □不合格 □退货 □选别 □加工 □特采 □其他	
	1								
	2								
	3								
	4								
	5								
	6								
	7					品管部		工程部	
	8								
备注：				收料员	检验员	品保主管	仓管员	采购	

第四联：会计联

图 2-5-1-34 物料验收单

图 2-5-1-35 转账支票

领 料 单

领料部门：　　　　　　　　　　　　　　　　　　金额单位：元
用　途：　　　　　　　　　年 月 日　　　　　编号：243

材料编号	材料名称	规格	计量单位	数量		成本	
				请领	实发	单价	金额
合　计							

主管：　　　　记账：　　　　仓管主管：　　　　领料：　　　　发料：

第二联 记账联

图 2-5-1-36 领料单

【业务 3】

18 日，向贵州毕节诚信机器安装有限责任公司支付缝纫机安装工程款 10 900 元（其中：安装费 10 000 元，增值税 900 元），签发转账支票付讫。

要求 1：列出该经济业务涉及的原始凭证：________________________________

____

要求 2：填制空白原始凭证，如图 2-5-1-37 至图 2-5-1-39 所示。

要求 3：审核原始凭证后填制记账凭证（通用记账凭证）。

________________付款申请单

申请部门：　　　　　　　　　　　　　　　　　年　　月　　日

摘　　要		合同编号	
合同金额		已付金额	
付款金额	人民币（大写）　　　　　　　　　　¥		
付款方式	☐ 现金　☐ 转账支票　☐ 银行汇票　☐ 银行承兑汇票 ☐ 网银转账　☐ 电汇　☐ 银行本票　☐ 其他	用款日期	
收款单位		领款人	

总经理：　　　　财务部经理：　　　　部门经理：　　　　经办人：

图 2-5-1-37　付款申请单

5200231120　　　　**贵州增值税专用发票**　　　　№ 55968320　　5200231120 55968320

发票联

机器编号：982888812388　　　　开票日期：

税总函［202X］××号×××公司

购买方	名　　称： 纳税人识别号： 地 址、电 话： 开户行及账号：			密码区			
货物或应税劳务、服务名称	规格型号	单位	数 量	单 价	金　额	税率	税　额
合　　计							
价税合计（大写）	⊗				（小写）		
销售方	名　　称： 纳税人识别号： 地 址、电 话： 开户行及账号：			备注			

收款人：　　　　复核：　　　　开票人：　　　　销售方：（章）

第三联：发票联　购买方记账凭证

图 2-5-1-38　增值税专用发票

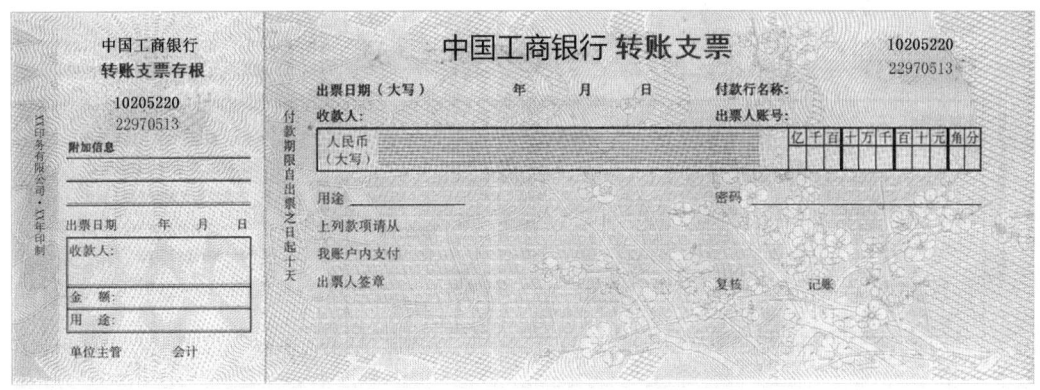

图 2-5-1-39　转账支票

【业务 4】

20 日，缝纫机安装工程完工，缝纫机交付使用（固定资产卡片信息：使用年限 5 年，预计净残值 7 950 元，月折旧率 1.58%）。

要求 1：列出该经济业务涉及的原始凭证：_____

_____

要求 2：填制空白原始凭证，如图 2-5-1-40 所示。

要求 3：审核原始凭证后填制记账凭证（通用记账凭证）。

固定资产验收单

年　月　日　　　　编号：

名称	规格型号	来源	数量	购（造）价	使用年限	预计残值
安装费	月折旧率	建造单位		交工日期	附件	
验收部门	验收人员		管理部门		管理人员	
备注						

审核：　　　　　　制单：

图 2-5-1-40　固定资产验收单

任务二　固定资产发生后续支出及折旧

请扫描二维码，认真查看固定资产业务相关知识，了解固定资产的折旧范围、折旧方法、固定资产折旧的账务处理等，为实习实训作好理论准备。

固定资产的折旧范围　　固定资产的折旧方法　　固定资产折旧的账务处理

（1）知识目标：熟悉影响固定资产折旧的五大因素；掌握固定资产折旧的计提范围、折旧方法以及计算过程和账务处理；掌握固定资产后续支出内容费用化或资本化的账务处理。

（2）技能目标：能根据固定资产后续支出的相关原始凭证，进行经济业务分析判断，描述出发生的具体经济业务的内容；能根据固定资产后续支出经济业务的具体描述，列出所涉及的原始凭证，并填制相关空白原始凭证；能审核固定资产后续支出等相关原始凭证的真实性、合法性和完整性等，进行正确的会计确认、计量，然后据以填制记账凭证。

（3）素养目标：培养学生认真、细心、严谨、诚信的工作作风。

实训一　固定资产后续支出及折旧核算实训（会计凭证语言化）

贵州毕节奇伟服装有限公司 2022 年 8 月发生的与固定资产有关的经济业务如图 2-5-2-1 至图 2-5-2-11 所示。

【业务 1】

缝纫机维修明细清单

维修内容	维修费用（元）	备注
梭子	3 000.00	
照明灯	560.00	
断针	40.00	
大螺丝刀	780.00	
润滑油	50.00	
油壶	90.00	
合计	4 520.00	
维修公司：贵州毕节机器维修服务有限公司	维修人员：韩红	维修日期：2022 年 8 月 15 日

图 2-5-2-1　缝纫机维修明细清单

贵州毕节奇伟服装有限公司 付款申请单

申请部门：生产部				2022 年 08 月 15 日	
摘要	付缝纫机维修费			合同编号	87885524
合同金额	肆仟伍佰贰拾元整			已付金额	
付款金额	人民币（大写）肆仟伍佰贰拾元整				￥4 520.00
付款方式	□现金 ☑网银转账	□转账支票 □电汇	□银行汇票 □银行本票	□银行承兑汇票 □其他	用款日期 2022-08-15
收款单位	贵州毕节机器维修服务有限公司			领款人	
总经理：王红艳		财务部经理：李薇薇		部门经理：王子轩	经办人：黄军

图 2-5-2-2 付款申请单

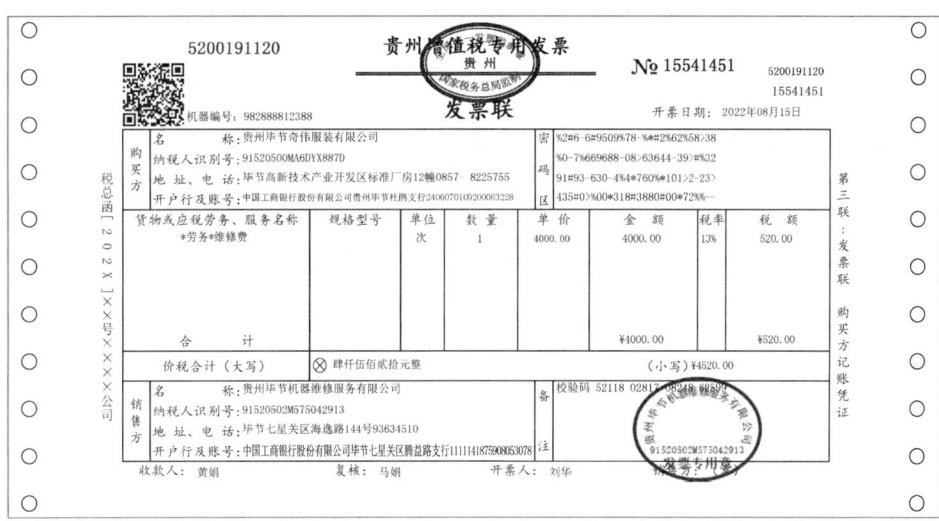

图 2-5-2-3 增值税专用发票

图 2-5-2-4 网银回单

要求1：根据图2-5-2-1至图2-5-2-4，描述经济业务：_____

要求2：审核原始凭证后填制记账凭证（通用记账凭证）。

【业务2】

车辆维修保养审批单

经办人：李林　　　　　　　　　　　　　　　　填单日期：2022 年 08 月 18 日

类　别	☑维修　○保养	车牌号码	贵F·95ZZ27
故障情况说明	轮胎损坏		
维修保养内容	更换4个轮胎		
经费预算	2 500.00元		
部门（科室）负责人意见	情况属实，同意更换。　　　　　部门（科室）负责人：黄柏川　　　　　　　　　　　　　　　　　　　日期：2022年8月18日		
单位负责人意见	同意更换。　　　　　　　　　　　　　　　　　　单位负责人：王红艳　　　　　　　　　　　　　　　　　　　日期：2022年8月18日		

图 2-5-2-5　车辆维修保养审批单

车辆维修清单

车牌号码：	贵F·95ZZ27	车辆品牌：	上汽大众途昂X
车辆型号：	2022款 530 V6 四驱 尊崇旗舰版	发动机号：	DPK
车架号：	DPK	行驶里程：	500km
车辆年款：	2022款	购买时间：	2022年07月15日
项目名称：	补胎		

配件编号	零部件更换项目	数量	单价	价格	签字
01	轮胎	4	621.50	2 486.00	谢兵

图 2-5-2-6　车辆维修清单

贵州毕节奇伟服装有限公司 付款申请单

2022 年 08 月 18 日

申请部门：	行政部				
摘　要	付轿车维修费			合同编号	64727744
合同金额	贰仟肆佰捌拾陆元整			已付金额	
付款金额	人民币（大写）贰仟肆佰捌拾陆元整			￥2 486.00	
付款方式	□现金　☑转账支票　□银行汇票　□银行承兑汇票 □网银转账　□电汇　□银行本票　□其他			用款日期	2022-08-18
收款单位	贵州毕节四禾汽车修理有限责任公司			领款人	
总经理：王红艳		财务部经理：李薇薇	部门经理：黄柏川		经办人：李平

图 2-5-2-7　付款申请单

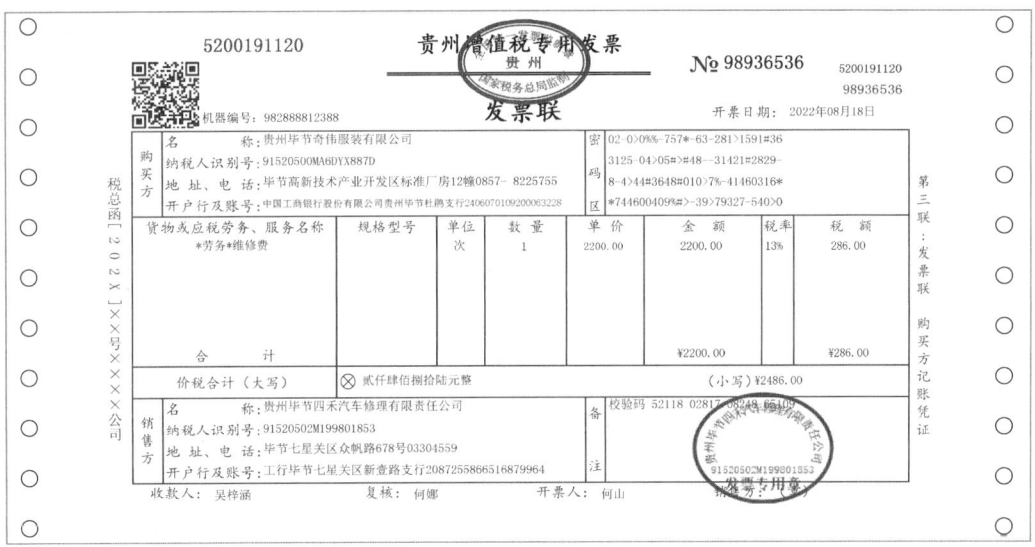

图 2-5-2-8　增值税专用发票

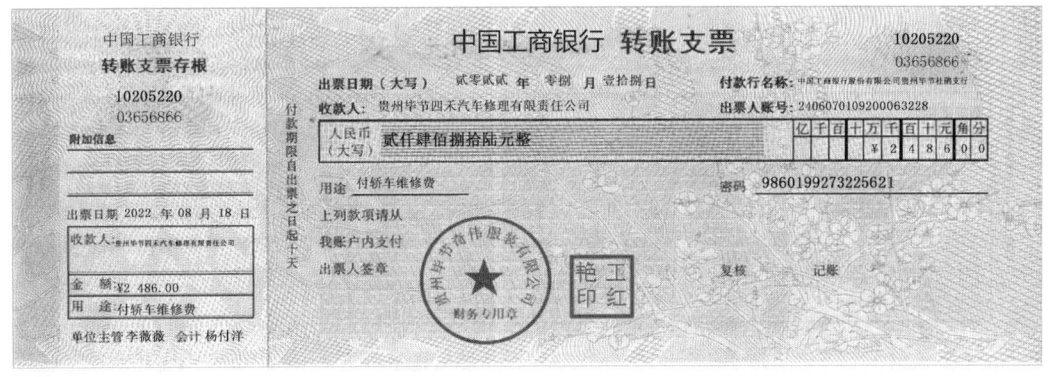

图 2-5-2-9　转账支票

要求1：根据图 2-5-2-5 至图 2-5-2-9，描述经济业务：_____

要求2：审核原始凭证后填制记账凭证（通用记账凭证）。

【业务3】

固定资产折旧明细表

2022 年 08 月 31 日   金额单位：

类别	部门	资产名称	原值	使用年限(年)	残值率	净残值	年折旧率	年折旧额	月折旧额
工具	生产部	缝纫机	206 000.00	5	5.0%	10 300.00	19.0%	39 140.00	3 261.67
机器设备	生产部	变压器	52 000.00	10	3.0%	1 560.00	9.7%	5 044.00	420.33
运输工具	行政部	轿车	264 000.00	4	6.0%	15 840.00	23.5%	62 040.00	5 170.00
电子设备	行政部	计算机	45 000.00	3	1.0%	450.00	33.0%	14 850.00	1 237.50
合计	—	—	567 000.00			28 150.00	—	121 074.00	10 089.50

审核：李薇薇   制表：杨付洋

图 2-5-2-10 固定资产折旧明细表

固定资产折旧汇总表

2022 年 08 月 31 日   金额单位：元

使用部门	类别	原值	月折旧率或单位折旧	折旧额
生产部	工具	206 000.00	1.58%	3 261.67
生产部	机械设备	52 000.00	0.81%	420.33
行政部	运输工具	264 000.00	1.96%	5 170.00
行政部	电子设备	45 000.00	2.75%	1 237.50
合计		567 000.00		10 089.50

审核：李薇薇   制表：杨付洋

图 2-5-2-11 固定资产折旧汇总表

要求1：根据图 2-5-2-10 和图 2-5-2-11，描述经济业务：_____

要求2：审核原始凭证后填制记账凭证（通用记账凭证）。

实训二　固定资产后续支出及折旧核算实训(会计语言凭证化)

贵州毕节奇伟服装有限公司 2022 年 8 月发生与固定资产后续支出和折旧有关的经济业务如下。

【业务 1】

15 日,向毕节智能机器修理有限责任公司支付车间缝纫机维修费 6 780 元(其中:修理费 6 000 元,增值税 780 元),款项通过网银支付。

要求 1:列出该经济业务涉及的原始凭证:＿＿＿＿＿＿＿＿＿＿＿＿＿＿＿＿＿＿＿＿

＿＿＿＿＿＿＿＿＿＿＿＿＿＿＿＿＿＿＿＿＿＿＿＿＿＿＿＿＿＿＿＿＿＿＿＿＿＿＿

要求 2:填制空白原始凭证,如图 2-5-2-12 至图 2-5-2-15 所示。

要求 3:审核所填制的原始凭证后填制记账凭证。

维修明细清单

维修内容	维修费用(元)	备注

图 2-5-2-12　维修明细清单

＿＿＿＿＿＿付款申请单

申请部门:　　　　　　　　　　　　　　　　　　　　　　　　年　　月　　日

摘　要		合同编号	
合同金额		已付金额	
付款金额	人民币(大写)	¥	
付款方式	□现金　□转账支票　□银行汇票　□银行承兑汇票 □网银转账　□电汇　□银行本票　□其他	用款日期	
收款单位		领款人	
总经理:	财务部经理:	部门经理:	经办人:

图 2-5-2-13　付款申请单

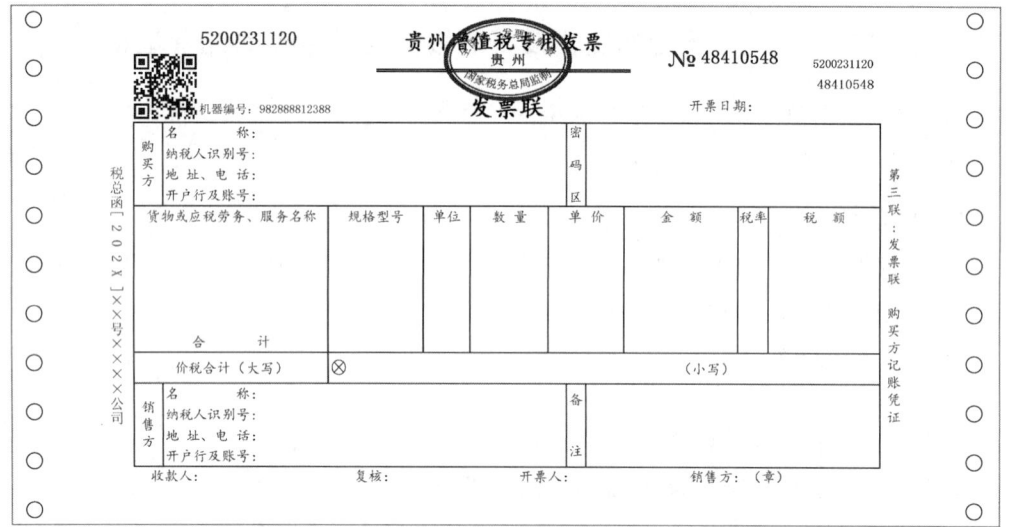

图 2-5-2-14 增值税专用发票

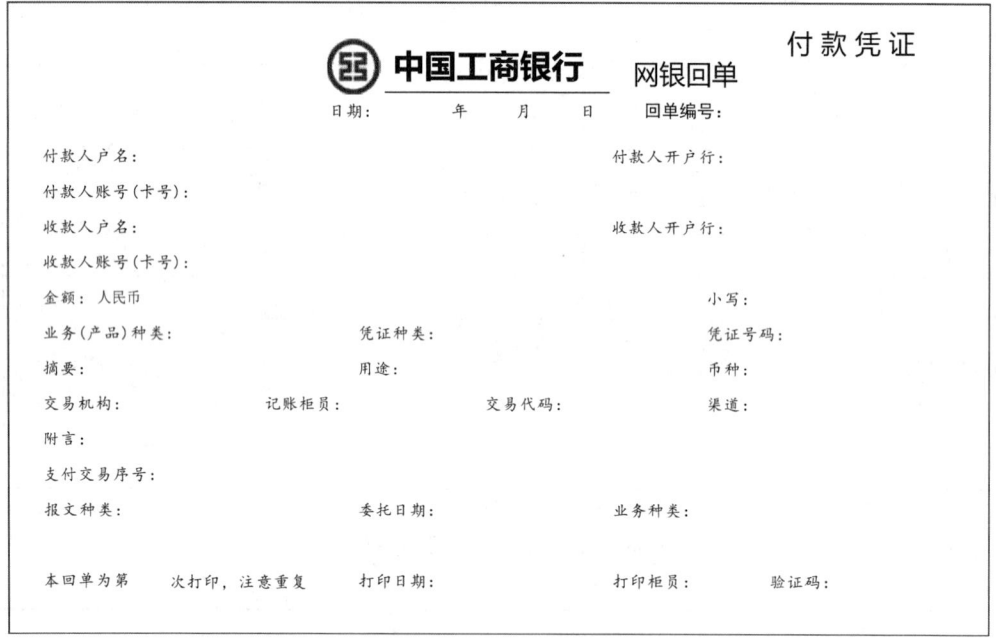

图 2-5-2-15 网银回单

【业务2】

20日,向毕节天都科技有限公司支付行管部门计算机、打印机维修费2 260元(其中:修理费2 000元,增值税260元)签发转账支票付讫。

要求1:列出该经济业务涉及的原始凭证:＿＿＿＿＿＿＿＿＿＿

＿＿＿＿＿＿＿＿＿＿＿＿＿＿＿＿＿＿＿＿＿＿＿＿＿＿＿＿＿＿

要求2:填制空白原始凭证,如图2-5-2-16至图2-5-2-19所示。

要求3:审核所填制的原始凭证后填制记账凭证。

维修明细清单

维修内容	维修费用(元)	备注

图 2-5-2-16 维修明细清单

付款申请单

申请部门：					年 月 日
摘　要				合同编号	
合同金额				已付金额	
付款金额	人民币（大写）			￥	
付款方式	□现金　□转账支票　□银行汇票　□银行承兑汇票 □网银转账　□电汇　□银行本票　□其他			用款日期	
收款单位				领款人	
总经理：	财务部经理：		部门经理：	经办人：	

图 2-5-2-17 付款申请单

图 2-5-2-18 增值税专用发票

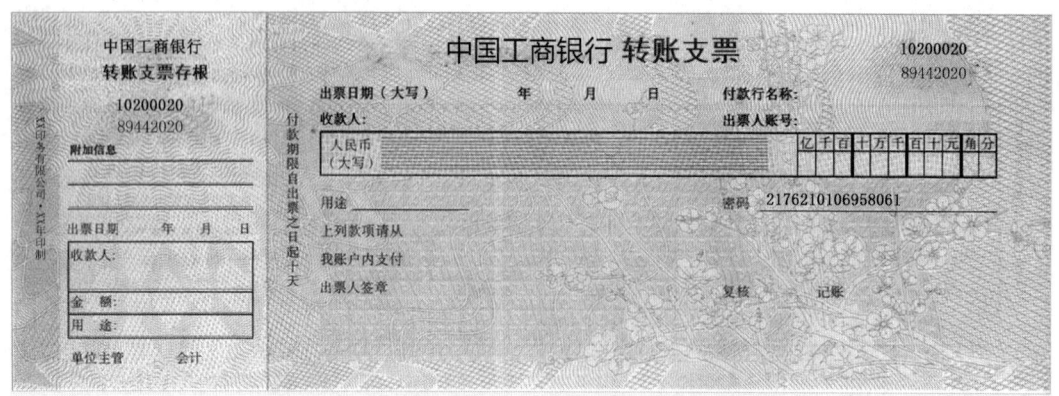

图 2-5-2-19　转账支票

【业务 3】

31 日,计提本月固定资产折旧费 6 600 元(其中:车间工具原值 151 900 元,月折旧率 1.58%,折旧费 2 400 元;行管部门电子设备原值 11 610 元,月折旧率 2.75%,折旧费 320 元;运输工具原值 198 000 元,月折旧率 1.96%,折旧费 3 880 元)。

要求 1:列出该经济业务涉及的原始凭证:_____

要求 2:填制空白原始凭证,如图 2-5-2-20 所示。

要求 3:审核所填制的原始凭证后填制记账凭证。

固定资产折旧汇总表

年　月　日　　　　　　　　　　　　　　　　　单位:元

使用部门	类别	原值	月折旧率或单位折旧	折旧额
合计				

审核:　　　　　　　　　　　　　　　　　　制单:

图 2-5-2-20　固定资产折旧汇总表

任务三 固定资产的处置

请扫描二维码,认真查看固定资产的处置相关知识,了解固定资产出售和毁损的账务处理,为实习实训作好理论准备。

固定资产的处置

(1)知识目标:熟悉固定资产处置的内容;掌握出售固定资产的步骤和账务处理;掌握毁损、报废等清理固定资产的步骤和账务处理。

(2)技能目标:能根据处置固定资产的相关原始凭证,进行经济业务分析判断,描述出发生的具体经济业务的内容;能根据固定资产处置业务的具体描述,列出所涉及的原始凭证,并填制相关空白原始凭证;能审核处置固定资产业务相关原始凭证的真实性、合法性和完整性等,进行正确的会计确认、计量,然后据以填制记账凭证。

(3)素养目标:培养学生严谨细致、独立思考的能力;培养学生爱护公共财物的品格,加强对财产物资的保管;提高学生会计职业判断能力。

实训一 固定资产处置核算实训(会计凭证语言化)

固定资产折旧采用年限平均法,固定资产折旧方法、折旧年限与税法规定一致,固定资产预计净残值率为5%。贵州毕节奇伟服装有限公司2022年7月发生的与固定资产有关的经济业务如图2-5-3-1至图2-5-3-10所示。

【业务1】

固定资产报废申请书

No:701959

申报部门:行政部 　　　　　　　　　　　　　　申请日期:2022年07月11日

固定资产名称	计算机	购置时间	2017年11月16日
数量/单位	2台	使用部门	行政部
原值	12 000.00	净值	1 360.00
已提折旧	10 640.00	净残值	600.00
报废原因: 老化淘汰			
资产管理 部门意见	吴楠　同意报废 2022年07月11日	公司意见	王红艳　同意报废 2022年07月11日
此表一式两份,一份留申请部门、一份留财务部门			

图2-5-3-1　固定资产报废申请书

5200231120

贵州增值税专用发票

№ 27071568

5200231120
27071568

此联不做报销、扣税凭证使用

机器编号：982888812388

开票日期： 2022年07月11日

购买方	名　　称：贵州毕节电脑回收经营部 纳税人识别号：91520530306D34887D 地 址、电 话：毕节洪山路85号0857-8234589 开户行及账号：中国工商银行股份有限公司贵州毕节杜鹏支行240636910921236323 8				密码区	-46362912*0#%21714275%##7300 %4085%3>506%7#*9506%65->>4-3 >231*8>981*-793355--#*0-77#3 7860065276*3%392##1590%074*3	
货物或应税劳务、服务名称	规格型号	单位	数量	单价	金额	税率	税额
计算机		台	2	250.00	500.00	13%	65.00
合　　计					¥500.00		¥65.00
价税合计（大写）	⊗ 伍佰陆拾伍元整				（小写）¥565.00		
销售方	名　　称：贵州毕节奇伟服装有限公司 纳税人识别号：91520500MA6DYX887D 地 址、电 话：毕节高新技术产业开发区标准厂房12幢0857- 8225755 开户行及账号：中国工商银行股份有限公司贵州毕节杜鹏支行2406070109200063228				备注	校验码 52118 02817 08248 65199 出售报废计算机	

收款人： 陈莉　　复核： 杨付洋　　开票人： 林艳艳　　销售方：（章）

税总函[202X]××号××××公司

第一联：记账联　销售方记账凭证

图 2-5-3-2　增值税专用发票记账联

收　款　收　据

NO. 7198189

2022 年 07 月 11 日

今　收　到　贵州毕节电脑回收经营部

交　来　报废计算机残值收入　　现金收讫

金额(大写)　零 拾 零 万 零 仟 伍 佰 陆 拾 伍 元 零 角 零 分

¥ 565.00　　　　收款单位(公章)　贵州毕节奇伟服装有限公司 财务专用章

核准　李薇薇　　会计　杨付洋　　记账　杨付洋　　出纳　林艳艳　　经办人　陈晓

第一联　存根

图 2-5-3-3　收款收据

固定资产清理损益计算表

日期	2022 年 7 月 11 日	资产使用部门	行政部
资产名称	计算机	清理原因	老化淘汰
清理收入内容	金额	清理支出内容	金额
残料收入：	500.00	账面净值：	1 360.00
		清理费用：	0.00
固定资产清理净损失(收益“—”)：人民币(大写)　捌佰陆拾元整			¥860.00

制表：杨付洋　　复核：李薇薇　　会计：杨付洋

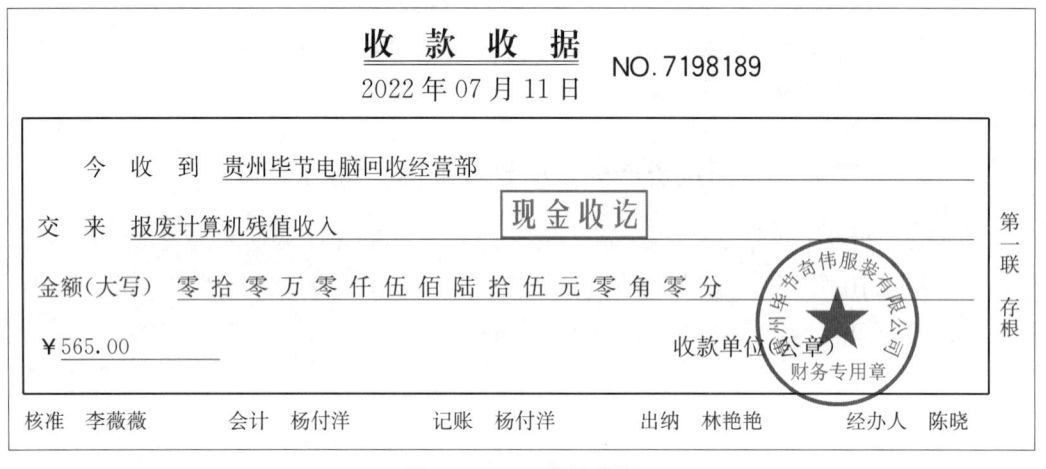

图 2-5-3-4　固定资产清理损益计算表

要求1：根据图2-5-3-1至图2-5-3-4，描述经济业务：＿＿＿＿＿＿＿＿＿＿＿＿＿

要求2：审核原始凭证后填制记账凭证（通用记账凭证）。

【业务2】

固定资产处置申请单

单位名称：贵州毕节奇伟服装有限公司　　　　日期：2022年07月16日

固定资产名称	缝纫机	单位	台	型号		数量	2
资产编号		停用时间	2022年07月16日	购建时间	2018年05月22日	存放地点	
已提折旧月数（月）	50	原值	82 200.00	累计折旧		32 537.50	
有效使用年限（年）	10	月折旧额	650.75	净值		49 662.50	
处置原因：	产量受限，将多余2台缝纫机出售						
财务部门意见：	李薇薇　同意出售			公司领导意见：	王红艳　同意出售		
编制人：杨付洋						单位负责人：王红艳	

图2-5-3-5　固定资产处置申请单

要求1：根据图2-5-3-5，描述经济业务：＿＿＿＿＿＿＿＿＿＿＿＿＿

要求2：审核原始凭证后填制记账凭证（通用记账凭证）。

【业务3】

贵州毕节奇伟服装有限公司　付款申请单

申请部门：行政部　　　　　　　　　　　　　　　　　2022年07月17日

摘　要	支付出售缝纫机拆卸费用				合同编号	
合同金额					已付金额	
付款金额	人民币（大写）壹仟贰佰元整				¥1 200.00	
付款方式	☑现金　　☐转账支票　　☐银行汇票　　☐银行承兑汇票 ☐网银转账　☐电汇　　　☐银行本票　　☐其他				用款日期	2022-07-17
收款单位	毕节晨广劳务有限公司				领款人	吴娜
总经理：王红艳		财务部经理：李薇薇		部门经理：黄柏川	经办人：陈一禾	

图2-5-3-6　付款申请单

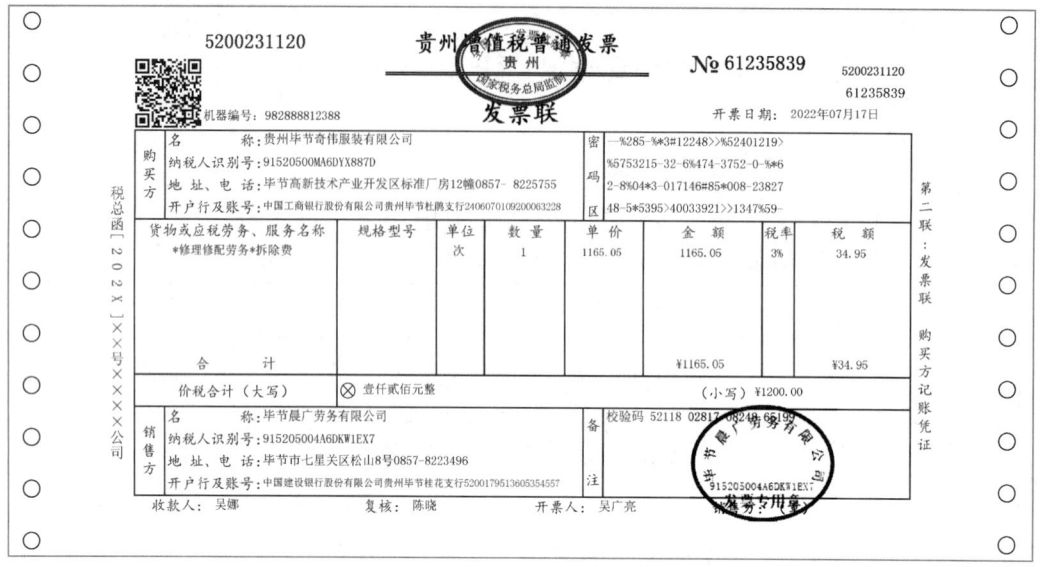

图 2-5-3-7　增值税普通发票发票联

要求1：根据图2-5-3-6和图2-5-3-7，描述经济业务：_____

要求2：审核原始凭证后填制记账凭证（通用记账凭证）。

【业务4】

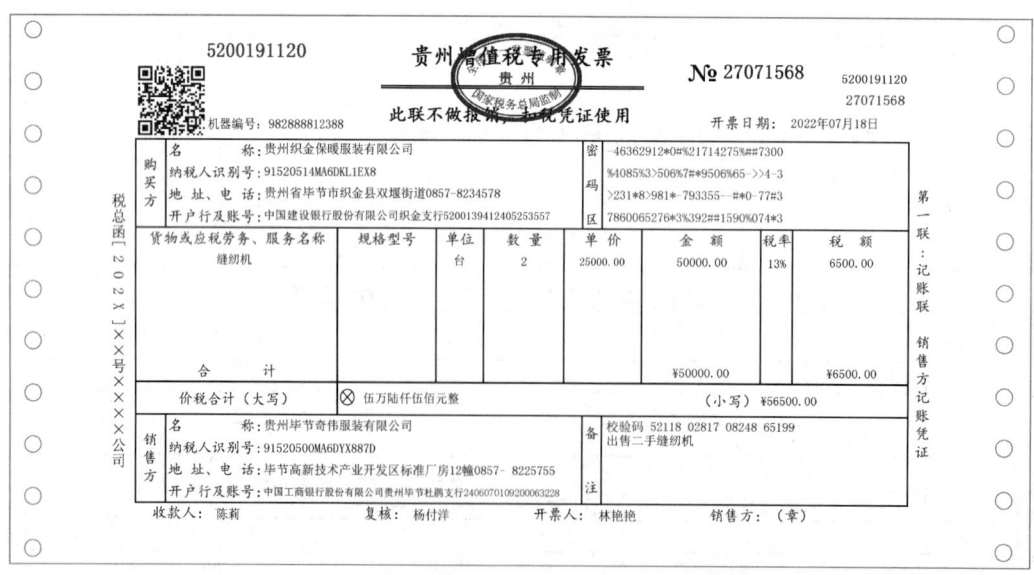

图 2-5-3-8　增值税专用发票记账联

收款凭证

中国工商银行 网银回单

日期：2022 年 07 月 18 日　　回单编号：4558

付款人户名：贵州织金保暖服装有限公司	付款人开户行：中国建设银行股份有限公司织金支行
付款人账号(卡号)：5200139412405253557	
收款人户名：贵州毕节奇伟服装有限公司	收款人开户行：中国工商银行股份有限公司贵州毕节杜鹃支行
收款人账号(卡号)：2406070109200063228	
金额：人民币 伍万陆仟伍佰元整	小写：¥56 500.00
业务(产品)种类：	凭证种类：　凭证号码：
摘要：支付生产设备款	用途：　币种：
交易机构：　记账柜员：　交易代码：	渠道：
附言：	
支付交易序号：	
报文种类：　委托日期：　业务种类：	
本回单为第　次打印，注意重复　打印日期：2022.07.18	打印柜员：

图 2-5-3-9　网银回单

要求1：根据图2-5-3-8和图2-5-3-9，描述经济业务：_____

要求2：审核原始凭证后填制记账凭证(通用记账凭证)。

【业务5】

固定资产清理损益计算表

日期	2022年7月20日	资产使用部门	生产部
资产名称	缝纫机	清理原因	产量受限
清理收入内容	金额	清理支出内容	金额
残料收入：		账面净值：	49 662.50
变价收入：	50 000.00	清理费用：	1 200.00
固定资产清理净损失(收益"-")：人民币(大写)捌佰陆拾贰元伍角整			¥862.50
制表：杨付洋　复核：李薇薇　　会计：杨付洋			

图 2-5-3-10　固定资产清理损益计算表

要求1：根据图2-5-3-10，描述经济业务：_____

要求2：审核原始凭证后填制记账凭证(通用记账凭证)。

实训二　固定资产的处置核算实训(会计语言凭证化)

固定资产折旧采用年限平均法，固定资产折旧方法、折旧年限与税法规定一致，固定资产预计净残值率为5%。贵州毕节奇伟服装有限公司2022年7月发生与固定资产减少的经济业务如下。

【业务1】

14日,经公司董事会研究,将已经使用的福特牌轿车出售给毕节百货商厦有限责任公司,原值198 000元,已提折旧47 025元,注销固定资产。

要求1:列出该经济业务涉及的原始凭证:＿＿＿＿＿＿＿＿＿＿＿＿＿＿＿＿

要求2:填制空白原始凭证,如图2-5-3-11所示。

要求3:审核所填制原始凭证后填制记账凭证。

固定资产处置申请单

单位名称:		日期:				
固定资产名称		单位		型号		数量
资产编号		停用时间		购建时间		存放地点
已提折旧月数		原值		累计折旧		
有效使用年限		月折旧额		净值		
处置原因:						
财务部门意见:				公司领导意见:		
编制人:				单位负责人:		

图2-5-3-11 固定资产处置申请单

【业务2】

16日,支付福特牌轿车过户费用1 695元,取得增值税普通发票,签发转账支票付讫。

要求1:列出该经济业务涉及的原始凭证:＿＿＿＿＿＿＿＿＿＿＿＿＿＿＿＿
＿＿＿＿＿＿＿＿＿＿＿＿＿＿＿＿＿＿＿＿＿＿＿＿＿＿＿＿＿＿＿＿＿＿

要求2:填制空白原始凭证,如图2-5-3-12至图2-5-3-14所示。

要求3:审核所填制原始凭证后填制记账凭证。

贵州毕节奇伟服装有限公司 付款申请单

申请部门:					年 月 日
摘要				合同编号	
合同金额				已付金额	
付款金额	人民币(大写)			¥	
付款方式	□现金 □网银转账	□转账支票 □电汇	□银行汇票 □银行本票	□银行承兑汇票 □其他	用款日期
收款单位				领款人	
总经理:王红艳		财务部经理:李薇薇		部门经理:	经办人:

图2-5-3-12 付款申请单

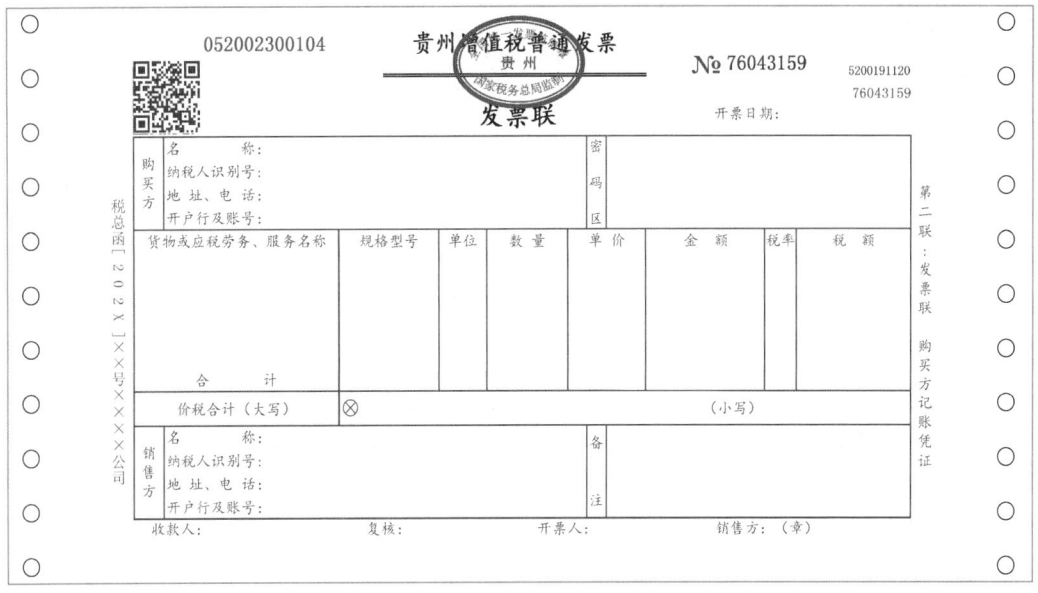

图 2-5-3-13 增值税普通发票发票联

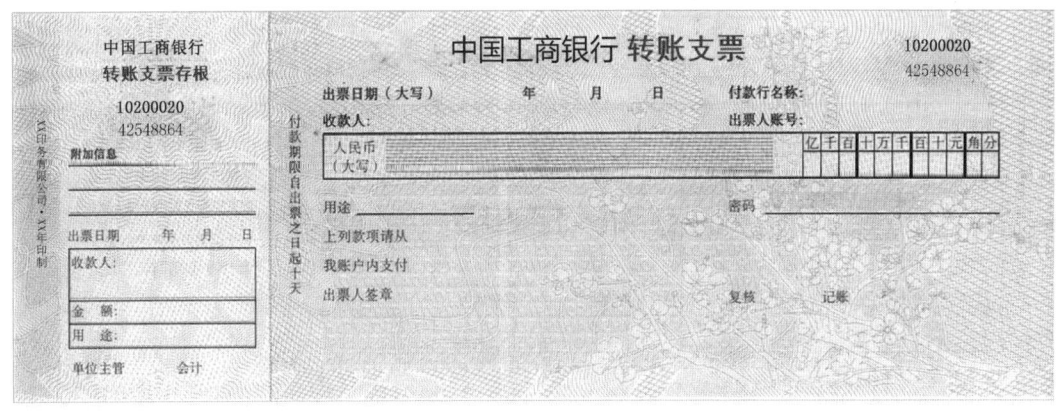

图 2-5-3-14 转账支票

【业务3】

16日，收到毕节百货商厦有限责任公司通过网银转账支付的轿车款 113 000 元(含税)，通过二手车交易市场开具发票。

要求1：列出该经济业务涉及的原始凭证：_____

_____

要求2：填制空白原始凭证，如图 2-5-3-15 和图 2-5-3-16 所示。

要求3：审核所填制原始凭证后填制记账凭证。

图 2-5-3-15　二手车销售统一发票

图 2-5-3-16　网银回单

【业务 4】

17 日,结转福特牌轿车清理损益。

要求 1：列出该经济业务涉及的原始凭证：_____

要求 2：填制空白原始凭证,如图 2-5-3-17 所示。

要求 3：审核所填制原始凭证后填制记账凭证。

固定资产清理损益计算表

日期		资产使用部门	
资产名称		清理原因	
清理收入内容	金额	清理支出内容	金额
残料收入：		账面净值：	
		清理费用：	
固定资产清理净损失(收益"一")：人民币(大写)			
制表： 复核： 会计：			

图 2-5-3-17　固定资产清理损益计算表

模块六　负　债

任务一　短期借款和应付款项

请扫描二维码,认真查看短期借款和应付款项相关知识,流动负债的内容及特点、短期借款的内容及账务处理、应付账款的业务流程和流动负债的业务流程等,为实习实训作好理论准备。

流动负债的内容及特点　　短期借款的内容及账务处理　　应付账款的业务流程　　流动负债的业务流程

（1）知识目标：熟悉短期借款取得、计付利息和归还的账务处理；掌握应付账款和预收账款的形成、偿还及其账务处理；理解应付票据和其他应付款的内容及基本账务处理。

（2）技能目标：能根据短期借款取得、计息、偿还和应付款项等的原始凭证,进行经济业务分析判断,描述出发生的具体经济业务的内容；能根据短期借款取得、计息、偿还和应付款项等具体经济业务的描述,列出所涉及的原始凭证,并填制相关空白原始凭证；能审核短期借款取得、计息、偿还和应付款项等原始凭证的真实性、合法性和完整性等,进行正确的会计确认、计量,然后据以填制记账凭证。

思政案例（流动负债）

（3）素养目标：培养学生遵纪守法、诚实守信、精打细算、勤俭节约的良好品质。

实训一　短期借款和应付款项核算实训（会计凭证语言化）

贵州毕节奇伟服装有限公司 2022 年 12 月发生的与短期借款和应付款项有关的经济业务如图 2-6-1-1 至图 2-6-1-15 所示。

【业务1】

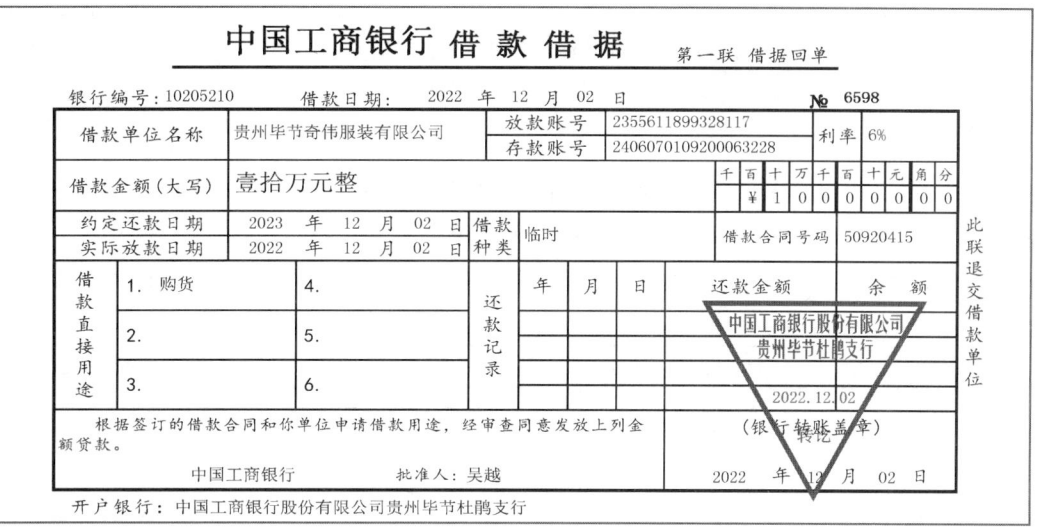

图 2-6-1-1　借款借据

借款合同

合同编号：50920415

经中国工商银行股份有限公司贵州毕节杜鹃支行(以下简称贷款方)与贵州毕节奇伟服装有限公司(以下简称借款方)充分协商，签订本合同，共同遵守。

第一，由贷款方提供贷款人民币大写壹拾万元整(￥100 000)给借方，贷款期限自 2022 年 12 月 02 日至 2023 年 12 月 02 日。

第二，贷款方应按期、按额向借款方提供贷款，否则，按违约数额和延期天数，付给借款方违约金。违约金数额的计算，与逾期贷款罚息相同，即为日万分之五。

第三，贷款月利率为银行同期年月利率 0.5%，每季末 30 日结息，如遇调整，按调整的新利率和计息办法执行。利息支付方式为按季支付，期满还本。

第四，借款方应按协议使用贷款，不得转移用途。否则，贷款方有权停止发放新贷款，直至收回已发放的贷款。

第五，借款方保证按借款契约所订期限归还贷款本息。如需延期，借款方最迟在贷款到期前 15 天，提出延期申请，经贷款方同意，办理延期手续。但延期最长不得超过原订期限的一半。贷款方未同意延期或未办理延期手续的逾期贷款，加收罚息。

第六，贷款到期后 1 个月，如借款方不归还贷款，贷款方有权依照法律程序处理借款方作为贷款抵押的物资和财产，抵还借款本息。

第七，本协议书一式 2 份，借贷款双方各执正本 1 份。自双方签字起即生效。

……

第十一，合同争议的解决方式

本合同在履行过程中发生的争议，由借贷双方协商解决；协商不成的依法向人民法院提起诉讼。

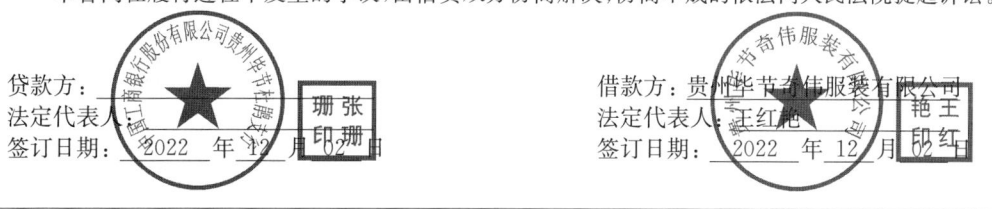

图 2-6-1-2　借款合同

要求1：根据图2-6-1-1和图2-6-1-2，描述经济业务：_____

_____

要求2：审核原始凭证后填制记账凭证（通用记账凭证）。

【业务2】

贵州毕节奇伟服装有限公司
采购入库单

金额单位：元

入库单号：859963018　　入库日期：2022-12-08　　入库类型：　　　　部门：采购部

供应商名称：贵阳通黔纺织科技有限公司　　仓库名称：　　　　备注：

发票号码	编码	存货名称	尺码	颜色	单位	数量	不含税价	金额
91079207		布料001			米	1 000	110.00	110 000.00
合计						1 000		110 000.00

记账：杨付洋　　　　复核：李薇薇　　　　仓库保管：周金华　　　　采购员：杨子夏

图 2-6-1-3　采购入库单

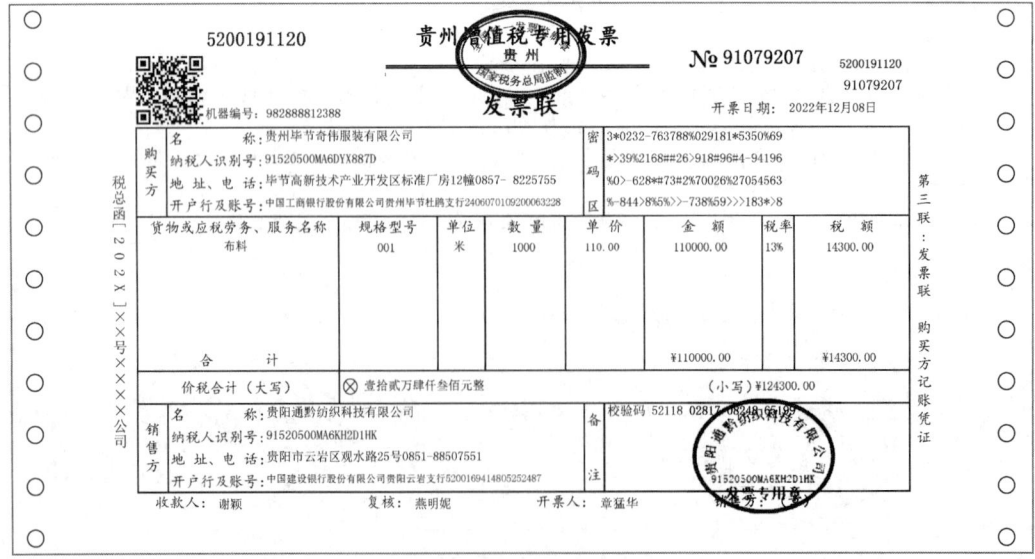

图 2-6-1-4　增值税专用发票发票联

要求1：根据图2-6-1-3和图2-6-1-4,描述经济业务：_____

要求2：审核原始凭证后填制记账凭证(通用记账凭证)。

【业务3】

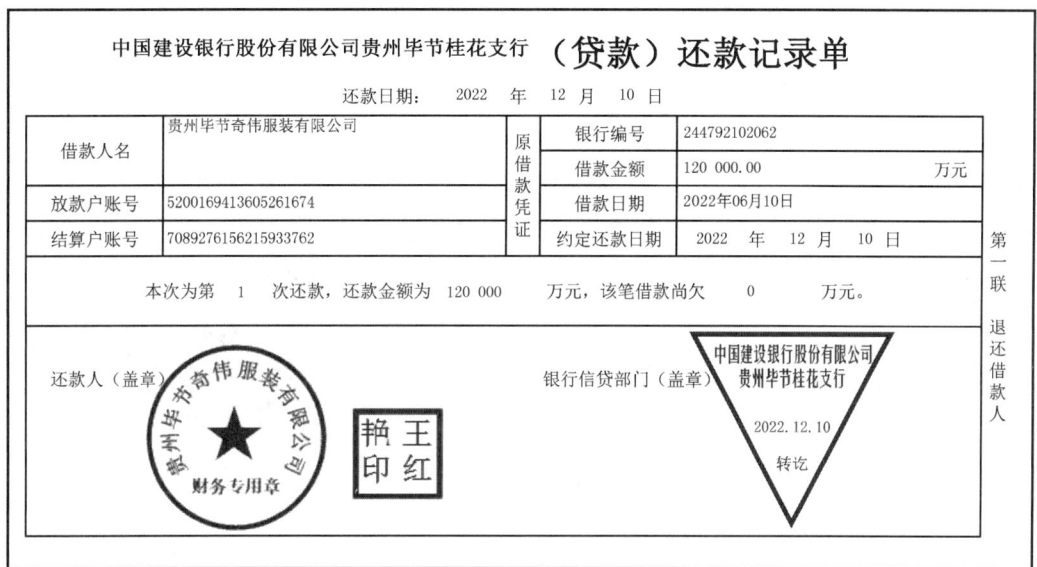

图2-6-1-5 还款记录单

要求1：根据图2-6-1-5,描述经济业务：_____

要求2：审核原始凭证后填制记账凭证(通用记账凭证)。

【业务4】

贵州毕节奇伟服装有限公司 付款申请单					
申请部门：采购部					2022 年 12 月 22 日
摘要	支付前欠货款			合同编号	65586832
合同金额	壹拾贰万肆仟叁佰元整			已付金额	¥0.00
付款金额	人民币（大写）壹拾贰万肆仟叁佰元整				¥124 300.00
付款方式	□现金 □转账支票 □银行汇票 □银行承兑汇票 ☑网银转账 □电汇 □银行本票 □其他			用款日期	2022-12-22
收款单位	贵阳通黔纺织科技有限公司			领款人	谢颖
总经理：王红艳	财务部经理：李薇薇		部门经理：杨子夏		经办人：王子涵

图2-6-1-6 付款申请单

```
                    中国建设银行  网银回单           付款凭证
                                   日期： 2022 年 12 月 22 日    回单编号： 5786
付款人户名： 贵州毕节奇伟服装有限公司           付款人开户行： 中国建设银行股份有限公司贵州毕节桂花支行
付款人账号(卡号)：5200169413605261674
收款人户名： 贵阳通黔纺织科技有限公司           收款人开户行： 中国建设银行股份有限公司贵阳云岩支行
收款人账号(卡号)：5200169414805252487
金额： 人民币壹拾贰万肆仟叁佰元整                小写： ¥124 300.00
业务(产品)种类：              凭证种类：              凭证号码：
摘要： 支付前欠货款            用途：                 币种：
交易机构：    记账柜员：       交易代码：             渠道：
附言：
支付交易序号：
报文种类：    委托日期：                           业务种类：
本回单为第 1 次打印，注意重复    打印日期：2022.12.22    打印柜员：
```

图 2-6-1-7 网银回单

要求 1：根据图 2-6-1-6 和图 2-6-1-7，描述经济业务：＿＿＿＿＿＿＿＿＿＿＿＿＿＿＿＿＿

要求 2：审核原始凭证后填制记账凭证（通用记账凭证）。

【业务 5】

```
                    收 款 收 据        NO. 8342540
                    2022 年 12 月 24 日
今  收  到    毕节刺梨饮品有限公司
交     来    租赁仓库押金              现金收讫
金额(大写)   零 拾 壹 万 零 仟 零 佰 零 拾 零 元 零 角 零 分
¥ 10 000.00                        收款单位(公章)
核准 李薇薇   会计 杨付洋   记账 杨付洋   出纳 林艳艳   经办人 吴媛
```

图 2-6-1-8 收款收据

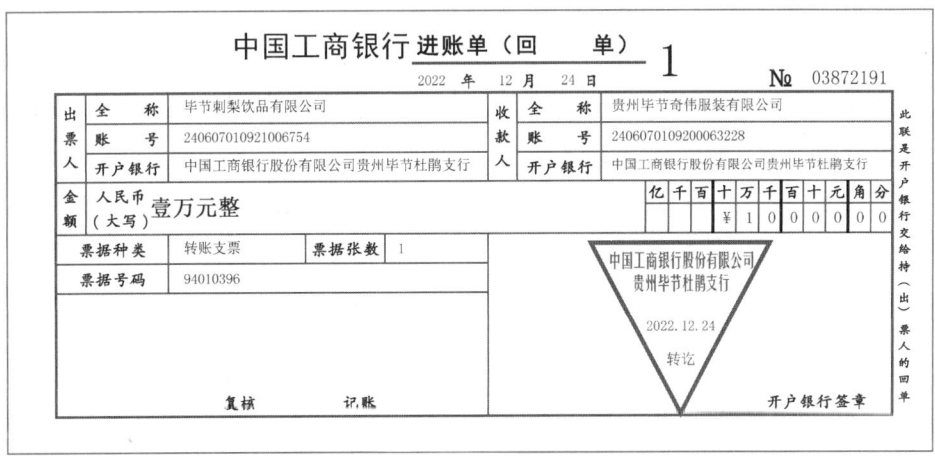

图 2-6-1-9　转账支票

图 2-6-1-10　进账单

要求1：根据图 2-6-1-8 至图 2-6-1-10，描述经济业务：_____

_____

要求2：审核原始凭证后填制记账凭证（通用记账凭证）。

【业务6】

图 2-6-1-11　付款申请单

贵州毕节奇伟服装有限公司
采购入库单

入库单号：859963019　　入库日期：2022-12-25　　入库类型：　　部门：采购部
供应商名称：贵阳市金誉纺织有限公司　　仓库名称：　　备注：

发票号码	编码	存货名称	尺码	颜色	单位	数量	不含税价	金额
38399078		布料002			米	2 000	120.00	240 000.00
合计						2 000		240 000.00

记账：杨付洋　　复核：李薇薇　　仓库保管：周金华　　采购员：杨子夏

图 2-6-1-12　采购入库单

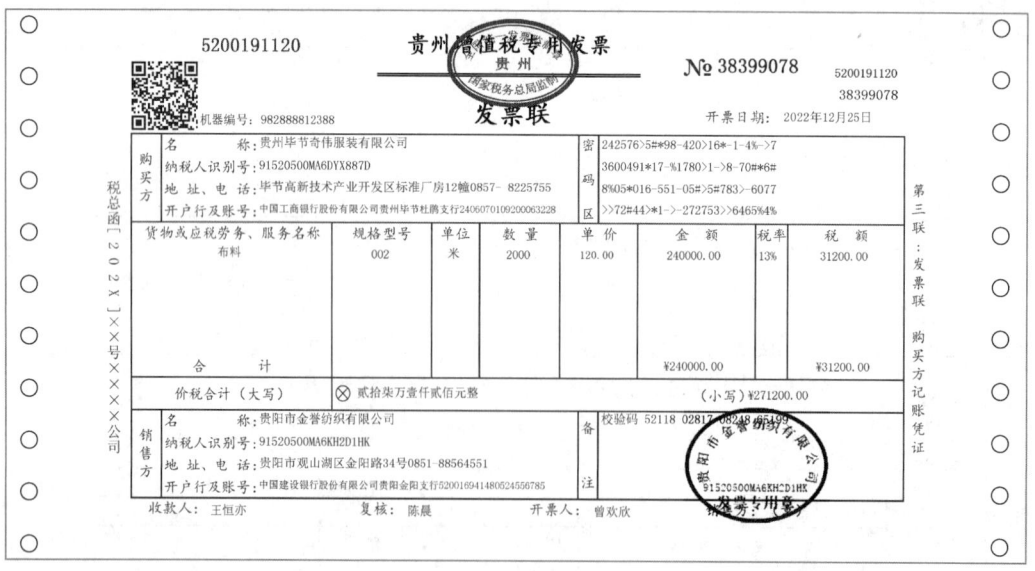

图 2-6-1-13　增值税专用发票发票联

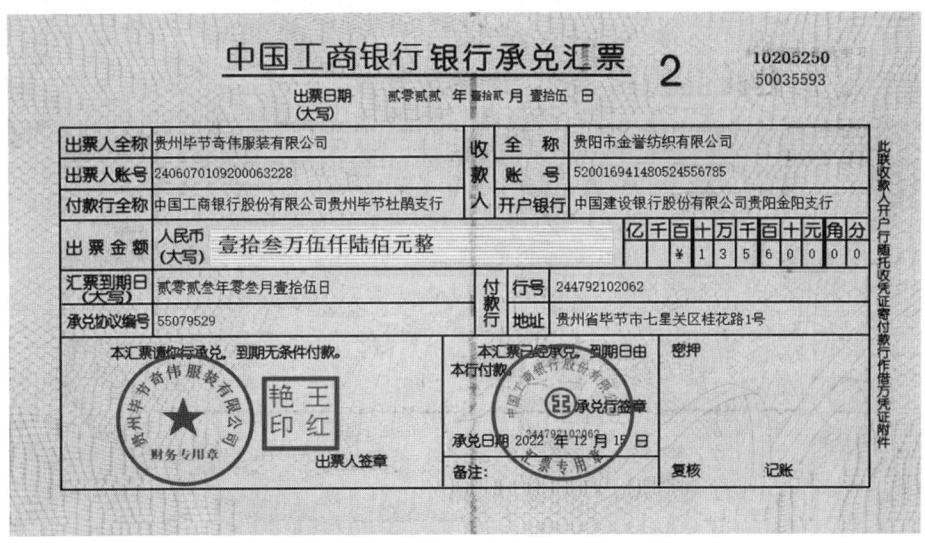

图 2-6-1-14　银行承兑汇票正本联

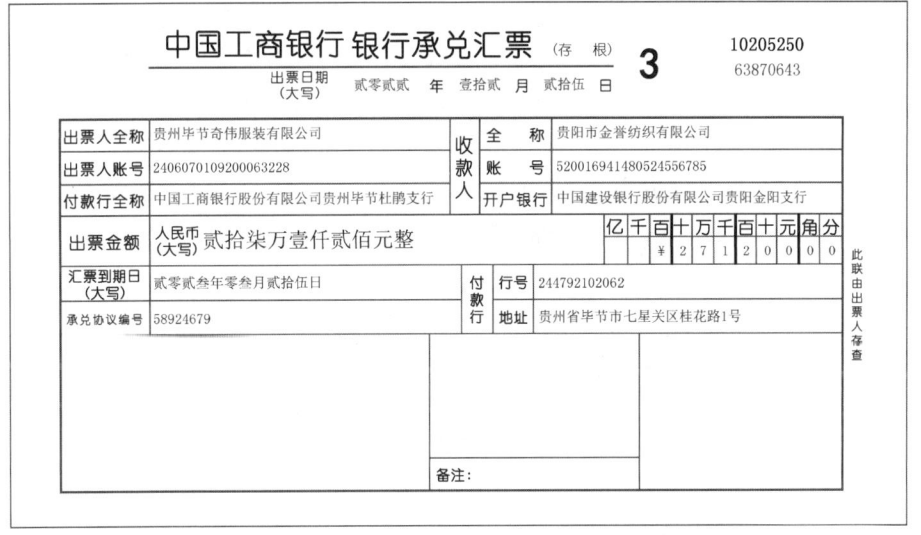

图 2-6-1-15　银行承兑汇票存根联

要求1：根据图2-6-1-11至图2-6-1-15,描述经济业务：_____

要求2：审核原始凭证后填制记账凭证(通用记账凭证)。

实训二　短期借款和应付款项核算实训(会计语言凭证化)

贵州毕节奇伟服装有限公司2022年12月发生的与短期借款和应付款项相关的经济业务如下。

【业务1】

7日,按合同规定预收毕节广元商厦有限公司货款150 000元,网银转账收基本户。

要求1：列出该经济业务涉及的原始凭证：＿＿＿＿＿＿＿＿＿＿＿＿＿＿＿＿

要求2：填制空白原始凭证，如图2-6-1-16所示。

要求3：审核所填制原始凭证后填制记账凭证（通用记账凭证）。

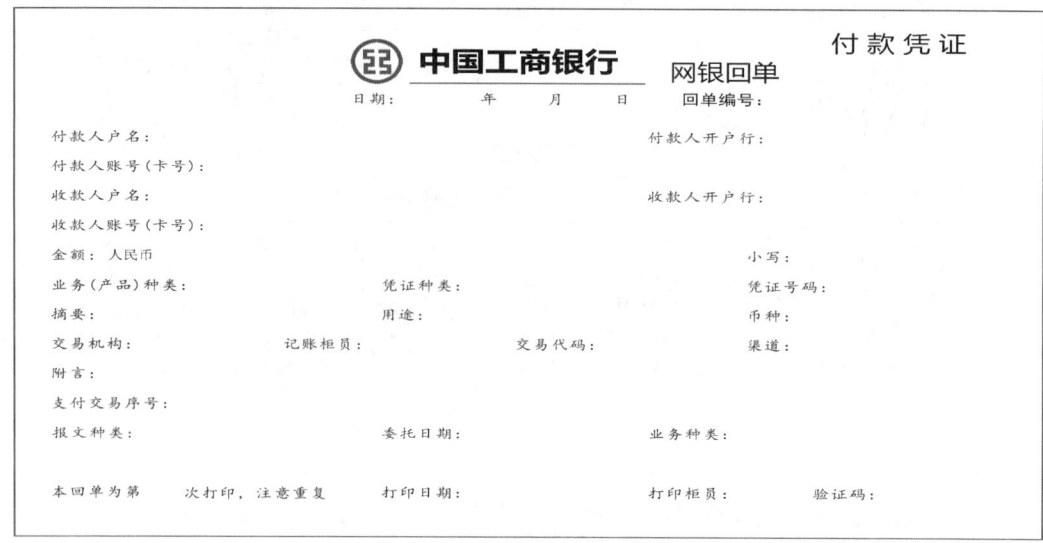

图2-6-1-16　网银回单

【业务2】

10日，向贵州清镇纺织有限公司购进布料001，数量800米，单价100元，金额80 000元，增值税10 400元，材料验收入库，款项尚未支付。

要求1：列出该经济业务涉及的原始凭证：＿＿＿＿＿＿＿＿＿＿＿＿＿＿＿＿

要求2：填制空白原始凭证，如图2-6-1-17和图2-6-1-18所示。

要求3：审核所填制原始凭证后填制记账凭证（通用记账凭证）。

贵州毕节奇伟服装有限公司

采购入库单

入库单号：　　　　入库日期：　　　　入库类型：　　　　部门：
供应商名称：　　　　　　　　　仓库名称：　　　　　　　　备注：

发票号码	编码	存货名称	尺码	颜色	单位	数量	不含税价	金额
合计								

记账：　　　　　　复核：　　　　　　仓库保管：　　　　　　采购员

图2-6-1-17　采购入库单

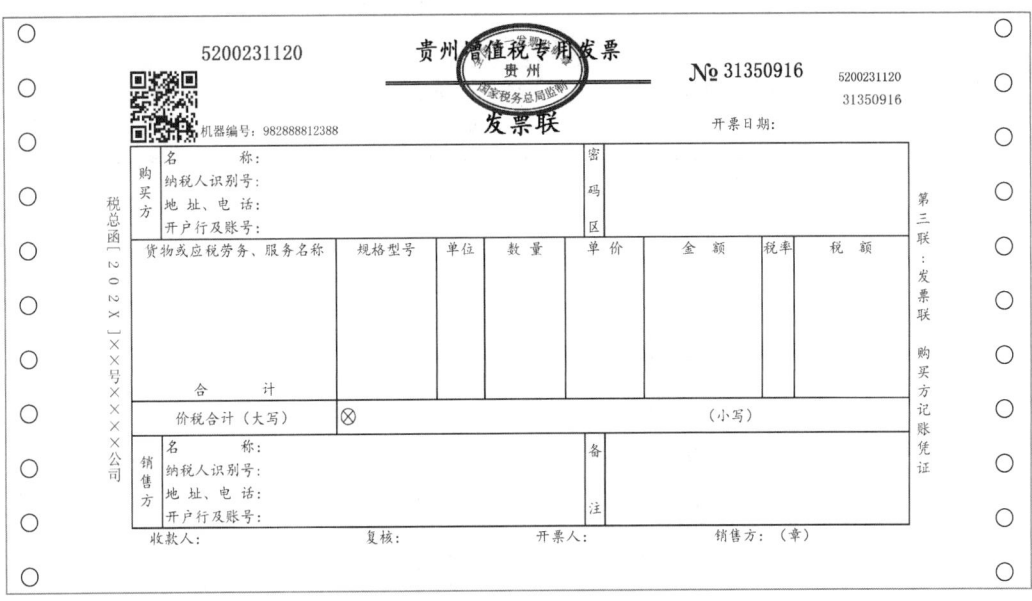

图 2-6-1-18　增值税专用发票发票联

【业务3】

15日,向贵阳市金誉纺织有限公司购进布料002,数量1 500米,单价80元,金额120 000元,增值税15 600元,材料验收入库;签发面值为135 600元的银行承兑汇票付讫(银行承兑汇票期限为期三个月)。

要求1：列出该经济业务涉及的原始凭证：＿＿＿＿＿＿＿＿＿＿＿＿＿＿＿＿＿＿＿

要求2：填制空白原始凭证,如图2-6-1-19至图2-6-1-23所示。

要求3：审核所填制原始凭证后填制记账凭证(通用记账凭证)。

贵州毕节奇伟服装有限公司　付款申请单

申请部门：						年　月　日	
摘　要					合同编号		
合同金额					已付金额		
付款金额	人民币（大写）				￥		
付款方式	□现金	□转账支票	□银行汇票	□银行承兑汇票	用款日期		
	□网银转账	□电汇	□银行本票	□其他			
收款单位					领款人		
总经理：		财务部经理：		部门经理：		经办人：	

图 2-6-1-19　付款申请单

贵州毕节奇伟服装有限公司
采购入库单

入库单号:		入库日期:		入库类型:		部门:	
供应商名称:				仓库名称:		备注:	

发票号码	编码	存货名称	尺码	颜色	单位	数量	不含税价	金额
合计								

记账: 　　　　复核: 　　　　仓库保管: 　　　　采购员:

图 2-6-1-20 采购入库单

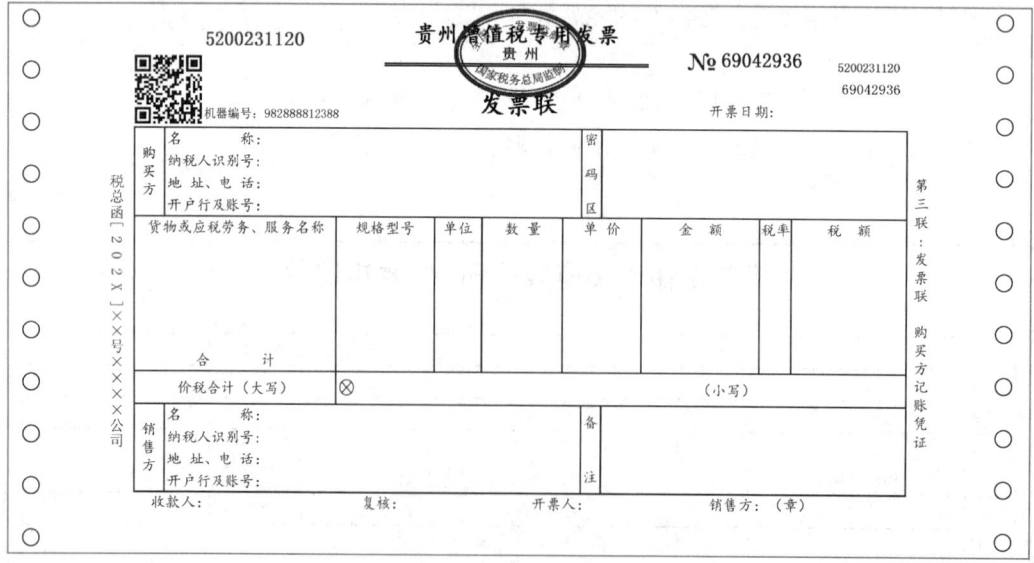

图 2-6-1-21 增值税专用发票发票联

中国工商银行 银行承兑汇票　2

10205250
50035593

出票日期（大写）　　年　　月　　日

出票人全称		收款人	全　称	
出票人账号			账　号	
付款行全称			开户银行	
出票金额	人民币（大写）			亿 千 百 十 万 千 百 十 元 角 分
汇票到期日（大写）		付款行	行号	
承兑协议编号			地址	
本汇票请你行承兑，到期无条件付款。 出票人签章		本汇票已经承兑，到期日由本行付款。 承兑行签章 承兑日期　年　月　日 备注:		密押 复核　　记账

此联收款人开户行随托收凭证寄付款行作借方凭证附件

图 2-6-1-22　银行承兑汇票正本联

中国工商银行 银行承兑汇票（存　根）　3

10205250
50035593

出票日期（大写）　　年　　月　　日

出票人全称		收款人	全　称	
出票人账号			账　号	
付款行全称			开户银行	
出票金额	人民币（大写）			亿 千 百 十 万 千 百 十 元 角 分
汇票到期日（大写）		付款行	行号	
承兑协议编号			地址	
		备注:		

此联由出票人存查

图 2-6-1-23　银行承兑汇票存根联

【业务 4】

18 日，向毕节广元商厦有限公司销售西服 130 套，单价 1 000 元，金额 130 000 元，增值税 16 900 元，已预收 150 000 元，余款未退。

要求1：列出该经济业务涉及的原始凭证：＿＿＿＿＿＿＿＿＿＿＿＿＿＿＿＿
＿＿＿＿＿＿＿＿＿＿＿＿＿＿＿＿＿＿＿＿＿＿＿＿＿＿＿＿＿＿＿＿＿＿＿＿

要求2：填制空白原始凭证，如图2-6-1-24和图2-6-1-25所示。
要求3：审核所填制原始凭证后填制记账凭证（通用记账凭证）。

销售单

购货单位：		地址和电话：			单据编号：		
纳税识别号：		开户行及账号：			制单日期：		
编码	产品名称	规格	单位	单价	数量	金额	备注
合计	人民币（大写）：						
总经理：		销售经理：		经手人：	会计：		签收人：

图 2-6-1-24 销售单

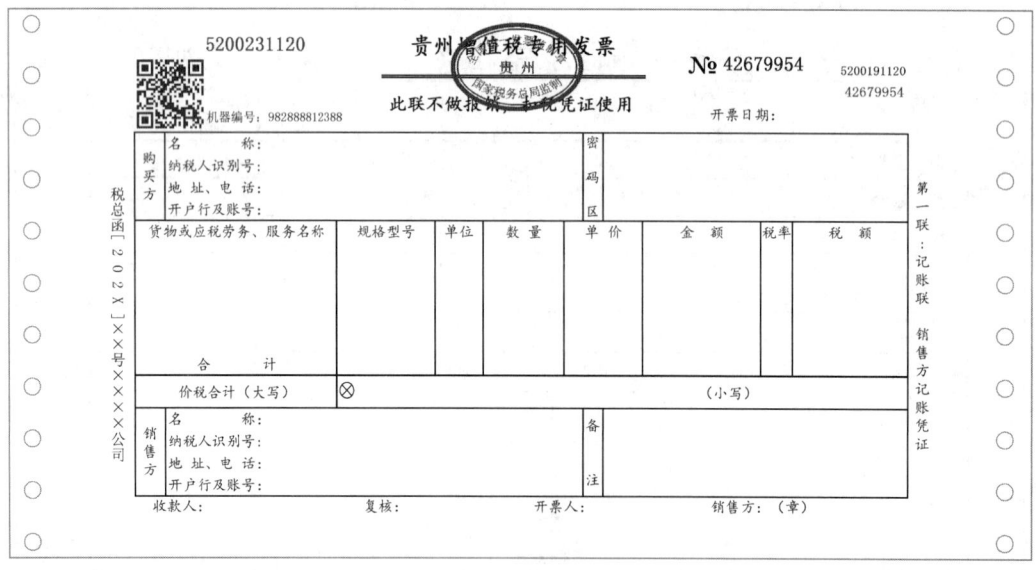

图 2-6-1-25 增值税专用发票

【业务5】

21日支付中国建设银行毕节桂花支行短期借款本息13 750元（其中本金12 500元，利息1 250元），分期等额还本付息方式。

要求1：列出该经济业务涉及的原始凭证：_____
要求2：填制空白原始凭证，如图2-6-1-26所示。
要求3：审核所填制原始凭证后填制记账凭证(通用记账凭证)。

银行（ 短期 贷款 ）还款凭证（回单）

年　月　日　　　　　　　　　　　原借款凭证银行编号：

还款单位	名　　称		付款单位	名　　称	
	往来户账号			存款户账号	
	开户银行			开户银行	
还款时间			还款次序		
还款金额	货币及金额（大写）：		亿千百十万千百十元角分		
还款原因					

图2-6-1-26　还款凭证

任务二　应付职工薪酬

请扫描二维码，认真查看应付职工薪酬的相关知识，了解应付职工薪酬的内容及应付工资的计算与结算，为实习实训作好理论准备。

应付职工薪酬的内容　　　应付工资的计算与结算

(1) 知识目标：熟悉职工薪酬包括的内容；了解职工薪酬核算原始记录；掌握工资结算凭证的编制方法；掌握"应付职工薪酬"账户的结构；掌握职工福利费、工会经费、职工教育经费计提和使用的账务处理；掌握社会保险费、住房公积金的计提和缴纳的账务处理。

(2) 技能目标：能分析应付职工薪酬形成、结算(或缴纳)的原始凭证，描述出具体经济业务的内容；能审核应付职工薪酬形成、结算（或缴纳）业务的原始凭证，再据以填制记账凭证。

(3) 素养目标：培养学生学会合作，养成团结协作的素养；能坚持正确的、严谨的职业道德价值取向；培养学生热爱劳动，树立按劳取酬的意识。

实训一　应付职工薪酬（会计凭证语言化）

贵州毕节奇伟服装有限公司 2022 年 11 月发生的与职工薪酬有关的经济业务如图 2-6-2-1 至图 2-6-2-23 所示。

【业务 1】

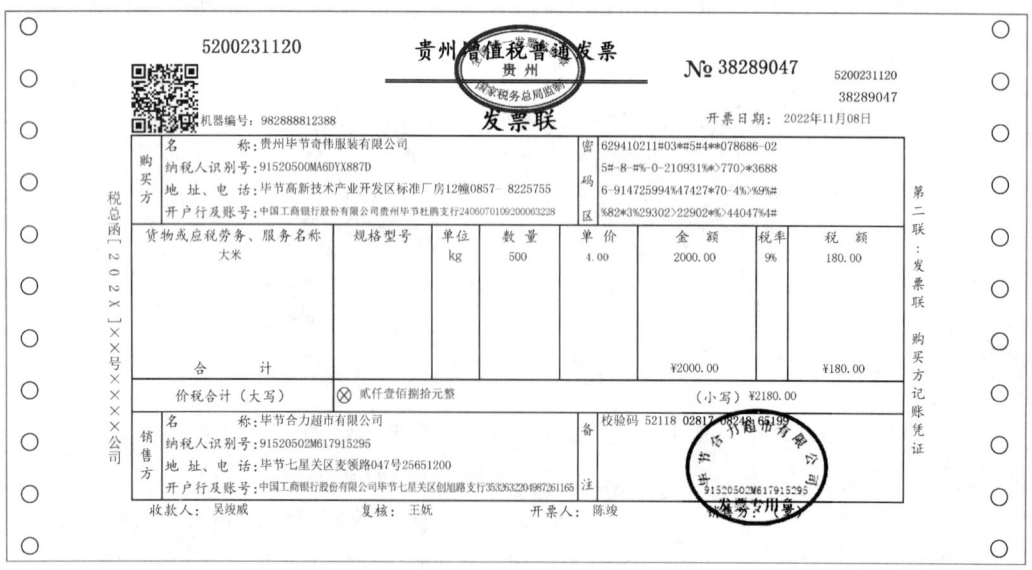

图 2-6-2-1　付款申请单

图 2-6-2-2　增值税普通发票

贵州毕节奇伟服装有限公司
物料验收单

厂商名称：毕节合力超市有限公司					日期：2022 年 11 月 08 日				
订单号码	物料名称	交货数量	实收数量	单位	抽样检验数量	抽样率	验收合格率	备注	
2022110801	大米	500	500	kg	50	10%	100%		

收料

检验标准 检验项目						IQC ☑	判定 合 格 ☐ 不 合 格	
1								
2						不 合 格 处 理	☐ 退货 ☐ 选别 ☐ 加工 ☐ 特采 ☐ 其他	
3								
4								
5								
6								
7						品管部	工程部	
8								

检验

备注：物资直接交付食堂使用	收料员 李子涵	检验员 王可	品保主管	仓管员	采购 穆永洪

第四联：会计联

图 2-6-2-3 物料验收单

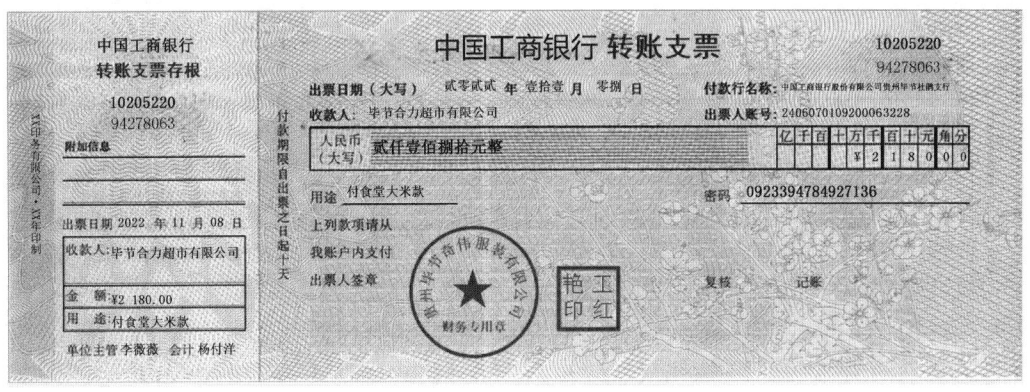

图 2-6-2-4 转账支票

要求1：根据图 2-6-2-1 至图 2-6-2-4,描述经济业务：_____

要求2：审核原始凭证后填制记账凭证（通用记账凭证）。

【业务2】

贵州毕节奇伟服装有限公司 付款申请单

申请部门：行政部　　　　　　　　　　　　　　　　　　　　　　　　2022 年 11 月 15 日

摘　　要	发放10月工资			合同编号	
合同金额	贰拾贰万玖仟壹佰柒拾柒元肆角肆分			已付金额	
付款金额	人民币（大写）贰拾贰万玖仟壹佰柒拾柒元肆角肆分			￥229 177.44	
付款方式	□现金　　☑转账支票　　□银行汇票　　□银行承兑汇票 □网银转账　　□电汇　　□银行本票　　□其他			用款日期	2022-11-15
收款单位	个人代收付业务过渡账户			领款人	
总经理：王红艳		财务部经理：李薇薇	部门经理：黄柏川		经办人：杨付洋

图 2-6-2-5　付款申请单

贵州毕节奇伟服装有限公司 2022 年 10 月工资发放表

单位：贵州毕节奇伟服装有限公司　　　　　　　　　　　　　　　　　　单位：元

序号	部门	姓名	应付工资				应扣工资					个人所得税	实发工资
			基本工资	加班费	津补贴	合计	养老	失业	医疗	公积金	合计		
1	行政部	王红艳	150 000.00	1 000.00	1 000.00	152 000.00	12 160.00	456.00	3 040.00	9 120.00	24 776.00	23 034.80	104 189.20
2	行政部	黄柏川	9 000.00	1 000.00	1 000.00	11 000.00	880.00	55.00	220.00	660.00	1 815.00	208.50	8 976.50
3	行政部	李林	4 000.00	—	1 000.00	5 500.00	440.00	27.50	110.00	330.00	907.50	—	4 592.50
5	行政部	王丽	4 500.00	—	1 000.00	5 500.00	880.00	55.00	220.00	660.00	1 815.00	—	3 685.00
4	生产部	王子轩	9 000.00	1 000.00	1 000.00	11 000.00	440.00	27.50	110.00	330.00	907.50	299.25	9 793.25
14	生产部	王子涵	4 500.00	2 000.00	1 000.00	7 500.00	880.00	55.00	220.00	660.00	1 815.00	20.55	5 664.45
15	生产部	王可	3 000.00	700.00	1 000.00	4 700.00	472.00	29.50	118.00	354.00	973.50	—	3 726.50
6	仓储部	周金华	9 000.00	1 000.00	1 000.00	11 000.00	480.00	30.00	120.00	360.00	990.00	291.00	9 719.00
7	仓储部	李红	4 500.00	400.00	1 000.00	5 900.00	880.00	55.00	220.00	660.00	1 815.00	—	4 085.00
8	仓储部	谢文富	4 500.00	500.00	1 000.00	6 000.00	480.00	30.00	120.00	360.00	990.00	0.30	5 009.70
9	财务部	李薇薇	9 000.00	1 000.00	1 000.00	11 000.00	600.00	37.50	150.00	450.00	1 237.50	266.25	9 496.25
10	财务部	杨付洋	4 500.00	500.00	1 000.00	6 000.00	880.00	55.00	220.00	660.00	1 815.00	—	4 185.00
11	财务部	林艳艳	4 500.00	2 000.00	1 000.00	7 500.00	480.00	30.00	120.00	360.00	990.00	45.30	6 464.70
12	采购部	杨子夏	9 000.00	1 000.00	1 000.00	11 000.00	600.00	37.50	150.00	450.00	1 237.50	266.25	9 496.25
13	采购部	穆永洪	5 000.00	—	1 000.00	6 000.00	376.00	23.50	94.00	282.00	775.50	6.74	5 217.77
16	食堂	刘润	4 500.00	530.00	1 000.00	6 030.00	482.40	30.15	120.60	361.80	994.95	1.05	5 034.00
17	食堂	王玉莲	4 000.00	1 000.00	1 000.00	6 000.00	480.00	30.00	120.00	360.00	990.00	0.30	5 009.70
18	销售部	梁国浩	22 000.00	—	1 000.00	23 000.00	1 840.00	115.00	460.00	1 380.00	3 795.00	1 431.00	17 774.00
19	销售部	赵军	4 500.00	—	1 000.00	6 000.00	480.00	30.00	120.00	360.00	990.00	0.30	5 009.70
20	销售部	崔勇	2 453.86	—	—	2 453.86	196.31	12.27	49.08	147.22	404.88	—	2 048.98
	合计		272 453.86	13 630.00	19 000.00	305 083.86	24 406.71	1 221.42	6 101.68	18 305.02	50 034.83	25 871.59	229 177.44

总经理：王红艳　　　　　　审核人：李薇薇　　　　　　制表人：杨付洋

图 2-6-2-6　工资发放表

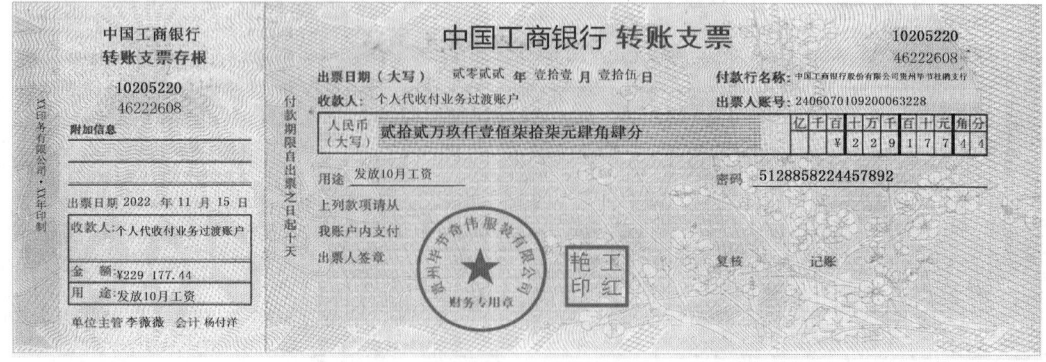

图 2-6-2-7　转账支票

要求1：根据图2-6-2-5至图2-6-2-7，描述经济业务：_____

要求2：审核原始凭证后填制记账凭证（通用记账凭证）。

【业务3】

贵州毕节奇伟服装有限公司 付款申请单

申请部门：行政部　　　　　　　　　　　　　　　　　　　　　2022 年 11 月 15 日

摘　要	缴纳10月职工社保费用	合同编号	79024774
合同金额		已付金额	
付款金额	人民币（大写）壹拾万叁仟壹佰玖拾壹元壹角叁分	￥103 191.13	
付款方式	□现金　□转账支票　□银行汇票　□银行承兑汇票 ☑网银转账　□电汇　□银行本票　□其他	用款日期	2022-11-15
收款单位	待解报预算收入账户	领款人	
总经理：王红艳　　　财务部经理：李薇薇　　　部门经理：黄柏川　　　经办人：李林			

图 2-6-2-8　付款申请单

贵州毕节奇伟服装有限公司 2022 年 10 月份社保缴纳明细汇总表

单位：贵州毕节奇伟服装有限公司　　日期：2022 年 10 月 30 日　　　　　　　　　　单位：元

序号	姓名	缴费基数	养老		失业		医疗		大额	工伤	个人合计	单位合计	总计
			个人	单位	个人	单位	个人	单位	单位	单位			
1	王红艳	152 000.00	12 160.00	24 320.00	456.00	1 064.00	3 040.00	10 640.00	3 040.00	760.00	15 656.00	39 824.00	55 480.00
2	黄柏川	11 000.00	880.00	1 760.00	55.00	128.33	220.00	220.00	110.00	55.00	1 155.00	2 273.33	3 428.33
3	李林	5 500.00	440.00	880.00	27.50	64.17	110.00	110.00	55.00	27.50	577.50	1 136.67	1 714.17
4	王子轩	11 000.00	880.00	1 760.00	55.00	128.33	220.00	220.00	110.00	55.00	1 155.00	2 273.33	3 428.33
5	王丽	5 500.00	440.00	880.00	27.50	64.17	110.00	110.00	55.00	27.50	577.50	1 136.67	1 714.17
6	周金华	11 000.00	880.00	1 760.00	55.00	128.33	220.00	220.00	110.00	55.00	1 155.00	2 273.33	3 428.33
7	李红	5 900.00	472.00	944.00	29.50	68.83	118.00	118.00	59.00	29.50	619.50	1 219.33	1 838.83
8	谢文富	6 000.00	480.00	960.00	30.00	70.00	120.00	120.00	60.00	30.00	630.00	1 240.00	1 870.00
9	李薇薇	11 000.00	880.00	1 700.00	55.00	128.33	220.00	220.00	110.00	55.00	1 155.00	2 273.33	3 428.33
10	杨付洋	6 000.00	480.00	960.00	30.00	70.00	120.00	120.00	60.00	30.00	630.00	1 240.00	1 870.00
11	林艳艳	7 500.00	600.00	1 200.00	37.50	87.50	150.00	150.00	75.00	37.50	787.50	1 550.00	2 337.50
12	杨子夏	11 000.00	880.00	1 760.00	55.00	128.33	220.00	220.00	110.00	55.00	1 155.00	2 273.33	3 428.33
13	穆永洪	6 000.00	480.00	960.00	30.00	70.00	120.00	120.00	60.00	30.00	630.00	1 240.00	1 870.00
14	王子涵	7 500.00	600.00	1 200.00	37.50	87.50	150.00	150.00	75.00	37.50	787.50	1 550.00	2 337.50
15	王可	4 700.00	376.00	752.00	23.50	54.83	94.00	94.00	47.00	23.50	493.50	971.33	1 464.83
16	刘润	6 030.00	482.40	964.80	30.15	70.35	120.60	120.60	60.30	30.15	633.15	1 246.20	1 879.35
17	王红莲	6 000.00	480.00	960.00	30.00	70.00	120.00	120.00	60.00	30.00	630.00	1 240.00	1 870.00
18	梁国浩	23 000.00	1 840.00	3 680.00	115.00	268.33	460.00	460.00	230.00	115.00	2 415.00	4 753.33	7 168.33
19	赵军	6 000.00	480.00	960.00	30.00	70.00	120.00	120.00	60.00	30.00	630.00	1 240.00	1 870.00
20	崔勇	2 453.86	196.31	392.62	12.27	28.63	49.08	49.08	24.54	12.27	257.66	507.14	764.80
	合计：	305 083.86	24 406.71	48 813.42	1 221.42	2 849.96	6 101.68	13 701.68	4 570.84	1 525.42	31 729.81	71 461.53	103 191.13

图 2-6-2-9　社保缴纳明细汇总表

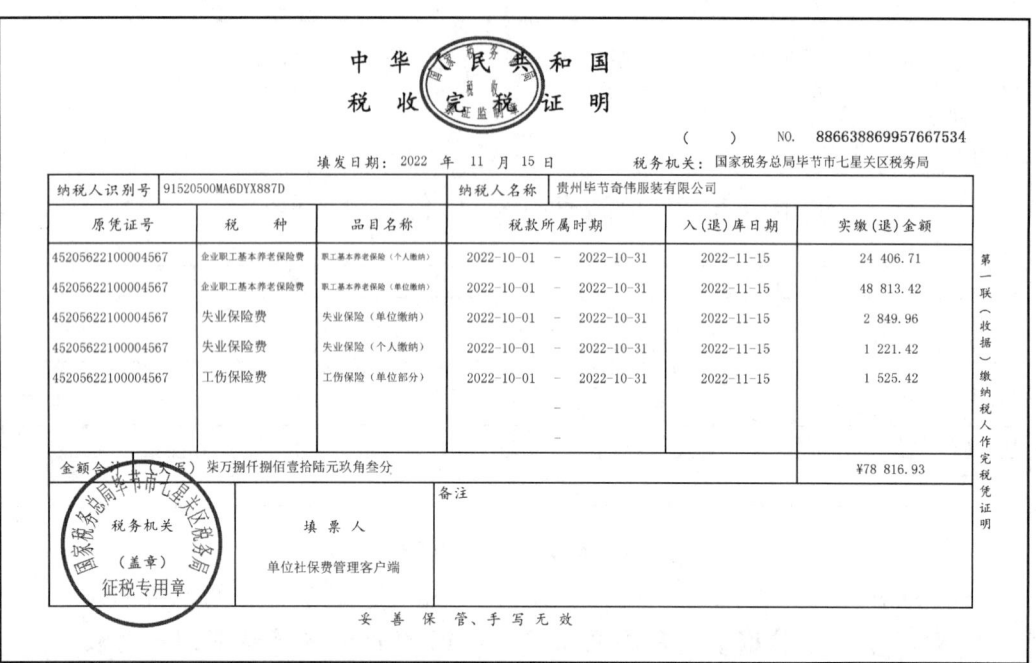

图 2-6-2-10　税收完税证明

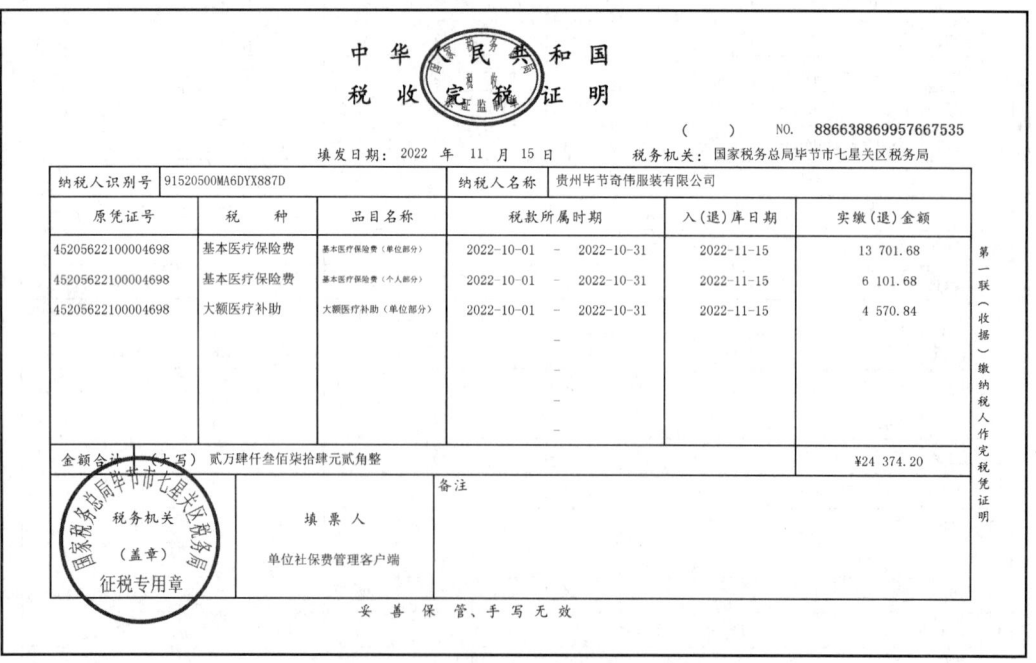

图 2-6-2-11　税收完税证明

中国工商银行　网上银行电子回单

电子回单号码：62186418043

付款人	户名	贵州毕节奇伟服装有限公司	收款人	户名	待报解预算收入
	账号	2406070109200063228		账号	2406072911*********
	开户银行	中国工商银行股份有限公司贵州毕节杜鹃支行		开户银行	中国工商银行

金额	人民币（大写）：柒万捌仟捌佰壹拾陆元玖角叁分	￥78 816.93
摘要	代理国库税收收缴	业务种类　银税业务
用途	代理国库税收收缴	

	57221534877480	时间戳	2022年11月15日22时1分

备注：
57221534877480
person:45205622100004567
验证码：99540615

记账网点	574	记账柜员	997	记账日期	2022年11月15日

打印日期：2022年11月15日

图 2-6-2-12　网银回单

中国工商银行　网上银行电子回单

电子回单号码：62186418044

付款人	户名	贵州毕节奇伟服装有限公司	收款人	户名	待报解预算收入
	账号	2406070109200063228		账号	2406072911*********
	开户银行	中国工商银行股份有限公司贵州毕节杜鹃支行		开户银行	中国工商银行

金额	人民币（大写）：贰万肆仟叁佰柒拾肆元贰角整	￥24 374.20
摘要	代理国库税收收缴	业务种类　银税业务
用途	代理国库税收收缴	

	57221534877481	时间戳	2022年11月15日22时4分

备注：
57221534877481
person:45205622100004698
验证码：99540615

记账网点	574	记账柜员	997	记账日期	2022年11月15日

打印日期：2022年11月15日

图 2-6-2-13　网银回单

要求1：根据图2-6-2-8至图2-6-2-13，描述经济业务：_____

要求2：审核原始凭证后填制记账凭证（通用记账凭证）。

【业务4】

图 2-6-2-14　付款申请单

住房公积金汇缴书

2022 年 11 月 15 日

附变更清册　1　张

单位名称（公章）	贵州毕节奇伟服装有限公司											
单位登记号	89715446		资金来源	□财政统发	✓非财政统发		汇缴 2022 年 10 月份					
汇缴金额（大写）	伍万肆仟玖佰壹拾伍元零捌分					千	百	十	万	千	百	十	元	角	分
								¥	5	4	9	1	5	0	8

	上月汇缴	本月增加	本月减少	本月汇缴
人数	20	0	0	20
金额	¥54 915.08	¥0.00	¥0.00	¥54 915.08

缴费方式	□支票	□委托收款	□现金送款簿	□汇票
票据号码	58277848		备注	
付款银行	中国工商银行股份有限公司贵州毕节杜鹃支行		022211100001019	
付款账户	2406070109200063228			
单位财务主管签字（盖章）：李薇薇		复核：杨付洋	制单：林艳艳	

图 2-6-2-15　住房公积金汇缴书

2022 年 10 月份公积金缴纳明细汇总表

单位：贵州毕节奇伟服装有限公司　　　　　　　　　　　　　　　　单位：元

序号	姓名	缴费基数	个人应缴公积金（6%）	单位应缴公积金（12%）	合计
1	王红艳	152 000.00	9 120.00	18 240.00	27 360.00
2	黄柏川	11 000.00	660.00	1 320.00	1 980.00
3	李　林	5 500.00	330.00	660.00	990.00
4	王子轩	11 000.00	660.00	1 320.00	1 980.00
5	王　丽	5 500.00	330.00	660.00	990.00
6	周金华	11 000.00	660.00	1 320.00	1 980.00
7	李　红	5 900.00	354.00	708.00	1 062.00
8	谢文富	6 000.00	360.00	720.00	1 080.00
9	李薇薇	11 000.00	660.00	1 320.00	1 980.00
10	杨付洋	6 000.00	360.00	720.00	1 080.00
11	林艳艳	7 500.00	450.00	900.00	1 350.00
12	杨子夏	11 000.00	660.00	1 320.00	1 980.00
13	穆永洪	6 000.00	360.00	720.00	1 080.00
14	王子涵	7 500.00	450.00	900.00	1 350.00
15	王　可	4 700.00	282.00	564.00	846.00
16	刘　润	6 030.00	361.80	723.60	1 085.40
17	王红莲	6 000.00	360.00	720.00	1 080.00
18	梁国浩	23 000.00	1 380.00	2 760.00	4 140.00
19	赵　军	6 000.00	360.00	720.00	1 080.00
20	崔　勇	2 453.86	147.22	294.46	441.68
	合计		18 305.02	36 610.06	54 915.08

图 2-6-2-16　2022 年 10 月份公积金缴纳明细汇总表

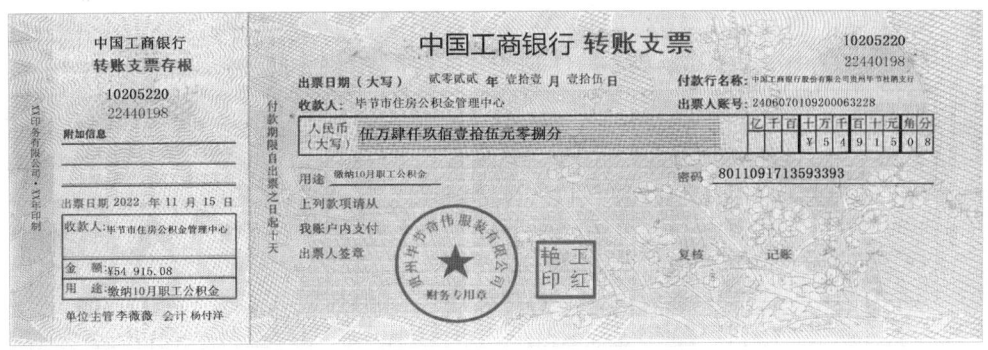

图 2-6-2-17　转账支票

要求1：根据图2-6-2-14至图2-6-2-17，描述经济业务：＿＿＿＿＿＿＿＿＿＿＿＿＿＿＿＿＿＿＿＿＿＿

＿＿

要求2：审核原始凭证后填制记账凭证（通用记账凭证）。

【业务5】

2022年11月工资计提表

单位：贵州毕节奇伟服装有限公司　　日期：2022年12月30日　　　　　　　　　单位：元

部门		基本工资	加班费	津补贴	应付工资
生产车间	工人	7 500.00	2 700.00	2 000.00	12 200.00
	管理人员	9 000.00	1 000.00	1 000.00	11 000.00
食堂人员		8 500.00	1 530.00	2 000.00	12 030.00
行政人员		218 000.00	8 400.00	12 000.00	238 400.00
销售人员		29 453.86	—	2 000.00	31 453.86
合计		272 453.86	13 630.00	19 000.00	305 083.86

总经理：王红艳　　　　　审核人：李薇薇　　　　　制表人：杨付洋

图 2-6-2-18　2022年11月工资计提表

要求1：根据图2-6-2-18，描述经济业务：＿＿＿＿＿＿＿＿＿＿＿＿＿＿＿＿＿＿＿＿＿＿＿＿＿

＿＿

要求2：审核原始凭证后填制记账凭证（通用记账凭证）。

【业务6】

2022年11月职工福利费计提表

单位：贵州毕节奇伟服装有限公司　　日期：2022年11月30日　　　　　　　　金额单位：元

部门		计提基数	计提比例	计提金额
生产车间	工人	12 200.00	14%	1 708.00
	管理人员	11 000.00	14%	1 540.00
食堂人员		12 030.00	14%	1 684.20
行政人员		238 400.00	14%	33 376.00
销售人员		31 453.86	14%	4 403.54
合计		305 083.86		42 711.74

总经理：王红艳　　　　　审核人：李薇薇　　　　　制表人：杨付洋

图 2-6-2-19　2022年11月职工福利计提表

图 2-6-2-20　2022 年 11 月职工工会经费计提表

图 2-6-2-21　2022 年 11 月职工教育经费计提表

要求 1：根据图 2-6-2-19 至图 2-6-2-21，描述经济业务：_____

要求 2：审核原始凭证后填制记账凭证(通用记账凭证)。

【业务 7】

2022 年 11 月社保费用计提表

单位：贵州毕节奇伟服装有限公司　　日期：2022 年 11 月 30 日　　　　　　　　　单位：元

部门		应发工资	基本养老保险费（单位 16%）	失业保险费（单位 0.7%）	基本医疗保险（单位 7%）	大额医疗（单位 2%）	工伤保险（单位 0.5%）	合计
生产车间	工人	11 400.00	1 824.00	133.00	228.00	114.00	57.00	2 356.00
	管理人员	11 000.00	1 760.00	128.33	220.00	110.00	55.00	2 273.33
食堂人员		12 030.00	1 924.80	140.35	240.60	120.30	60.15	2 486.20
行政人员		239 200.00	38 272.00	2 081.32	12 384.00	3 912.00	1 196.00	57 845.32
销售人员		31 453.86	5 032.62	366.96	629.08	314.54	157.27	6 500.47
合计		305 083.86	48 813.42	2 849.90	13 701.68	4 570.84	1 525.42	71 461.32

总经理：王红艳　　　　　　审核人：李薇薇　　　　　　制表人：杨付洋

图 2-6-2-22　2022 年 11 月社保费用计提表

要求1：根据图 2-6-2-22，描述经济业务：_____

_____

要求2：审核原始凭证后填制记账凭证（通用记账凭证）。

【业务8】

2022 年 11 月职工住房公积金计提表

单位：贵州毕节奇伟服装有限公司　　日期：2022 年 11 月 30 日　　单位：元

部门		计提基数	计提比例	计提金额
生产车间	工人	11 400.00	12%	1 368.00
	管理人员	11 000.00	12%	1 320.00
食堂人员		12 030.00	12%	1 443.60
行政人员		239 200.00	12%	28 704.00
销售人员		31 453.86	12%	3 774.46
合计		305 083.86		36 610.06

总经理：王红艳　　　　审核人：李薇薇　　　　制表人：杨付洋

图 2-6-2-23　2022 年 11 月住房公积金计提表

要求1：根据图 2-6-2-23，描述经济业务：_____

_____

要求2：审核原始凭证后填制记账凭证（通用记账凭证）。

实训二　应付职工薪酬实训（会计语言凭证化）

贵州毕节奇伟服装有限公司 2022 年 11 月发生应付职工薪酬的经济业务如下。

【业务1】

10 日，经公司研究决定给予谢文富同志困难补助 1 500 元，现金付讫。

要求1：列出该经济业务涉及的原始凭证：_____

_____

要求2：填制空白原始凭证，如图 2-6-2-24 至图 2-6-2-26 所示。

要求3：审核所填制原始凭证后填制记账凭证（通用记账凭证）。

_____付款申请单

申请部门：					年　　月　　日
摘　要				合同编号	
合同金额				已付金额	
付款金额	人民币（大写）			¥	
付款方式	□现金　　□转账支票　　□银行汇票　　□银行承兑汇票 □网银转账　□电汇　　□银行本票　　□其他			用款日期	
收款单位				领款人	
总经理：		财务部经理：	部门经理：		经办人：

图 2-6-2-24　付款申请单

```
┌─────────────────────────────────────────────────────────┐
│                  公  司  文  件                          │
│                  (    ) 字 第     号                     │
├─────────────────────────────────────────────────────────┤
│                                                         │
│                                                         │
│                                                         │
│                                                         │
├─────────────────────────────────────────────────────────┤
│                                          年   月   日   │
└─────────────────────────────────────────────────────────┘
```

图 2-6-2-25　公司文件

```
                 收  款  收  据    No.
                   年  月  日
     今 收 到 _____
     交  来  _____
     金额(大写)  拾 万 仟 佰 拾 元 角 分
     ¥_____              收款单位(公章)
     核准      会计     记账     出纳     经办人
```

图 2-6-2-26　收款收据

【业务 2】

12 日,职工食堂向毕节合力超市有限公司购买大米 1 000 千克,单价 5 元,增值税普通发票注明买价 5 000 元,增值税 450 元,款项签发转账支票付讫,大米食堂验收。

要求 1：列出该经济业务涉及的原始凭证：_____

_____

要求 2：填制空白原始凭证,如图 2-6-2-27 至图 2-6-2-30 所示。

要求 3：审核所填制原始凭证后填制记账凭证(通用记账凭证)。

```
_____ 付款申请单
 申请部门:                              年   月   日
 摘   要:                    合同编号:
 合同金额:                    已付金额:
 付款金额: 人民币(大写)              ¥
 付款方式: □现金    □转账支票  □银行汇票  □银行承兑汇票   用款日期:
          □网银转账  □电汇    □银行本票  □其他
 收款单位:                            领款人:
 总经理:        财务部经理:       部门经理:       经办人:
```

图 2-6-2-27　付款申请单

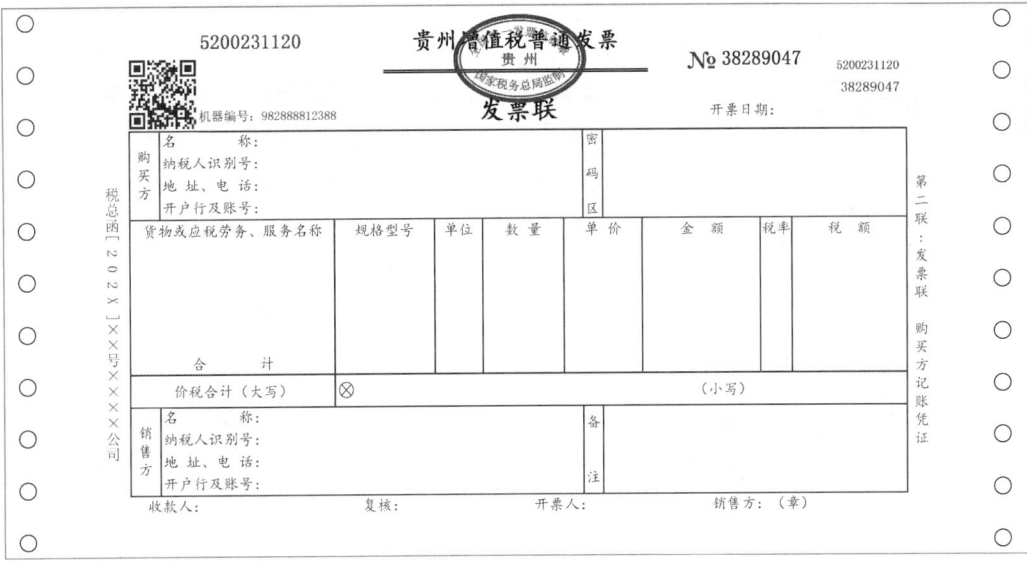

图 2-6-2-28 增值税普通发票

	物料验收单									
厂商名称：					日期：	年 月 日				
收料	订单号码	物料名称	交货数量	实收数量	单位	抽样检验数量	抽样率	验收合格率	备注	
检验	检验标准 检验项目						IQC □ □	判定 □ 合 格 □ 不 合 格		
	1									
	2						不合格处理	□ 退货 □ 选别 □ 加工 □ 特采 □ 其他		
	3									
	4									
	5									
	6									
	7						品管部	工程部		
	8									
备注：					收料员	检验员	品保主管	仓管员	采购	

图 2-6-2-29 物料验收单

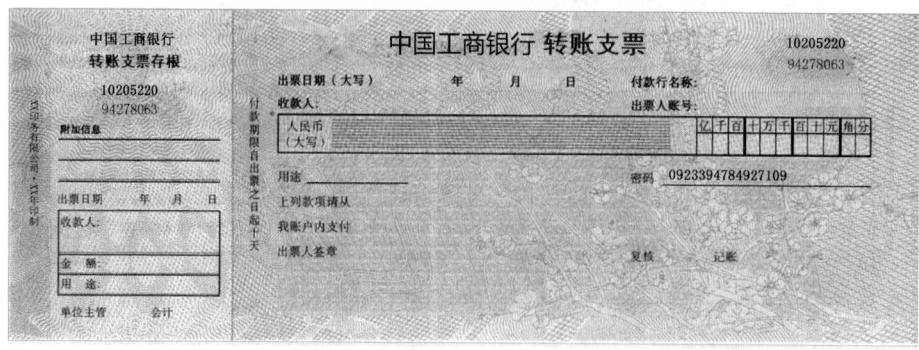

图 2-6-2-30 转账支票

【业务3】

12日,职工食堂向毕节合力超市有限公司购买猪肉50千克,单价24元,增值税普通发票注明买价1 200元,增值税0元,款项通过网银支付,猪肉食堂验收。

要求1:列出该经济业务涉及的原始凭证:_____

要求2:填制空白原始凭证,如图2-6-2-31至图2-6-2-34所示。

要求3:审核所填制原始凭证后填制记账凭证(通用记账凭证)。

图 2-6-2-31 付款申请单

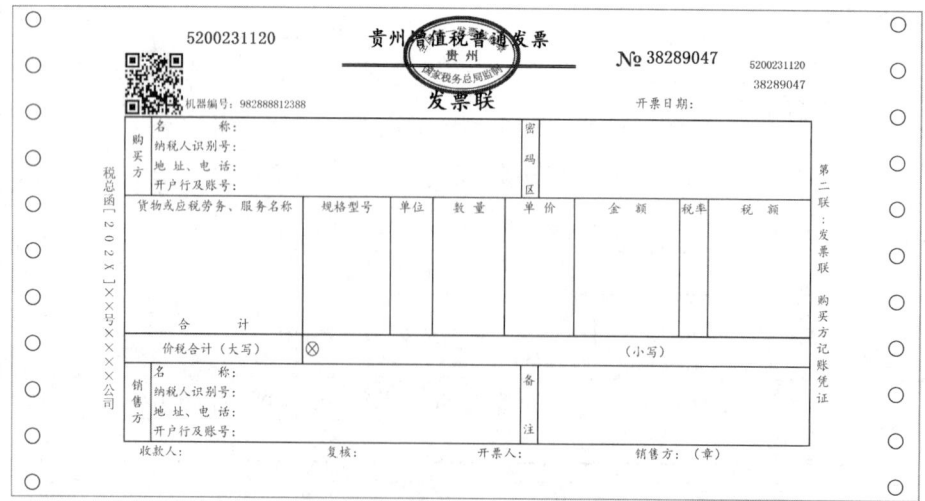

图 2-6-2-32 增值税普通发票

物料验收单

	厂商名称：			日期：	年 月 日				
	订单号码	物料名称	交货数量	实收数量	单位	抽样检验数量	抽样率	验收合格率	备注
收料									
检验	检验标准 检验项目					IQC □ □		判定 合　格 不合格	
	1								
	2					不合格处理		□ 退货	
	3							□ 选别	
	4							□ 加工	
	5							□ 特采	
	6							□ 其他	
	7					品管部		工程部	
	8								
备注：				收料员	检验员	品保主管	仓管员	采购	

第四联：会计联

图 2-6-2-33　物料验收单

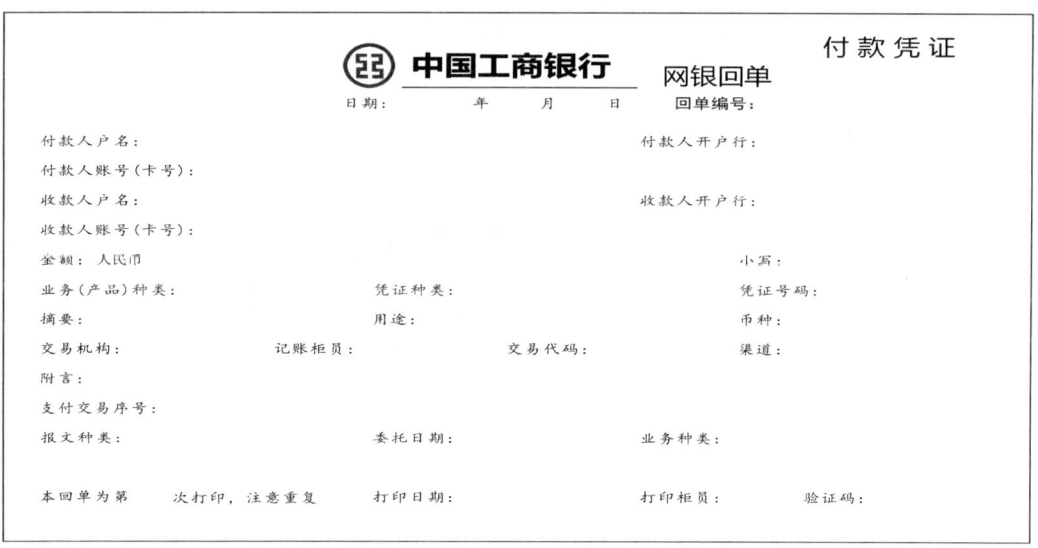

图 2-6-2-34　网银回单

【业务4】

15日，食堂汇总1日至15日购进蔬菜3 500元，由供应商张全到七星关区税务局代开发票，款项现金支付。

要求1：列出该经济业务涉及的原始凭证：_____

_____

要求2：填制空白原始凭证，如图2-6-2-35至图2-6-2-38所示。

要求3：审核所填制原始凭证后填制记账凭证（通用记账凭证）。

图 2-6-2-35 付款申请单

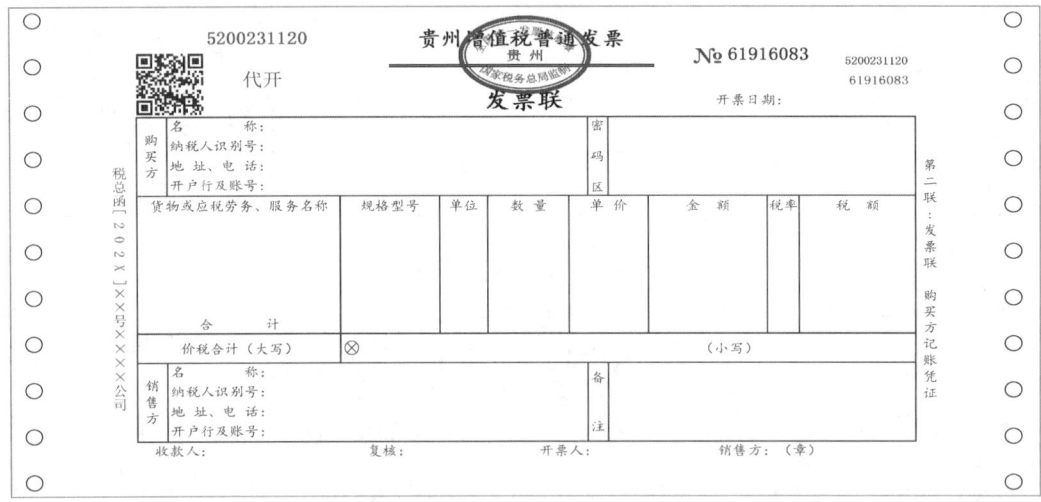

图 2-6-2-36 增值税普通发票

图 2-6-2-37 物料验收单

收 款 收 据 No.

年　月　日

今 收 到 _____

交　来 _____

金额(大写)　拾　万　仟　佰　拾　元　角　分

¥_____　　　　　　　　　收款单位(公章)

核准　　　会计　　　记账　　　出纳　　　经办人

第三联 记账

图 2-6-2-38　收款收据

任务三　应交税费

请扫描二维码,认真查看应交税费相关知识,了解一般纳税人应交增值税的账务处理和应交税费的业务流程,为实习实训作好理论准备。

一般纳税人应交增值税的账务处理　　　应交税费的业务流程

(1) 知识目标:理解"应交税费"账户的用途和结构,掌握应交增值税、城市维护建设税、教育费附加和地方教育附加等主要税费的计算与账务处理。

(2) 技能目标:能根据应交税费发生(计提)、缴纳的原始凭证,进行经济业务分析判断,描述出发生的具体经济业务的内容;能根据应交税费发生(计提)、缴纳等经济业务的具体描述,列出所涉及的原始凭证,并填制相关的空白原始凭证;能审核应交税费发生(计提)、缴纳原始凭证的真实性、合法性和完整性等,进行正确的会计确认、计量,然后据以填制记账凭证。

(3) 素养目标:培养学生严谨的工作作风,增强学生纳税意识;培养学生认识国家税收"取之于民,用之于民",感恩国家的爱国情怀。

实训一　应交税费实训(会计凭证语言化)

(1) 贵州毕节奇伟服装有限公司 2022 年 11 月末"应交税费"有关明细账户余额如下。

"应交税费——未交增值税"贷方 45 000 元；

"应交税费——应交城市维护建设税"贷方 3 150 元；

"应交税费——应交教育费附加"贷方 1 350 元；

"应交税费——应交地方教育附加"贷方 900 元；

"应交税费——应交增值税——进项税额"借方 605 000 元；

"应交税费——应交增值税——销项税额"贷方 715 000 元；

"应交税费——应交增值税——进项税额转出"贷方 1 500 元；

"应交税费——应交增值税——转出未交增值税"借方 275 000 元；

"应交税费——应交增值税——转出多交增值税"贷方 163 500 元。

(2) 贵州毕节奇伟服装有限公司 2022 年 12 月发生的与应交税费有关的经济业务如图 2-6-3-1 至图 2-6-3-28 所示。

【业务 1】

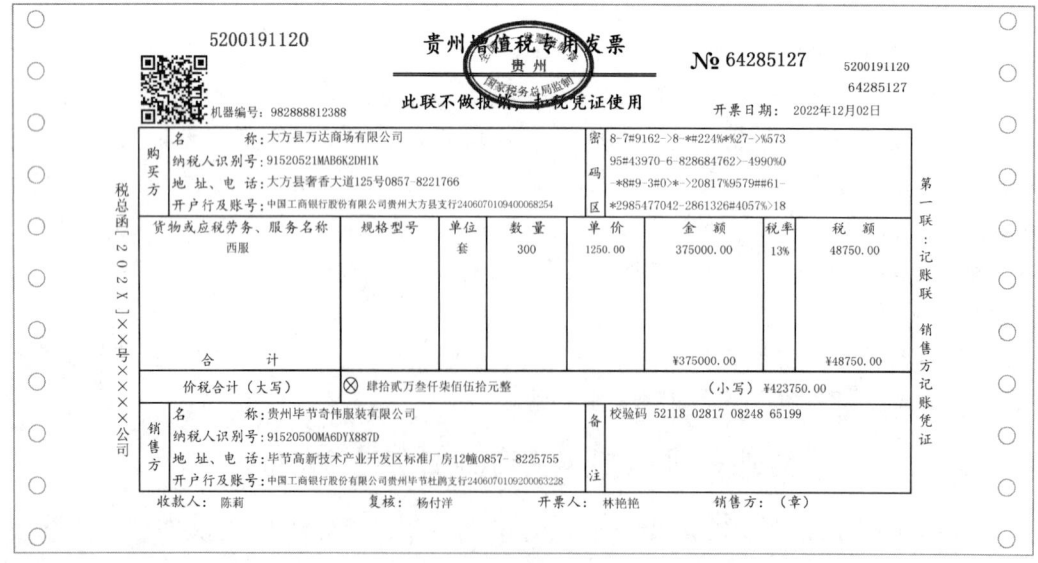

图 2-6-3-1 销售单

图 2-6-3-2 增值税专用发票记账联

要求1：根据图2-6-3-1和图2-6-3-2，描述经济业务：_____

要求2：审核原始凭证后填制记账凭证（通用记账凭证）。

【业务2】

贵州毕节奇伟服装有限公司
采购入库单

入库单号：578373077　　入库日期：2022-12-08　　入库类型：　　　　部门：采购部

供应商名称：贵阳通黔纺织科技有限公司　　　　仓库名称：　　　　备注：

发票号码	编码	存货名称	尺码	颜色	单位	数量	不含税价	金额
46658434		布料001			米	1 000	110.00	110 000.00
合　计						1 000		110 000.00

记账：杨付洋　　复核：李薇薇　　仓库保管：周金华　　采购员：杨子夏

图 2-6-3-3　采购入库单

图 2-6-3-4　增值税专用发票

要求1：根据图2-6-3-3和图2-6-3-4，描述经济业务：_____

要求2：审核原始凭证后填制记账凭证（通用记账凭证）。

【业务3】

贵州毕节奇伟服装有限公司 付款申请单

申请部门：生产部					2022 年 12 月 10 日	
摘　要	购进智能缝纫机				合同编号	02550649
合同金额	贰拾贰万陆仟元整				已付金额	¥0.00
付款金额	人民币（大写）贰拾贰万陆仟元整					¥226 000.00
付款方式	□现金	□转账支票	□银行汇票	□银行承兑汇票	用款日期	2022-12-10
	☑网银转账	□电汇	□银行本票	□其他		
收款单位	贵阳服装设备有限责任公司				领款人	刘媛
总经理：王红艳		财务部经理：李薇薇		部门经理：王子轩		经办人：李子涵

图 2-6-3-5　付款申请单

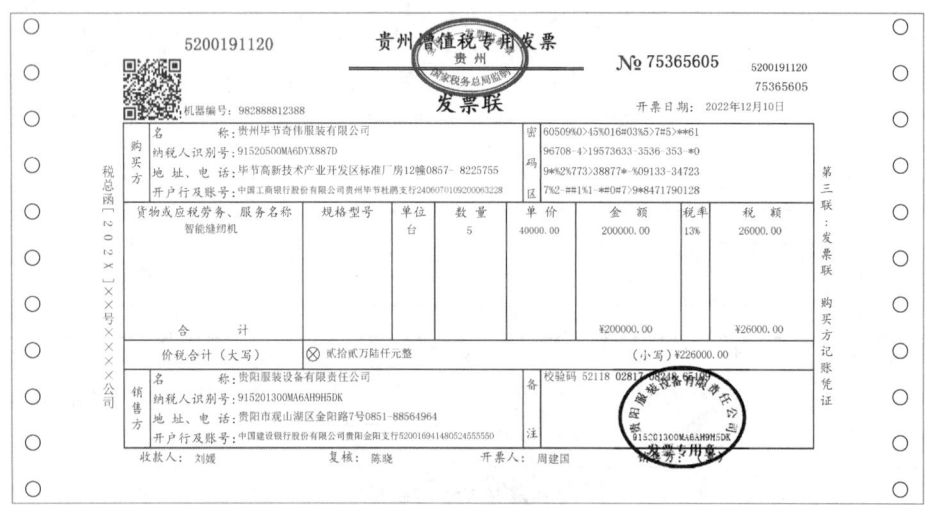

图 2-6-3-6　增值税专用发票

中国工商银行　网银回单　付款凭证

日期：2022 年 12 月 10 日　　回单编号：1804

付款人户名：贵州毕节奇伟服装有限公司　　付款人开户行：中国工商银行股份有限公司贵州毕节杜鹃支行
付款人账号（卡号）：2406070109200063228
收款人户名：贵阳服装设备有限责任公司　　收款人开户行：中国工商银行股份有限公司贵阳南明区支行
收款人账号（卡号）：2406071109220033425
金　额：人民币贰拾贰万陆仟元整　　小写：¥226 000.00
业务(产品)种类：　　凭证种类：　　凭证号码：
摘要：购买机器设备　　用途：　　币种：
交易机构：　　记账柜员：　　交易代码：　　渠道：
附言：
支付交易序号：
报文种类：　　委托日期：　　业务种类：

本回单为第　1　次打印，注意重复　　打印日期：2022.12.10　　打印柜员：

图 2-6-3-7　网银回单

图 2-6-3-8 付款申请单

图 2-6-3-9 增值税专用发票

图 2-6-3-10 转账支票

固定资产验收单

公司名称：	贵州毕节奇伟服装有限公司				
资产编号	001	资产名称	智能缝纫机		
规格(编号)		资产代码		管理人	黄柏川
计量单位	台	单价(元)	¥40 000.00	金额(元)	¥41 200.00
出厂日期	2022 年 12 月 10 日	购置日期	2022 年 12 月 10 日		
生产厂家	贵阳服装设备有限责任公司	安装地点	毕节高新技术产业开发区标准厂房12幢		
附件情况					
固定资产验收情况说明： 验收合格					
验收确认： 合格					
			验收日期： 2022 年 12 月 10 日		
管理部门负责人签字： 王子轩					
公司总经理签字： 王红艳					
注：此表一式三份，使用部门、保管部门、财务部门各一份。					

图 2-6-3-11　固定资产验收单

固定资产验收单

公司名称：	贵州毕节奇伟服装有限公司				
资产编号	002	资产名称	智能缝纫机		
规格(编号)		资产代码		管理人	黄柏川
计量单位	台	单价(元)	¥40 000.00	金额(元)	¥41 200.00
出厂日期	2022 年 12 月 10 日	购置日期	2022 年 12 月 10 日		
生产厂家	贵阳服装设备有限责任公司	安装地点	毕节高新技术产业开发区标准厂房12幢		
附件情况					
固定资产验收情况说明： 验收合格					
验收确认： 合格					
			验收日期： 2022 年 12 月 10 日		
管理部门负责人签字： 王子轩					
公司总经理签字： 王红艳					
注：此表一式三份，使用部门、保管部门、财务部门各一份。					

图 2-6-3-12　固定资产验收单

图 2-6-3-13　固定资产验收单

图 2-6-3-14　固定资产验收单

固定资产验收单

公司名称：	贵州毕节奇伟服装有限公司				
资产编号	005	资产名称	智能缝纫机		
规格(编号)		资产代码		管理人	黄柏川
计量单位	台	单价(元)	¥40 000.00	金额(元)	¥41 200.00
出厂日期	2022 年 12 月 10 日	购置日期	2022 年 12 月 10 日		
生产厂家	贵阳服装设备有限责任公司	安装地点	毕节高新技术产业开发区标准厂房12幢		
附件情况					

固定资产验收情况说明：
验收合格

（盖章：贵州毕节奇伟服装有限公司）

验收确认：
合格

验收日期：2022 年 12 月 10 日

管理部门负责人签字：王子轩
公司总经理签字：王红艳

注：此表一式三份，使用部门、保管部门、财务部门各一份。

图 2-6-3-15 固定资产验收单

要求1：根据图2-6-3-5至图2-6-3-15，描述经济业务：_____

要求2：审核原始凭证后填制记账凭证（通用记账凭证）。

【业务4】

贵州毕节奇伟服装有限公司 付款申请单

申请部门：采购部　　　　　　　　　　　　　　　　　　　2022 年 12 月 20 日

摘　要	购入布料			合同编号	40247621
合同金额	壹拾壹万捌仟陆佰伍拾元整			已付金额	¥0.00
付款金额	人民币（大写）壹拾壹万捌仟陆佰伍拾元整				¥118 650.00
付款方式	□现金　□转账支票　□银行汇票　□银行承兑汇票 ✓网银转账　□电汇　　□银行本票　　□其他			用款日期	2022-12-20
收款单位	贵阳通黔纺织科技有限公司			领款人	谢颖
总经理：王红艳		财务部经理：李薇薇	部门经理：		经办人：王子涵

图 2-6-3-16 付款申请单

贵州毕节奇伟服装有限公司
采购入库单

金额单位：元

入库单号：578373078　　入库日期：2022-12-20　　仓库类型：　　部门：采购部
供应商名称：贵阳通黔纺织科技有限公司　　入库名称：　　备注：

发票号码	编码	存货名称	尺码	颜色	单位	数量	不含税价	金额
89793901		布料001			米	1 000	110.00	105 000.00
合　计						1 000		105 000.00

记账：杨付洋　　复核：李薇薇　　仓库保管：周金华　　采购员：杨子夏

图 2-6-3-17　采购入库单

图 2-6-3-18　增值税专用发票

付款凭证

中国工商银行 网银回单

日期：2022 年 12 月 20 日　　回单编号：5465

付款人户名：贵州毕节奇伟服装有限公司
付款人账号（卡号）：2406070109200063228
收款人户名：贵阳通黔纺织科技有限公司
收款人账号（卡号）：5200169414805252487
金额：人民币 壹拾壹万捌仟陆佰伍拾元整
业务（产品）种类：　　　　凭证种类：　　　　凭证号码：
摘要：支付货款　　　　用途：　　　　币种：
交易机构：　　　　记账柜员：　　　　交易代码：　　　　渠道：
附言：
支付交易序号：
报文种类：　　　　委托日期：　　　　业务种类：

付款人开户行：中国工商银行股份有限公司贵州毕节杜鹃支行
收款人开户行：中国建设银行股份有限公司贵阳云岩支行
小写：¥118 650.00

本回单为第 1 次打印，注意重复　　打印日期：2022.12.20　　打印柜员：

图 2-6-3-19　网银回单

要求1：根据图 2-6-3-16 至图 2-6-3-19，描述经济业务：_____

要求2：审核原始凭证后填制记账凭证（通用记账凭证）。

【业务5】

销 售 单

购货单位：毕节百货商厦有限责任公司
地址和电话：毕节市七星关区桂花路 220 号 0857-8221755　　单据编号：4042
纳税识别号：91520500MA6KH2D1HK
开户行及账号：中国建设银行股份有限公司贵州毕节桂花支行 5200169413605251675
　　　　　　　　　　　　　　　　　　　　　　　　　　　制单日期：2022 年 12 月 22 日

编码	产品名称	规格	单位	单价	数量	金额	备注
01	西服		套	1 200.00	100	120 000.00	
合计	人民币(大写)：壹拾贰万元整					¥120 000.00	

总经理：王红艳　　销售经理：梁国浩　　经手人：李梓涵　　会计：杨付洋　　签收人：李曼

图 2-6-3-20　销售单

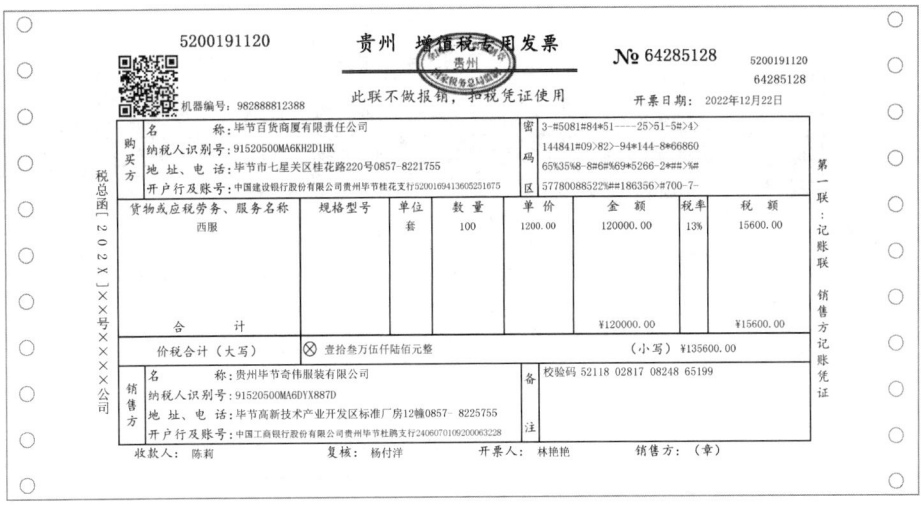

图 2-6-3-21 增值税专用发票

要求1：根据图2-6-3-20和图2-6-3-21，描述经济业务：_____

要求2：审核原始凭证后填制记账凭证（通用记账凭证）。

【业务6】

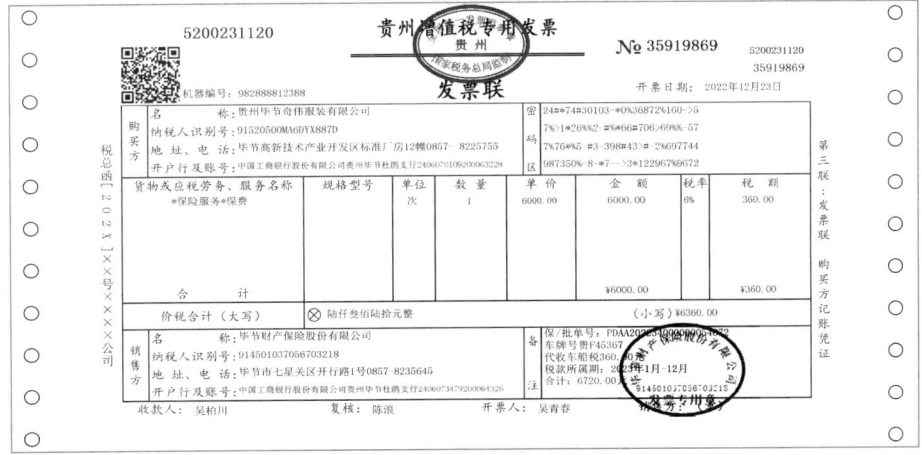

图 2-6-3-22 付款申请单

图 2-6-3-23 增值税专用发票

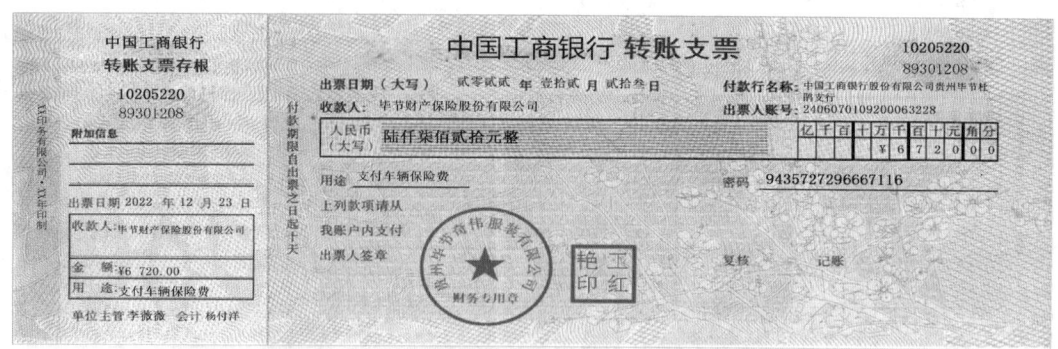

图 2-6-3-24 转账支票

要求 1：根据图 2-6-3-22 至图 2-6-3-24，描述经济业务：_____

要求 2：审核原始凭证后填制记账凭证（通用记账凭证）。

【业务 7】

2022 年 12 月原材料盘点汇总表

编制单位：贵州毕节奇伟服装有限公司　　盘点部门：采购部　　2022 年 12 月 28 日　　单位：元

商品名称	计量单位	账存数量	实盘数量	盘盈/盘亏数	单价	金额	备注
布料 001	米	2000	1950	−50	100.00	−5 000.00	受潮毁损
合　计						−5 000.00	

财务经理：李薇薇　　　　监盘人：杨付洋　　　　盘点人：杨子夏

图 2-6-3-25 原材料盘点汇总表

要求 1：根据图 2-6-3-25 原材料盘点汇总表，描述经济业务：_____

要求 2：审核原始凭证后填制记账凭证（通用记账凭证）。

【业务 8】

应交增值税计算表

2022 年 12 月 31 日　　　　　　　　　　　　　　单位：元

项目	进项税额	销项税额	进项税额转出	本月应交增值税
金额	54 850.00	64 350.00	650.00	10 150.00

审核：李薇薇　　　　　　　　　　　制单：杨付洋

图 2-6-3-26 应交增值税计算表

要求1：根据图2-6-3-26，描述经济业务：_____

要求2：审核原始凭证后填制记账凭证（通用记账凭证）。

【业务9】

税金及附加计算表

2022年12月31日　　　　　　　　　　　　　　　　　　　　单位：元

项目	计提基数			计提比例	计提金额
	增值税	消费税	合计		
城市建设维护税	10 150.00		10 150.00	7%	710.50
教育费附加	10 150.00		10 150.00	3%	304.50
地方教育附加	10 150.00		10 150.00	2%	203.00
审核：李薇薇			制表：杨付洋		

图2-6-3-27　税金及附加计算表

要求1：根据图2-6-3-27，描述经济业务：_____

要求2：审核原始凭证后填制记账凭证（通用记账凭证）。

【业务10】

年末应交增值税结转计算表

2022年12月31日　　　　　　　　　　　　　　　　　　　　单位：元

项目	累计销项税额	累计进项税额	累计进项税额转出	累计转出未交增值税	累计转出多交增值税
金额	779 350.00	659 850.00	2 150.00	285 150.00	163 500.00
审核：李薇薇			制单：杨付洋		

图2-6-3-28　年末应交增值税结转计算表

要求1：根据图2-6-3-28，描述经济业务：_____

要求2：审核原始凭证后填制记账凭证（通用记账凭证）。

实训二　应交税费核算实训（会计语言凭证化）

（1）贵州毕节奇伟服装有限公司2022年11月末"应交税费"有关明细账户余额如下：

"应交税费——未交增值税"贷方30 000元；

"应交税费——应交城市维护建设税"贷方2 100元；

"应交税费——应交教育费附加"贷方900元；

"应交税费——应交地方教育附加"贷方600元；

"应交税费——应交增值税——进项税额"借方585 000元；

"应交税费——应交增值税——销项税额"贷方665 000元；

“应交税费——应交增值税——进项税额转出”贷方 2 500 元；
“应交税费——应交增值税——转出未交增值税”借方 175 000 元；
“应交税费——应交增值税——转出多交增值税”贷方 92 500 元。

(2) 贵州毕节奇伟服装有限公司 2022 年 12 月发生与应交税费有关的经济业务如下。

【业务 1】

7 日，从贵州清镇纺织有限公司购入布料 002，数量 1 500 米，单价 125 元，金额 187 500 元，增值税 24 375 元，签发一张面值为 211 875 元的银行承兑汇票（银行承兑汇票期限为期 3 个月）支付，材料验收入库。

要求 1：列出该经济业务涉及的原始凭证：________________________________

____

要求 2：填制空白原始凭证，如图 2-6-3-29 至图 2-6-3-33 所示。

要求 3：审核所填制原始凭证后填制记账凭证（通用记账凭证）。

贵州毕节奇伟服装有限公司 付款申请单

申请部门：　　　　　　　　　　　　　　　　　　　　年　　月　　日

摘　　要		合同编号	
合同金额		已付金额	
付款金额	人民币（大写）　　　　¥		
付款方式	□现金　□转账支票　□银行汇票　□银行承兑汇票 □网银转账　□电汇　□银行本票　□其他	用款日期	
收款单位		领款人	

总经理：　　　财务部经理：　　　部门经理：　　　经办人：

图 2-6-3-29　付款申请单

贵州毕节奇伟服装有限公司

采购入库单

入库单号：　　　入库日期：　　　入库类型：　　　部门：

供应商名称：　　　　　　　　　　仓库名称：　　　备注：

发票号码	编码	存货名称	尺码	颜色	单位	数量	不含税价	金额
合　计								

记账：　　　复核：　　　仓库保管：　　　采购员：

图 2-6-3-30　采购入库单

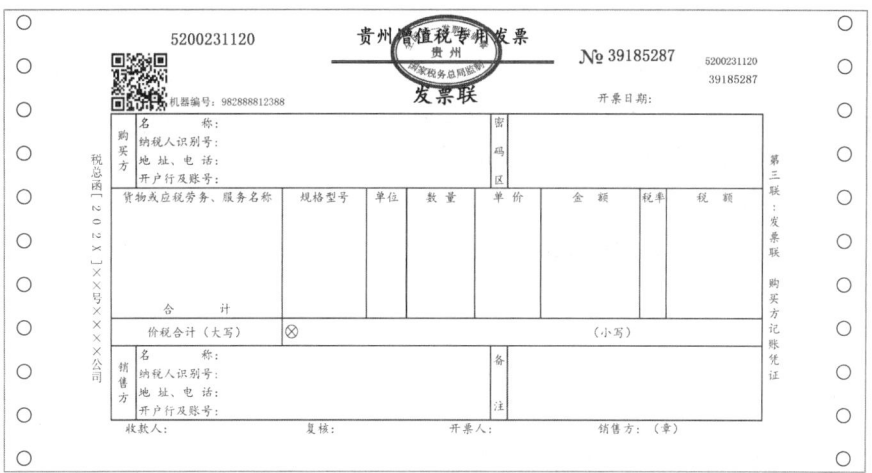

图 2-6-3-31　增值税专用发票

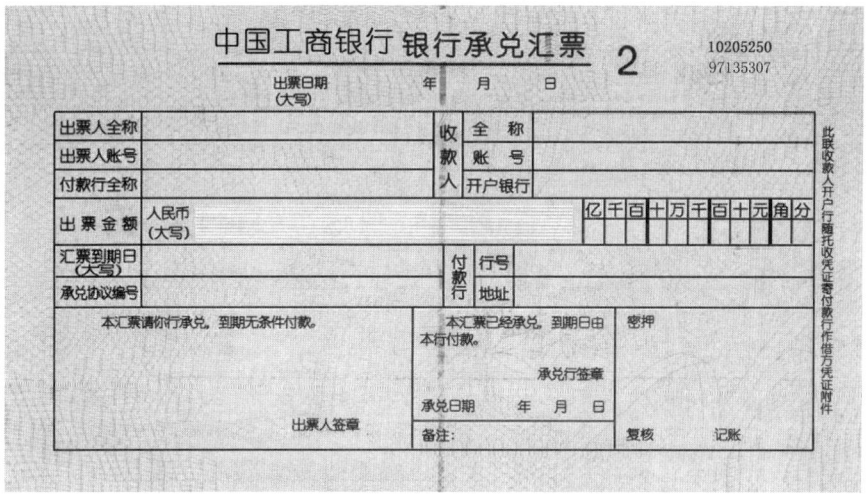

图 2-6-3-32　银行承兑汇票正本联

图 2-6-3-33　银行承兑汇票存根联

【业务 2】

8 日,向毕节百货商厦有限责任公司销售西服 120 套,单价 1 200 元,增值税率 13%,款项未收到。

要求 1:列出该经济业务涉及的原始凭证:_____

要求 2:填制空白原始凭证,如图 2-6-3-34 和图 2-6-3-35 所示。

要求 3:审核所填制原始凭证后填制记账凭证(通用记账凭证)。

销 售 单

购货单位:			地址和电话:				单据编号:	
纳税识别号:			开户行及账号:				制单日期:	
编码	产品名称	规格	单位	单价	数量	金额		备注
合计	人民币(大写):							
总经理:		销售经理:		经手人:		会计:		签收人:

图 2-6-3-34 销售单

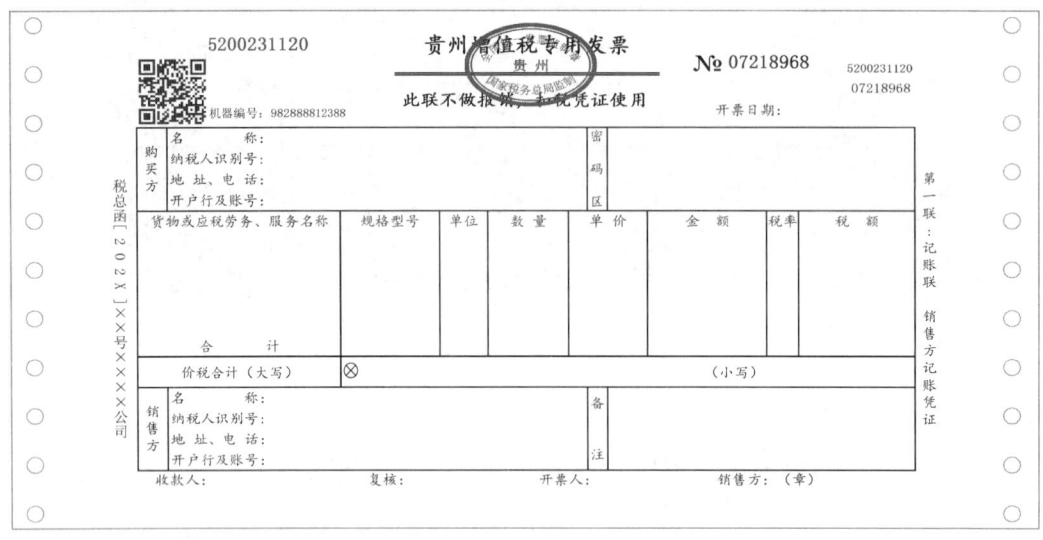

图 2-6-3-35 增值税专用发票

【业务 3】

15 日,申报缴纳 11 月增值税 30 000 元,城市建设维护税 2 100 元,教育费附加 900 元,地方教育附加 600 元。

要求 1:列出该经济业务涉及的原始凭证:_____

要求 2:填制空白原始凭证,如图 2-6-3-36 至图 2-6-3-38 所示。

要求 3:审核所填制原始凭证后填制记账凭证(通用记账凭证)。

贵州毕节奇伟服装有限公司 付款申请单

申请部门：					年 月 日
摘　要				合同编号	
合同金额				已付金额	
付款金额	人民币（大写）			￥	
付款方式	□现金　　□转账支票　　□银行汇票　　□银行承兑汇票 □网银转账　□电汇　　　□银行本票　　□其他			用款日期	
收款单位				领款人	
总经理：		财务部经理：	部门经理：		经办人：

图 2-6-3-36　付款申请单

电子缴款凭证

打印日期：　　　　　　　　　　　　　　　　42835174727737

纳税人识别号				税务征收机关		
纳税人全称				开户银行		
				银行账号		
系统税票号	征(费)种	税(品)目	所属时期起	所属时期止	实缴金额	缴款日期	备注

金额合计　（大写）　　　　　　　　　　　　￥

本缴款凭证仅作为纳税人记账被算凭证使用，电子缴税的常与银行对账单电子划缴记录被对一致方有效。纳税人如常汇总开具正式完税证明，请凭税务登记证或身份证明副主管税务机关开具。

税务机关(电子章)

图 2-6-3-37　电子缴款凭证

中国工商银行　　　凭证
电子缴税付款凭证

缴税日期：　　年　月　日　　　　　凭证字号：20200010

纳税人全称及纳税人识别号：
付款人全称：
付款人账号：　　　　　　　　征收机关名称：
付款人开户行：　　　　　　　收款国库（银行）名称：
小写(合计)金额：　　　　　　缴款书交易流水号：
大写(合计)金额：人民币　　　税票号码：
税（费）种名称　　　所属日期　　　实缴金额（单位：元）

第　　次打印　　　　　　　　　打印时间：　年　月　日

客户回单联　　验证码：　　　　复核：　　　　记账：

图 2-6-3-38　电子缴税付款凭证

【业务 4】

15 日,向贵阳市金誉纺织有限公司购进布料 002,数量 1 500 米,单价 80 元,金额 120 000 元,增值税 15 600 元,材料验收入库。

要求 1:列出该经济业务涉及的原始凭证:_____

_____

要求 2:填制空白原始凭证,如图 2-6-3-39 和图 2-6-3-40 所示。

要求 3:审核所填制原始凭证后填制记账凭证(通用记账凭证)。

贵州毕节奇伟服装有限公司
采购入库单

入库单号:		入库日期:		入库类型:		部门:		
供应商名称:				仓库名称:		备注:		
发票号码	编码	存货名称	尺码	颜色	单位	数量	不含税价	金额
合 计								

记账: 复核: 仓库保管: 采购员:

图 2-6-3-39 采购入库单

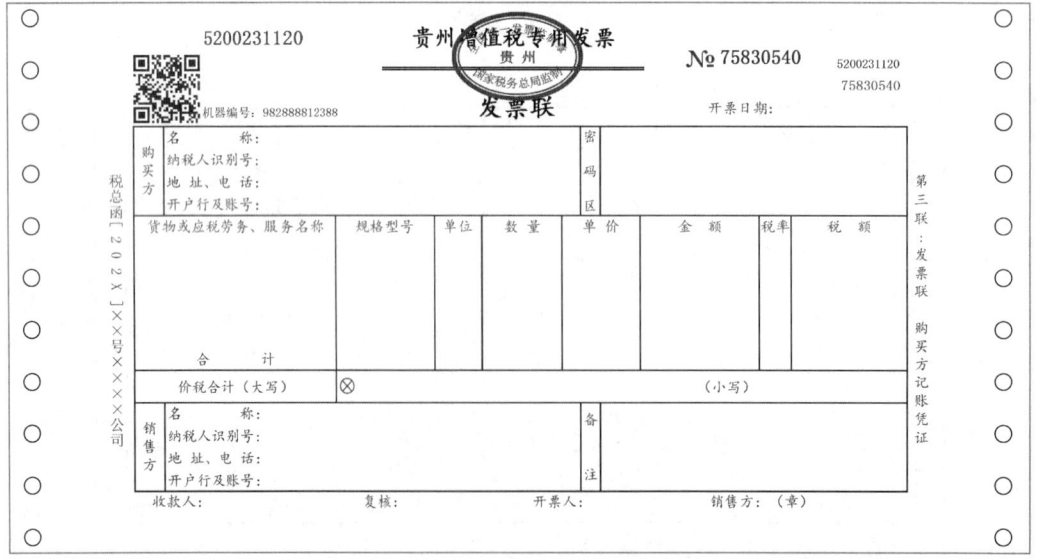

图 2-6-3-40 增值税专用发票

【业务 5】

18 日,向毕节广元商厦有限公司销售发出服装 250 套,单价 1 000 元,金额 250 000 元,增值税 32 500 元,款项收到转账支票送存银行。

要求 1:列出该经济业务涉及的原始凭证:＿＿＿＿＿＿＿＿＿＿＿＿＿＿＿＿＿

＿＿＿＿＿＿＿＿＿＿＿＿＿＿＿＿＿＿＿＿＿＿＿＿＿＿＿＿＿＿＿＿＿＿＿＿＿＿＿

要求 2:填制空白原始凭证,如图 2-6-3-41 至图 2-6-3-44 所示。

要求 3:审核所填制原始凭证后填制记账凭证(通用记账凭证)。

销 售 单

购货单位:		地址和电话:				单据编号:		
纳税识别号:		开户行及账号:				制单日期:		
编码	产品名称	规格	单位	单价	数量	金额	备注	
合计	人民币(大写):							
总经理:		销售经理:		经手人:		会计:		签收人:

图 2-6-3-41 销售单

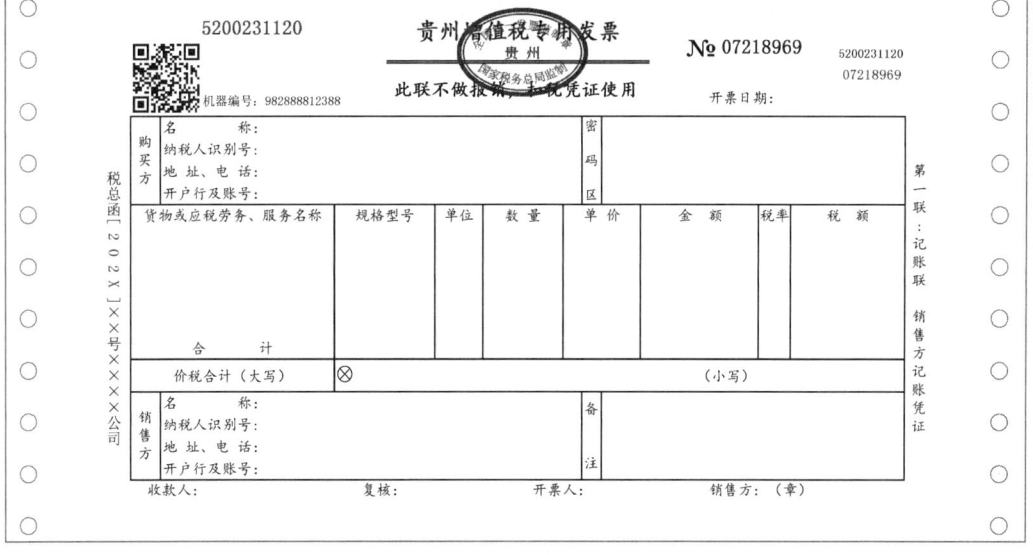

图 2-6-3-42 增值税专用发票

中国建设银行 转账支票

10500020
28262076

付款期限自出票之日起十天

出票日期（大写） 年 月 日		付款行名称：	
收款人：		出票人账号：	
人民币（大写）		亿 千 百 十 万 千 百 十 元 角 分	
用途		密码 6958225765588344	
上列款项请从			
我账户内支付			
出票人签章		复核	记账

图 2-6-3-43 转账支票

中国建设银行进账单（回 单） 1

年 月 日 №

出票人	全 称		收款人	全 称	
	账 号			账 号	
	开户银行			开户银行	
金额	人民币（大写）				亿 千 百 十 万 千 百 十 元 角 分
票据种类		票据张数			
票据号码					
复核 记账			开户银行签章		

此联是开户银行交给持（出）票人的回单

图 2-6-3-44 进账单

任务四 长期借款

学习指引

请扫描二维码，认真查看长期借款相关知识，了解非流动负债的内容及特点、长期借款的业务流程、借款费用的处理、长期借款的内容及账务处理等，为实习实训作好理论准备。

非流动负债的内容及特点　　长期借款的业务流程　　借款费用的处理　　长期借款的内容及账务处理

（1）知识目标：熟悉长期借款的内容；掌握长期借款的取得、计息和归还的账务处理。

（2）技能目标：能根据长期借款取得、计息、偿还等业务的原始凭证，进行经济业务分析判断，描述出发生的具体经济业务的内容；能根据长期借款取得、计息、偿还等经济业务的具体描述，列出所涉及的原始凭证，并填制相关的空白原始凭证；能审核长期借款取得、计息、偿还等经济业务原始凭证的真实性、合法性和完整性等，进行正确的会计确认、计量，然后据以填制记账凭证。

思政案例（非流动负债）

（3）素养目标：培养学生诚实守信，爱岗敬业的品质和量入为出、精打细算，节约成本的意识。

实训一　长期借款核算实训（会计凭证语言化）

贵州毕节奇伟服装有限公司发生与长期借款有关的经济业务如图 2-6-4-1 至图 2-6-4-11 所示。

【业务1】

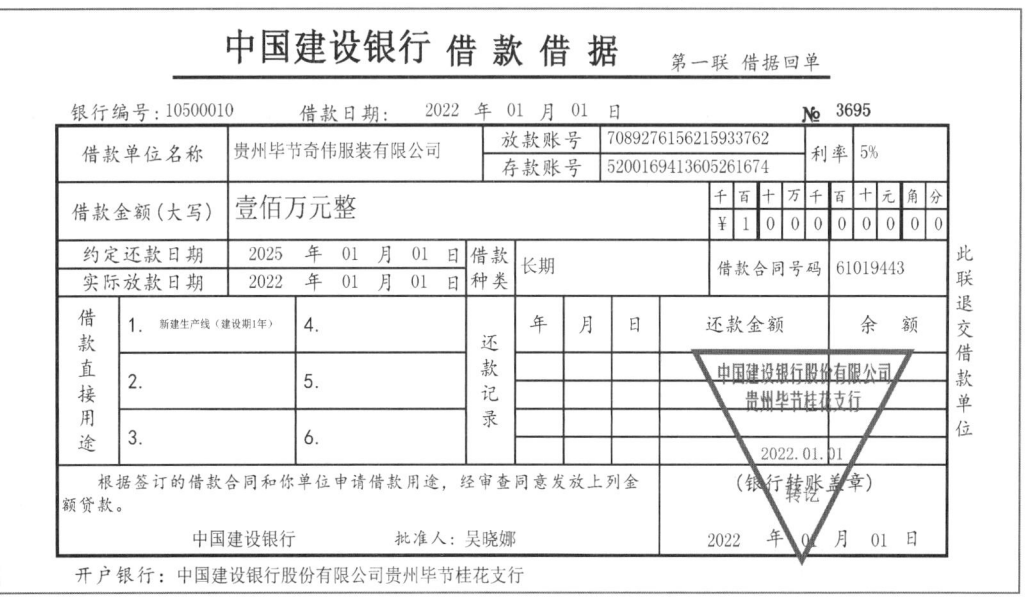

图 2-6-4-1　借款借据

借款合同

合同编号：61019443

　　经中国建设银行股份有限公司贵州毕节桂花支行(以下简称贷款方)与 贵州毕节奇伟服装有限公司 (以下简称借款方)充分协商，签订本合同，共同遵守。

　　第一，由贷款方提供贷款人民币大写 壹佰万元整 (￥1 000 000)给借方，贷款期限自 2022 年 01 月 01 日至 2025 年 01 月 01 日。

　　第二，贷款方应按期、按额向借款方提供贷款，否则，按违约数额和延期天数，付给借款方违约金，违约金数额的计算，与逾期贷款罚息相同，即为日万分之五。

　　第三，贷款月利率为银行同期年月利率0.42%，每年 12 月结，如遇调整，按调整的新利率和计息办法执行，利息支付方式为按年支付，到期还本。

　　第四，借款方应按协议使用贷款，不得转移用途。否则，贷款方有权停止发放新贷款，直至收回已发放的贷款。

　　第五，借款方保证按借款契约所订期限归还贷款本息。如需延期，借款方最迟在贷款到期前 15 天，提出延期申请，经贷款方同意，办理延期手续。但延期最长不得超过原订期限的一半。贷款方未同意延期或未办理延期手续的逾期贷款，加收罚息。

　　第六，贷款到期后 1 个月，如借款方不归还贷款，贷款方有权依照法律程序处理借款方作为贷款抵押的物资和财产，抵还借款本息。

　　第七，本协议书一式 2 份，借贷款双方各执正本 1 份。自双方签字起即生效。

　　……

　　第十一，合同争议的解决方式

　　本合同在履行过程中发生的争议，由借贷双方协调解决；协调不成的依法向本院法院提起诉讼。

贷款方：　　　　　　　　　　　　　　借款方：贵州毕节奇伟服装有限公司
法定代表人：余巍　　　　　　　　　　法定代表人：王红艳
签订日期： 2022 年 01 月 01 日　　　签订日期： 2022 年 01 月 01 日

图 2-6-4-2　借款合同

要求 1：根据图 2-6-4-1 和图 2-6-4-2，描述经济业务：_____

要求 2：审核原始凭证后填制记账凭证(通用记账凭证)。

【业务 2】

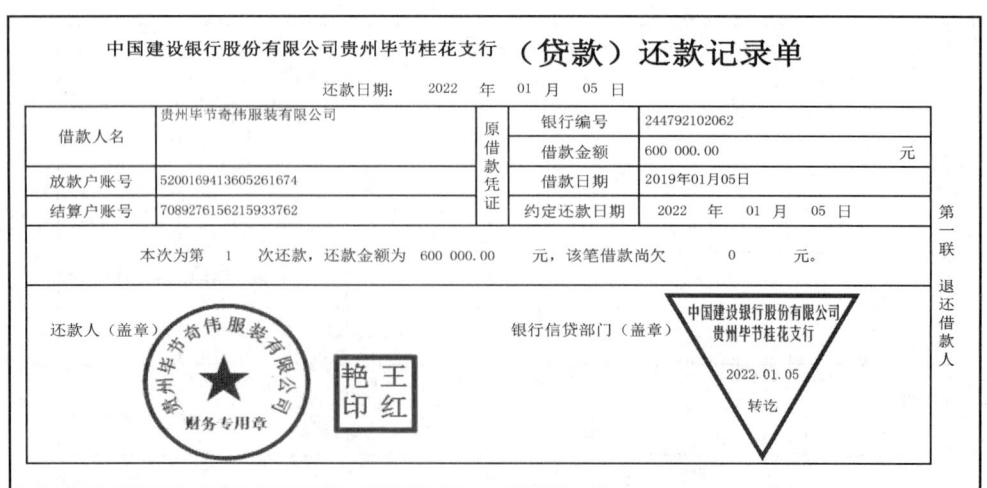

图 2-6-4-3　还款记录单

要求1：根据图2-6-4-3，描述经济业务：_____

要求2：审核原始凭证后填制记账凭证（通用记账凭证）。

【业务3】

图2-6-4-4　付款申请单

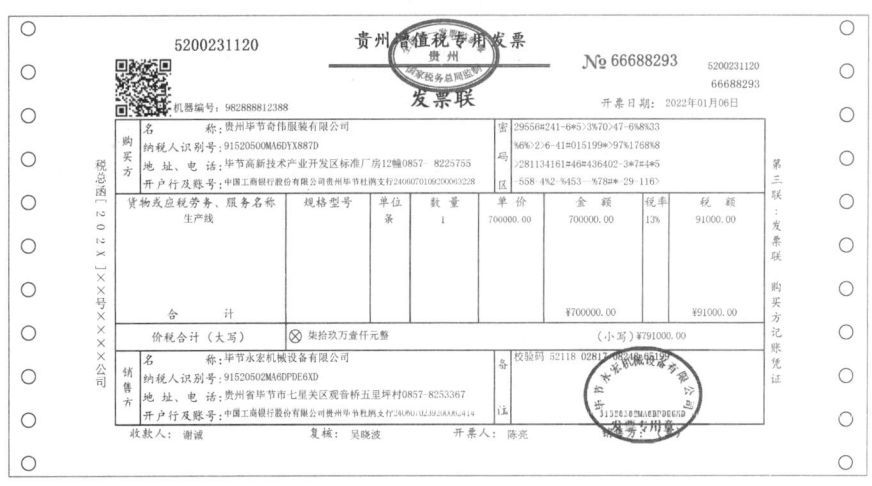

图2-6-4-5　增值税专用发票

图2-6-4-6　网银回单

要求 1：根据图 2-6-4-4 至图 2-6-4-6，描述经济业务：______________________________

____

要求 2：审核原始凭证后填制记账凭证（通用记账凭证）。

【业务 4】

贵州毕节奇伟服装有限公司 付款申请单

申请部门：生产部　　　　2022 年 06 月 20 日

摘　要	支付生产设备安装费	合同编号	47135185
合同金额	贰拾壹万捌仟元整	已付金额	¥0.00
付款金额	人民币（大写）贰拾壹万捌仟元整　　¥218 000.00		
付款方式	□现金　□转账支票　□银行汇票　□银行承兑汇票 ☑网银转账　□电汇　□银行本票　□其他	用款日期	2022-06-20
收款单位	毕节永宏机械设备有限公司	领款人	谢诚

总经理：王红艳　　财务部经理：李薇薇　　部门经理：王子轩　　经办人：吴文

图 2-6-4-7　付款申请单

5200191120　　**贵州增值税专用发票**　　№ 32906158　　5200191120　32906158

发票联

机器编号：982888812388　　开票日期：2022年06月20日

购买方	名　　称：贵州毕节奇伟服装有限公司 纳税人识别号：91520500MA6DYX887D 地 址、电 话：毕节高新技术产业开发区标准厂房12幢0857- 8225755 开户行及账号：中国工商银行股份有限公司贵州毕节杜鹏支行2406070109200063228				密码区	199*73>*55%000>57148-5755#06 -*2*40020*1#%*#21-070#*-7-38 64*5>-770*629*0>714%052139#2 %38564397%>3%37-2338%*2#>149	
货物或应税劳务、服务名称	规格型号	单位	数量	单价	金额	税率	税额
*建筑服务*安装服务		次	1	200000.00	200000.00	9%	18000.00
合　　计					¥200000.00		¥18000.00
价税合计（大写）	⊗贰拾壹万捌仟元整				（小写）¥218000.00		
销售方	名　　称：毕节永宏机械设备有限公司 纳税人识别号：91520502MA6DPDE6XD 地 址、电 话：贵州省毕节市七星关区观音桥五里坪村0857-8253367 开户行及账号：中国工商银行股份有限公司贵州毕节杜鹏支行2406070239200062414				备注	校验码 52118 02817 08248 65199	

收款人：谢诚　　复核：吴晓波　　开票人：陈亮　　销售方：（章）

税总函[202X]××号××××公司

第三联：发票联　购买方记账凭证

图 2-6-4-8　增值税专用发票

付款凭证

中国建设银行　网银回单

日期：2022 年 06 月 20 日　　回单编号：8996

付款人户名：贵州毕节奇伟服装有限公司　　付款人开户行：中国建设银行股份有限公司贵州毕节桂花支行

付款人账号（卡号）：5200169413605261674

收款人户名：毕节永宏机械设备有限公司　　收款人开户行：中国工商银行股份有限公司贵州毕节杜鹏支行

收款人账号（卡号）：2406070239200062414

金额：人民币贰拾壹万捌仟元整　　小写：¥218 000.00

业务（产品）种类：　　凭证种类：　　凭证号码：

摘要：支付生产设备安装费　　用途：　　币种：

交易机构：　　记账柜员：　　交易代码：　　渠道：

附言：

支付交易序号：

报文种类：　　委托日期：　　业务种类：

本回单为第 1 次打印，注意重复　　打印日期：2022.06.20　　打印柜员：　　验证码：

图 2-6-4-9　网银回单

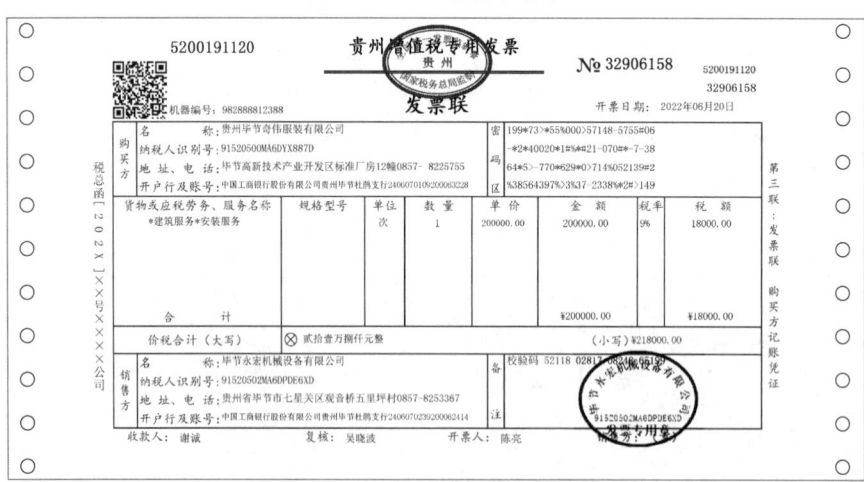

要求1：根据图2-6-4-7至图2-6-4-9，描述经济业务：_____

要求2：审核原始凭证后填制记账凭证（通用记账凭证）。

【业务5】

长期借款利息支出计算表

企业名称：贵州毕节奇伟服装有限公司　　日期：2022年12月31日　　金额单位：元

借款单位	本金	起止时间	年利率	占用天数	计息金额	备注
中国建设银行股份有限公司贵州毕节桂花支行	1 000 000.00	2022年1月1日—2022年12月31日	5%	365天	50 000.00	资本化利息
合　计					￥50 000.00	

审核：李薇薇　　　　　　　　　　　　　　制单：杨付洋

图2-6-4-10　长期借款利息支出计算表

要求1：根据图2-6-4-10，描述经济业务：_____

要求2：审核原始凭证后填制记账凭证（通用记账凭证）。

【业务6】

固定资产验收单

公司名称：贵州毕节奇伟服装有限公司

资产编号	001	资产名称	生产线		
规格（编号）		资产代码		管理人	黄柏川
计量单位		单价(元)	￥950 000.00	金额(元)	￥950 000.00
出厂日期	2022年01月06日	购置日期	2022年01月06日		
生产厂家	毕节永宏机械设备有限公司	安装地点	毕节高新技术产业开发区标准厂房12幢		
附件情况					

固定资产验收情况说明：
2022年1月1日借入专项资金新建生产线，建设期为1年；
2022年1月6日购入需要安装的生产线并开始安装；
2022年6月20日设备安装完毕；
2023年1月10日新建生产线完工，达到预定可使用状态。
验收合格

验收确认：
合格

验收日期：2023年01月10日

管理部门负责人签字：王子轩
公司总经理签字：王红艳

注：此表一式三份，使用部门、保管部门、财务部门各一份。

图2-6-4-11　固定资产验收单

要求1：根据图2-6-4-11，描述经济业务：_____

_____

要求2：审核原始凭证后填制记账凭证（通用记账凭证）。

实训二　长期借款核算实训（会计语言凭证化）

贵州毕节奇伟服装有限公司2022年发生的长期借款经济业务如下。

【业务1】

1月1日，从建设银行毕节桂花支行贷款2 000 000元，用于新建生产线，期限2年，利率6%，按年付息，期满还本。

要求1：列出该经济业务涉及的原始凭证：_____

_____

要求2：填制空白原始凭证，如图2-6-4-12和图2-6-4-13所示。

要求3：审核所填制原始凭证后填制记账凭证（通用记账凭证）。

借款合同

合同编号：_____

经_____（以下简称贷款方）与_____

_____（以下简称借款方）充分协商，签订本合同，共同遵守。

第一，由贷款方提供贷款人民币大写_____（_____）给借方，贷款期限自____年__月__日至____年__月__日。

第二，贷款方应按期、按额向借款方提供贷款，否则，按违约数额和延期天数，付给借款方违约金。违约金数额的计算，与逾期贷款罚息相同，即_____。

第三，贷款月利率为银行同期年月利率_____，每年_____月结息，如遇调整，按调整的新利率和计息办法执行。利息支付方式为_____。

第四，借款方应按协议使用贷款，不得转移用途。否则，贷款方有权停止发放新贷款，直至收回已发放的贷款。

第五，借款方保证按借款契约所订期限归还贷款本息。如需延期，借款方最迟在贷款到期前__3__天，提出延期申请，经贷款方同意，办理延期手续。但延期最长不得超过原订期限的一半。贷款方未同意延期或未办理延期手续的逾期贷款，加收罚息。

第六，贷款到期后__1__个月，如借款方不归还贷款，贷款方有权依照法律程序处理借款方作为贷款抵押的物资和财产，抵还借款本息。

第七，本协议书一式__2__份，借贷款双方各执正本__1__份。自双方签字起即生效。

……

第十一，合同争议的解决方式

本合同在履行过程中发生的争议，由借贷双方协调解决；协调不成的依法向人民法院提起诉讼。

贷款方：_____　　　　　　　　借款方：_____

法定代表人：_____　　　　　　法定代表人：_____

签订日期：____年__月__日　　　　　签订日期：____年__月__日

图2-6-4-12　借款合同

```
┌─────────────────────────────────────────────────────────────────┐
│           中国工商银行 借 款 借 据    第一联 借据回单           │
│  银行编号：      借款日期：    年  月  日   №                   │
│  借款单位名称          放款账号           利率                  │
│                        存款账号                                 │
│  借款金额（大写）              千百十万千百十元角分             │
│  约定还款日期    年  月  日 借款                                │
│  实际放款日期    年  月  日 种类    借款合同号码       此       │
│                                                        联       │
│  借 1.    4.   还  年 月 日  还款金额    余  额        退       │
│  款 2.    5.   款                                      交       │
│  直 3.    6.   记                                      借       │
│  接            录                                      款       │
│  用                                                    单       │
│  途                                                    位       │
│  根据签订的借款合同和你单位申请借款用途，经审查同意发放上列金   │
│  额贷款。              （银行转账盖章）                         │
│         中国工商银行    批准人：       年  月  日               │
│  开户银行：                                                     │
└─────────────────────────────────────────────────────────────────┘
```

图 2-6-4-13 借款借据

【业务 2】

1月1日，中国工商银行贵州毕节杜鹃支行借入期限为3年的周转借款 600 000 元，年利率 5%，按年付息，期满还本。

要求1：列出该经济业务涉及的原始凭证：＿＿＿＿＿＿＿＿＿＿＿＿＿＿＿＿

＿＿＿＿＿＿＿＿＿＿＿＿＿＿＿＿＿＿＿＿＿＿＿＿＿＿＿＿＿＿＿＿＿＿

要求2：填制空白原始凭证，如图 2-6-4-14 和图 2-6-4-15 所示。

要求3：审核所填制原始凭证后填制记账凭证（通用记账凭证）。

借款合同

合同编号：＿＿＿＿＿＿＿

经＿＿＿＿＿＿＿＿＿＿＿＿＿＿＿＿（以下简称贷款方）与＿＿＿＿＿＿＿＿＿＿＿＿（以下简称借款方）充分协商，签订本合同，共同遵守。

第一，由贷款方提供贷款人民币大写＿＿＿＿＿＿＿＿（＿＿＿＿＿＿）给借方，贷款期限自＿＿年＿月＿日至＿＿年＿月＿日。

第二，贷款方应按期、按额向借款方提供贷款，否则，按违约数额和延期天数，付给借款方违约金。违约金数额的计算，与逾期贷款罚息相同，即＿＿＿＿＿＿＿。

第三，贷款月利率为银行同期年月利率＿＿＿＿＿＿，每年＿＿＿＿＿月结息，如遇调整，按调整的新利率和计息办法执行。利息支付方式为＿＿＿＿＿＿＿＿＿＿＿＿＿＿＿＿＿＿＿＿＿＿＿＿＿＿。

第四，借款方应按协议使用贷款，不得转移用途。否则，贷款方有权停止发放新贷款，直至收回已发放的贷款。

第五，借款方保证按借款契约所订期限归还贷款本息。如需延期，借款方最迟在贷款到期前 3 天，提出延期申请，经贷款方同意，办理延期手续。但延期最长不得超过原订期限的一半。贷款方未同意延期或未办理延期手续的逾期贷款，加收罚息。

第六，贷款到期后 1 个月，如借款方不归还贷款，贷款方有权依照法律程序处理借款方作为贷款抵押的物资和财产，抵还借款本息。

第七，本协议书一式 2 份，借贷款双方各执正本 1 份。自双方签字起即生效。

……

第十一，合同争议的解决方式

本合同在履行过程中发生的争议，由借贷双方协调解决；协调不成的依法向人民法院提起诉讼。

贷款方：＿＿＿＿＿＿＿＿＿＿＿＿＿＿＿＿　　借款方：＿＿＿＿＿＿＿＿＿＿＿＿＿＿＿＿

法定代表人：＿＿＿＿＿＿＿＿＿＿＿＿＿　　　法定代表人：＿＿＿＿＿＿＿＿＿＿＿＿＿

签订日期：＿＿＿＿年＿＿月＿＿日　　　　　　签订日期：＿＿＿＿年＿＿月＿＿日

图 2-6-4-14　借款合同

图 2-6-4-15　借款借据

【业务 3】

1 月 15 日,从基本存款账户归还中国工商银行贵州毕节杜鹃支行 2 年期贷款 400 000 元(本金)。

要求 1：列出该经济业务涉及的原始凭证：_____

要求 2：填制空白原始凭证,如图 2-6-4-16 所示。

要求 3：审核所填制原始凭证后填制记账凭证(通用记账凭证)。

图 2-6-4-16　还款记录单

【业务 4】

12 月 31 日,计提工商银行周转贷款利息,本金 600 000 元,年利率 5%,按年计提。

要求1：列出该经济业务涉及的原始凭证：_____

要求2：填制空白原始凭证，如图2-6-4-17所示。

要求3：审核所填制原始凭证后填制记账凭证（通用记账凭证）。

银行借款利息计算表

年　　月　　日

借款名称	借款金额	计息月份	借款利率	借款利息
合　计				

会计主管：　　　　　　　　制单：　　　　　　　　复核：

图2-6-4-17　银行借款利息计算表

【业务5】

12月31日，计提建设银行贷款利息，本金2 000 000元，利率6%，按年计提，生产线尚未达到预定可使用状态。

要求1：列出该经济业务涉及的原始凭证：_____

要求2：填制空白原始凭证，如图2-6-4-18所示。

要求3：审核所填制原始凭证后填制记账凭证（通用记账凭证）。

长期借款利息支出计算表

企业名称：　　　　　　　日期：　　　　　　　　　　　金额单位：元

借款单位	本金	起止时间	年利率	占用天数（天）	计息金额	备注
合　计						

审核：　　　　　　　　　　　　　　制单：

图2-6-4-18　长期借款利息支出计算表

模块七　所有者权益

任务一　投入资本

请扫描二维码,学习所有者权益相关知识,了解所有者权益的内容及特征、投入资本的业务流程和投入资本的账务处理等,为实习实训作好理论准备。

所有者权益的内容及特征

投入资本的业务流程

投入资本的账务处理

(1) 知识目标:熟悉所有者权益构成;掌握投入资本、资本公积相关科目的账务处理。

(2) 技能目标:能根据实收资本(股本)、资本公积等相关原始凭证,进行经济业务分析判断,描述出发生的具体经济业务的内容;能根据投入资本、资本公积增减业务的具体描述,列出所涉及的原始凭证,并填制相关空白原始凭证;能审核投入资本、资本公积和盈余公积增减业务原始凭证的真实性、合法性和完整性等,进行正确的会计确认、计量,然后据以填制记账凭证。

(3) 素养目标:让学生了解公司资产的来源包含所有者权益和债权人权益,所有者权益是剩余权,风险大于债权人权益,进而引入风险与收益对等的理念,培养学生树立投资存在收益与风险并存的意识,提高学生防范风险和抗挫折的能力。

思政案例
(所有者权益)

实训一　投入资本核算实训(会计凭证语言化)

贵州毕节奇伟服装有限公司 2022 年 12 月发生与所有者权益有关的经济业务如图 2-7-1-1 至图 2-7-1-9 所示。

【业务1】

股东会决议

经全体股东审议,将本公司注册资本由 9 000 000.00 元增加至 10 000 000.00 元,一致通过如下决议:

一、股东身份情况

汪明燕,女,身份证号:522422198508086743;住址:贵州省毕节市七星关区清毕路 15 号;开户银行:中国工商银行股份有限公司贵州毕节桂花支行;账号:240607019200032889。

二、增资股东出资情况

股东名称	认缴新增注册资本	认缴比例	实际出资金额	实际出资金额占全体股东比例	出资到位日期	出资方式
汪明燕	1 000 000.00	10%	1 000 000.00	10%	2022年12月10日	货币资金

投资项目	实际出资情况			
	变更前		变更后	
	金额	所占份额	金额	所占股额
合 计				

股东代表签字:

2022 年 12 月 10 日

图 2-7-1-1 股东会决议

图 2-7-1-2 网银回单

要求 1：根据图 2-7-1-1 和图 2-7-1-2，描述经济业务：_____

要求 2：审核原始凭证后填制记账凭证（通用记账凭证）。

【业务 2】

股 东 会 决 议

经全体股东审议，将本公司注册资本由 9 000 000.00 元增加至 10 000 000.00 元，一致通过如下决议：

一、股东身份情况

贵阳服装设备有限责任公司，社会信用代码：915201300MA6AH9H5DK；地址：贵阳市观山湖区金阳路 7 号；开户银行：中国建设银行股份有限公司贵阳金阳支行；账号：520016941480524555550。

二、增资股东出资情况

股东名称	认缴新增注册资本	认缴比例	实际出资金额	实际出资金额占全体股东比例	出资到位日期	出资方式
贵阳服装设备有限责任公司	1 000 000.00	10%	1 000 000.00	10%	2022 年 12 月 15 日	实物出资(20 台缝纫机)

投资项目	实际出资情况			
	变更前		变更后	
	金额	所占份额	金额	所占股额
合 计				

股东代表签字：　　　　　　　　　　　　　　　　　　　　　　　2022 年 12 月 15 日

图 2-7-1-3　股东会决议

图 2-7-1-4　增值税专用发票

固定资产验收单

2022 年 12 月 15 日　　　　　　　　　　　编号：0001

名称	规格型号	来源	数量	购(造)价	使用年限	预计残值
缝纫机		股东投入	20	1 000 000.00	10	50 000.00
安装费	月折旧率	建造单位	交工日期		附件	
0.00	0.79%		2022 年 12 月 15 日			
验收部门	杨子夏	验收人员	王虎	管理部门	黄柏川	管理人员	李子涵
备注						

审核：李薇薇　　制单：杨付洋

图 2-7-1-5　固定资产验收单

要求 1：根据图 2-7-1-3 至图 2-7-1-5，描述经济业务：_____

要求 2：审核原始凭证后填制记账凭证(通用记账凭证)。

【业务3】

贵州毕节奇伟服装有限公司文件

奇伟办（ 2022 ）字第 01 号

关于用资本公积和法定盈余公积转增注册资本的决议

经公司股东会研究决定,将资本公积 200 000 元和法定盈余公积 300 000 元按股东投资比例转增注册资本,其中：汪明燕 50 000 元；贵阳服装设备有限责任公司 50 000 元；毕节市佳人服装集团有限责任公司 400 000 元。

股东代表：王红艳

2022 年 12 月 16 日

图 2-7-1-6　公司文件

要求 1：根据图 2-7-1-6，描述经济业务：_____

要求 2：审核原始凭证后填制记账凭证（通用记账凭证）。

【业务 4】

股东会决议

经全体股东审议，将本公司注册资本由 9 500 000.00 元增加至 10 000 000.00 元，一致通过如下决议：

一、股东身份情况

贵阳通黔纺织科技有限公司，社会信用代码：91520500MA6KH2D1HK；地址：贵阳云岩区中华北路 33 号；开户银行：中国建设银行股份有限公司贵阳振兴支行；账号：5200169414805252487。

二、增资股东出资情况

股东名称	认缴新增注册资本	认缴比例	实际出资金额	实际出资金额占全体股东比例	出资到位日期	出资方式
贵阳通黔纺织科技有限公司	500 000.00	5%	500 000.00	5%	2022 年 12 月 20 日	实物出资（布料）

投资项目	实际出资情况			
	变更前		变更后	
	金额	所占份额	金额	所占股额
合　计				

股东代表签字：

2022 年 12 月 20 日

图 2-7-1-7　股东会决议

图 2-7-1-8 增值税专用发票

材料入库单

发票号码：97000494
供应单位：贵阳通黔纺织科技有限公司 收料单编号：0001
材料类别：原料及主要材料 2022年12月20日 收料仓库：01

编号	名称	规格	单位	数量		实际成本				单位成本
				应收	实收	买价		运杂费	合计	
						单价	金额			
1	布料		米	5000	5000	100.00	500 000.00		500 000.00	100.00
	合计			5000	5000		￥500 000.00		￥500 000.00	￥100.00
	备注									

采购员：杨子夏　　检验员：李梓涵　　记账员：杨付洋　　保管员：李梓涵

图 2-7-1-9 材料入库单

要求1：根据图2-7-1-7至图2-7-1-9,描述经济业务：_____

要求2：审核原始凭证后填制记账凭证(通用记账凭证)。

实训二　投入资本核算实训(会计语言凭证化)

贵州毕节奇伟服装有限公司2022年12月发生的所有者权益经济业务如下。

【业务1】

8日,收到贵州清镇纺织有限公司乙布料4 000米,投入公司;取得增值税专用发票。双方约定材料不含税单价120元,占公司新注册资本10 000 000元的4.8%。

要求1:列出该经济业务涉及的原始凭证:_____

_____

要求2:填制空白原始凭证,如图2-7-1-10至图2-7-1-12所示。

要求3:审核所填制的原始凭证后填制记账凭证。

股东会决议

经全体股东审议,将本公司注册资本由　　　　元增加至　　　　元,一致通过如下决议:

一、股东身份情况

二、增资股东出资情况

股东名称	认缴新增注册资本	认缴比例	实际出资金额	实际出资金额占全体股东比例	出资到位日期	出资方式

投资项目	实际出资情况			
	变更前		变更后	
	金额	所占份额	金额	所占股额
合　计				

股东代表签字:

　　　　　　　　　　　　　　　　　　　　　　　　　　　　　年　月　日

图2-7-1-10　股东会决议

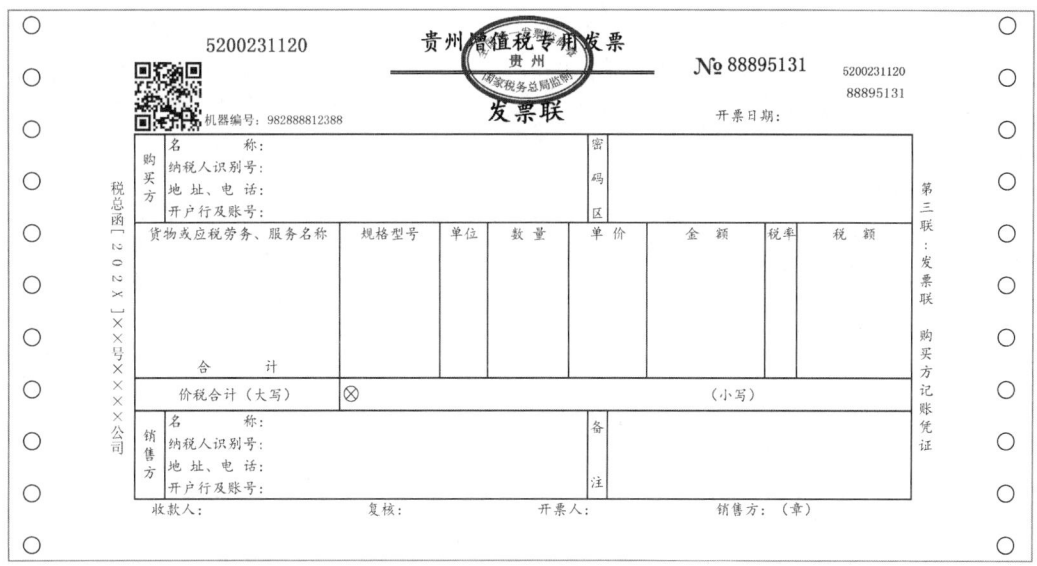

图 2-7-1-11　增值税专用发票

图 2-7-1-12　材料入库单

【业务 2】

10 日,银行基本账户收到自然人股东王明江通过网银转账投入公司资金 1 500 000 元,占公司新注册资本 10 000 000 元的 15%。

要求 1:列出该经济业务涉及的原始凭证:_____

要求 2:填制空白原始凭证,如图 2-7-1-13 和图 2-7-1-14 所示。

要求 3:审核所填制的原始凭证后填制记账凭证。

股东会决议

经全体股东审议,将本公司注册资本由　　　　　元增加至　　　　　元,一致通过如下决议:

一、股东身份情况

二、增资股东出资情况

股东名称	认缴新增注册资本	认缴比例	实际出资金额	实际出资金额占全体股东比例	出资到位日期	出资方式

投资项目	实际出资情况			
	变更前		变更后	
	金额	所占份额	金额	所占股额
合计				

股东代表签字:　　　　　　　　　　　　　　　　　　　　年　月　日

图 2-7-1-13　股东会决议

中国工商银行　网银回单　　　**收款凭证**

日期:　　年　月　日　　回单编号:3678

付款人户名:　　　　　　　　　　付款人开户行:
付款人账号(卡号):
收款人户名:　　　　　　　　　　收款人开户行:
收款人账号(卡号):
金额:人民币　　　　　　　　　　小写:
业务(产品)种类:　　　　凭证种类:　　　　凭证号码:
摘要:　　　　　　　　　用途:　　　　　　币种:
交易机构:　　　记账柜员:　　　交易代码:　　　渠道:
附言:
支付交易序号:
报文种类:　　　委托日期:　　　业务种类:

本回单为第　　次打印,注意重复　　打印日期:　　　打印柜员:　　　验证码:

图 2-7-1-14　网银回单

【业务 3】

15 日,经公司董事决定将资本公积 100 000 元和法定盈余公积 400 000 元按股东出资比例转增注册资本,其中:贵州清镇纺织有限公司 25 000 元;王明江 75 000 元,毕节市佳人服装集团有限责任公司 400 000 元。

要求 1:列出该经济业务涉及的原始凭证:_____

要求 2:填制空白原始凭证,如图 2-7-1-15 所示。

要求 3:审核所填制的原始凭证后填制记账凭证。

贵州毕节奇伟服装有限公司文件
奇伟办 (2022) 字第 号
年 月 日

图 2-7-1-15 公司文件

任务二 留存收益

 学习指引

请扫描二维码,学习留存收益相关知识,了解留存收益的内容及来源、盈余公积和未分配利润的核算等,为实习实训作好理论准备。

留存收益的内容及来源

盈余公积的核算

未分配利润的核算

 实训目的

(1) 知识目标:熟悉留存收益的构成;掌握"盈余公积""利润分配——未分配利润"相关科目的账务处理。

(2) 技能目标:能根据公司决议文件中盈余公积、利润分配等相关原始凭证,进行经济业务分析判断,描述出发生的具体经济业务的内容;能根据公司决议文件中盈余公积、

利润分配等业务的具体描述,列出所涉及的原始凭证,并填制相关空白原始凭证;能审核公司决议文件中盈余公积、利润分配等原始凭证的真实性、合法性和完整性等,进行正确的会计确认、计量,然后据以填制记账凭证。

(3)素养目标:利润分配的目标是公平合理,还要考虑长期稳定,保证企业的长期发展和稳定,培养学生积累和发展的思维。

实训一　留存收益核算实训(会计凭证语言化)

贵州毕节奇伟服装有限公司 2022 年 12 月发生与留存收益有关的经济业务如图 2-7-2-1 和图 2-7-2-2 所示。

【业务 1】

贵州毕节奇伟服装有限公司文件
奇伟办（　2022　）字第　02　号
关于计提盈余公积的决议
经公司董事研究决定,截至 2022 年 12 月 31 日公司本年实现净利润 1 200 000 元,根据相关规定,按净利润 10％计提法定盈余公积,按净利润 5％计提任意盈余公积。 　　董事长:王红艳
2022 年 12 月 31 日

图 2-7-2-1　公司文件

要求 1:根据图 2-7-2-1,描述经济业务:＿＿＿＿＿＿＿＿＿＿＿＿＿＿＿＿＿＿＿＿

要求 2:审核原始凭证后填制记账凭证(通用记账凭证)。

【业务 2】

贵州毕节奇伟服装有限公司文件
奇伟办（　2022　）字第　03　号
关于提取盈余公积及利润分配的决议
经公司股东会研究决定,截至 2022 年 12 月 31 日公司实现净利润 50 000 000 元,根据相关规定按净利润的 10％提取法定盈余公积,按净利润的 5％提取任意盈余公积,发放现金股利 20 000 000 元。 　　股东代表:王红艳　杜涛 　　　　　　张文贤　吴仕华
2022 年 12 月 31 日

图 2-7-2-2　公司文件

要求 1:根据图 2-7-2-2,描述经济业务:＿＿＿＿＿＿＿＿＿＿＿＿＿＿＿＿＿＿＿＿

要求 2:审核原始凭证后填制记账凭证(通用记账凭证)。

实训二 留存收益核算实训(会计语言凭证化)

贵州毕节奇伟服装有限公司 2022 年 12 月发生的留存收益经济业务如下。

【业务 1】

31 日,本年实现净利润 1 000 000 元,按规定程序计提 10%的法定盈余公积和 10%的任意盈余公积。

要求 1:列出该经济业务涉及的原始凭证:＿＿＿＿＿＿＿＿＿＿＿＿＿＿＿＿＿＿＿

＿＿＿＿＿＿＿＿＿＿＿＿＿＿＿＿＿＿＿＿＿＿＿＿＿＿＿＿＿＿＿＿＿＿＿＿＿＿＿

要求 2:填制空白原始凭证,如图 2-7-2-3 所示。

要求 3:审核所填制的原始凭证后填制记账凭证。

贵州毕节奇伟服装有限公司文件

奇伟办 (2022) 字第　　号

年　月　日

图 2-7-2-3　公司文件

【业务 2】

31 日,本年实现净利润 2 000 000 元,按规定程序计提 10%的法定盈余公积和 5%的任意盈余公积,分配现金股利 500 000 元,并结转利润分配明细科目。

要求 1:列出该经济业务涉及的原始凭证:＿＿＿＿＿＿＿＿＿＿＿＿＿＿＿＿＿＿＿

＿＿＿＿＿＿＿＿＿＿＿＿＿＿＿＿＿＿＿＿＿＿＿＿＿＿＿＿＿＿＿＿＿＿＿＿＿＿＿

要求 2:填制空白原始凭证,如图 2-7-2-4 所示。

要求 3:审核所填制的原始凭证后填制记账凭证。

贵州毕节奇伟服装有限公司文件

奇伟办 (2022) 字第　　号

年　月　日

图 2-7-2-4　公司文件

模块八　财务成果计算

任务一　收　入

请扫描二维码,认真查看收入业务相关知识,了解收入的内容与特征、收入的分类、销售商品的业务流程及销售商品的账务处理等,为实习实训作好理论准备。

收入的内容与特征

收入的分类

销售商品的业务流程

销售商品的账务处理

(1)知识目标:掌握销售商品收入的确认与计量;熟悉一般纳税人企业销售商品收入的账务处理。

(2)技能目标:能根据销售商品业务相关原始凭证,进行经济业务分析判断,描述出发生的具体经济业务的内容;能根据销售商品具体经济业务的描述,列出所涉及的原始凭证,并填制相关空白原始凭证。能审核销售商品业务相关原始凭证的真实性、合法性和完整性等,进行正确的会计确认、计量,然后据以填制记账凭证。

(3)素养目标:培养学生实事求是、严肃认真的工作态度,严格遵守会计信息质量要求的原则。

思政案例(财务成果)

实训一　收入核算实训(会计凭证语言化)

贵州毕节奇伟服装有限公司2022年12月发生与收入有关的经济业务如图2-8-1-1至图2-8-1-10所示。

【业务1】

销　售　单

购货单位：毕节广元商厦有限公司　　　地址和电话：毕节市七星关区清毕路8号 0857-8222496

单据编号：8716

纳税识别号：91520500MA6DKH1EX6

开户行及账号：中国建设银行股份有限公司贵州毕节桂花支行 5200169413605254858

制单日期：2022年12月10日

编码	产品名称	规格	单位	单价	数量	金额	备注
001	西服		套	1 150.00	200	230 000.00	
合计	人民币(大写)：贰拾叁万元整					￥230 000.00	

总经理：王红艳　　销售经理：梁国浩　　经手人：李梓涵　　会计：杨付洋　　签收人：徐敏

图 2-8-1-1　销售单

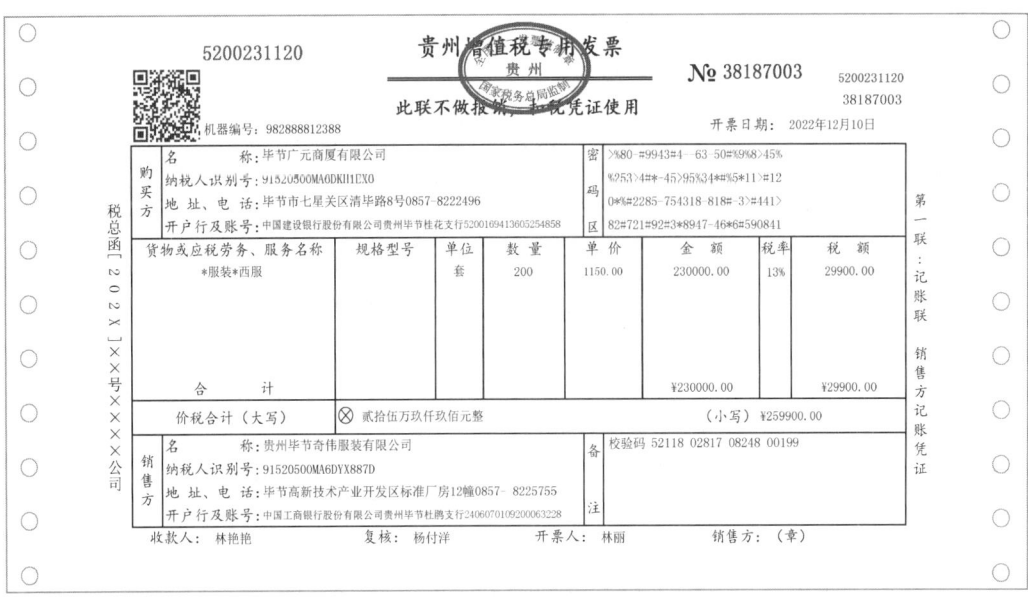

图 2-8-1-2　增值税专用发票

要求1：根据图 2-8-1-1 和图 2-8-1-2，描述经济业务：_____

要求2：审核原始凭证后填制记账凭证(通用记账凭证)。

【业务 2】

销 售 单

购货单位：大方县万达商场有限公司　　地址和电话：大方县奢香大道 125 号 0857-8221766

　　　　　　　　　　　　　　　　　　　　　　　　　　　　　　　　　单据编号：8718

纳税识别号：91520521MAB6K2DH1K

开户行及账号：中国工商银行股份有限公司贵州大方县支行 2406070109400068254

制单日期：2022 年 12 月 16 日

编码	产品名称	规格	单位	单价	数量	金额	备注
001	西服		套	1 250.00	400	500 000.00	
合计	人民币（大写）：伍拾万元整					￥500 000.00	

总经理：王红艳　　　销售经理：梁国浩　　　经手人：李梓涵　　　会计：杨付洋　　　签收人：赵勇

图 2-8-1-3　销售单

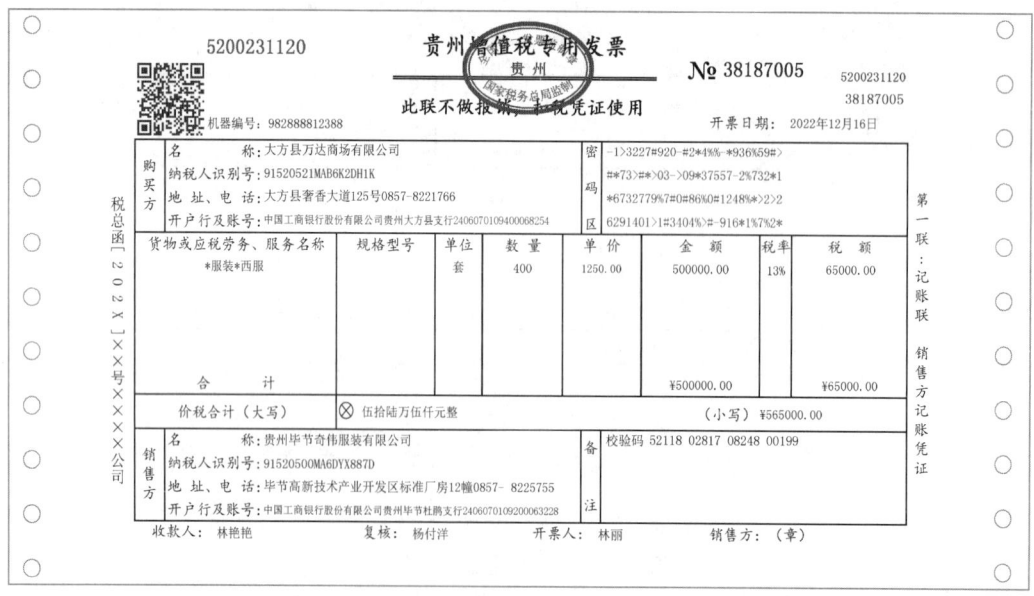

图 2-8-1-4　增值税专用发票

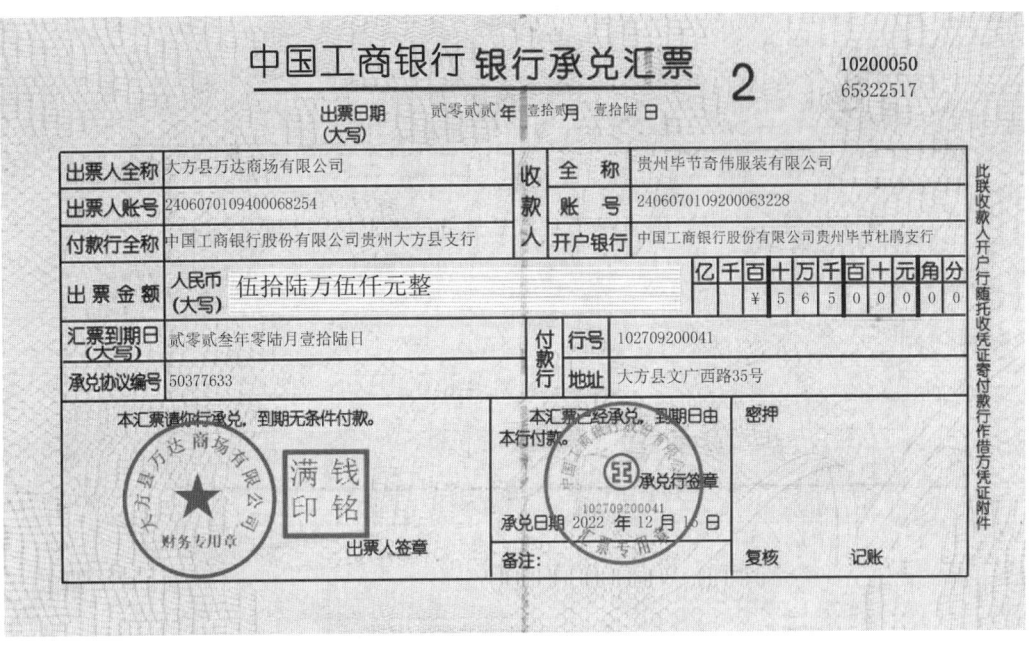

图 2-8-1-5　银行承兑汇票

要求1：根据图 2-8-1-3 至图 2-8-1-5，描述经济业务：_____

要求2：审核原始凭证后填制记账凭证（通用记账凭证）。

【业务3】

销 售 单

购货单位：毕节温馨制衣店　　　地址和电话：毕节七星关区中益路189号 29835850

单据编号：8720

纳税识别号：91520502M759641691

开户行及账号：工行毕节七星关区汇彩路支行 0235884165565122462

制单日期：2022年12月22日

编码	产品名称	规格	单位	单价	数量	金额	备注
002	布料		米	100.00	2 000	200 000.00	
合计	人民币(大写)：贰拾万元整					¥200 000.00	

总经理：王红艳　　销售经理：梁国浩　　经手人：李梓涵　　会计：杨付洋　　签收人：郭雄

图 2-8-1-6　销售单

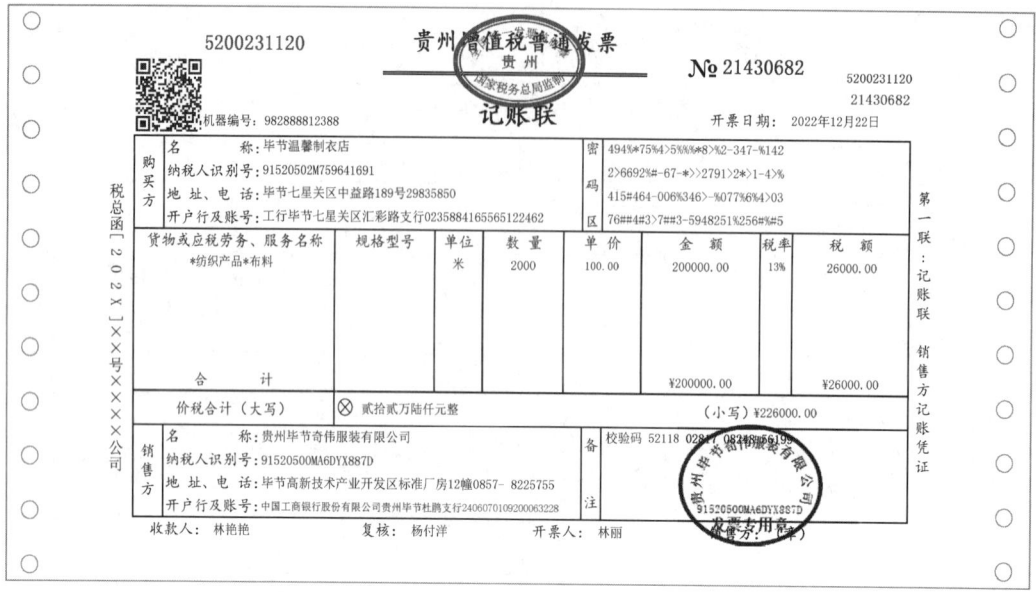

图 2-8-1-7　增值税普通发票

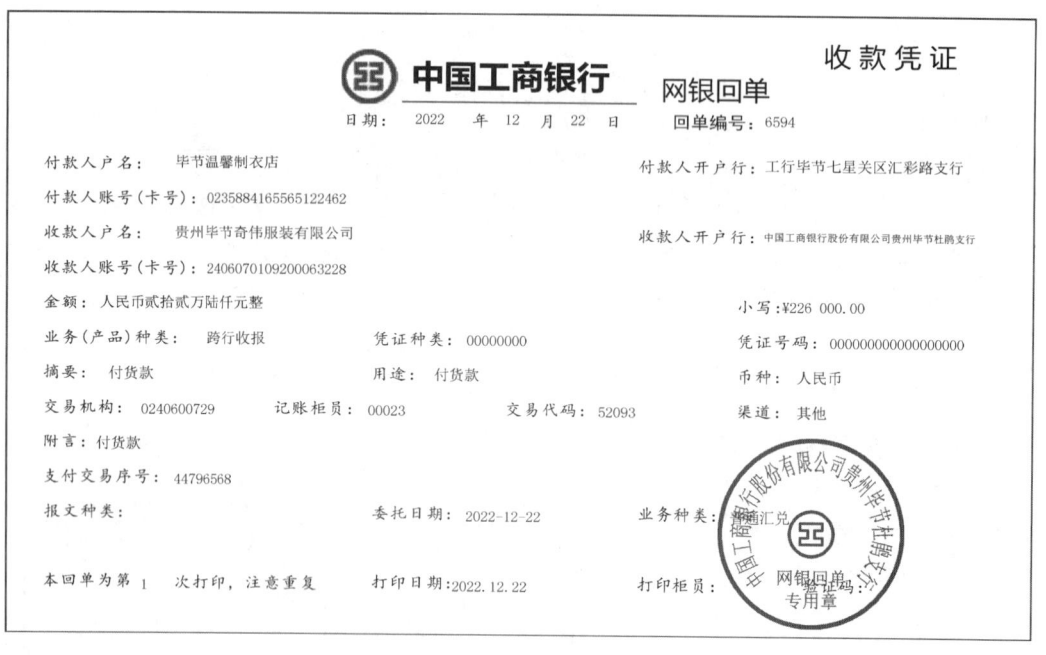

图 2-8-1-8　网银回单

要求1：根据图2-8-1-6至图2-8-1-8，描述经济业务：_____

要求2：审核原始凭证后填制记账凭证（通用记账凭证）。

【业务4】

销售成本汇总表

2022 年 12 月 31 日　　　　　　　　　　　　　　　　单位：元

产品名称	销售数量	单位成本	销售成本
西服	600	800 元/套	480 000.00
合　计	600		480 000.00

审核：李薇薇　　　　　　　　　　　制单：杨付洋

图 2-8-1-9　销售成本汇总表

要求 1：根据图 2-8-1-9，描述经济业务：_____

要求 2：审核原始凭证后填制记账凭证（通用记账凭证）。

【业务5】

销售成本汇总表

2022 年 12 月 31 日　　　　　　　　　　　　　　　　单位：元

产品名称	销售数量	单位成本	销售成本
布料	2 000 米	70 元/米	140 000.00 元
合　计	2 000 米		140 000.00 元

审核：李薇薇　　　　　　　　　　　制单：杨付洋

图 2-8-1-10　销售成本汇总表

要求 1：根据图 2-8-1-10，描述经济业务：_____

要求 2：审核原始凭证后填制记账凭证（通用记账凭证）。

实训二　收入（会计语言凭证化）

贵州毕节奇伟服装有限公司 2022 年 12 月发生的收入经济业务如下。

【业务1】

8 日，向大方县万达商场有限公司销售西服 200 套，单价 1 250 元，增值税率 13%，开具增值税专用发票，款项通过网银收到基本存款账户。

要求 1：列出该经济业务涉及的原始凭证：_____

要求 2：填制空白原始凭证，如图 2-8-1-11 至图 2-8-1-13 所示。

要求 3：审核所填制原始凭证后填制记账凭证（通用记账凭证）。

销 售 单

购货单位：			地址和电话：			单据编号：		
纳税识别号：			开户行及账号：			制单日期：		

编码	产品名称	规格	单位	单价	数量	金额	备注
合计	人民币(大写)：						

总经理：　　　　销售经理：　　　　经手人：　　　　会计：　　　　签收人：

图 2-8-1-11　销售单

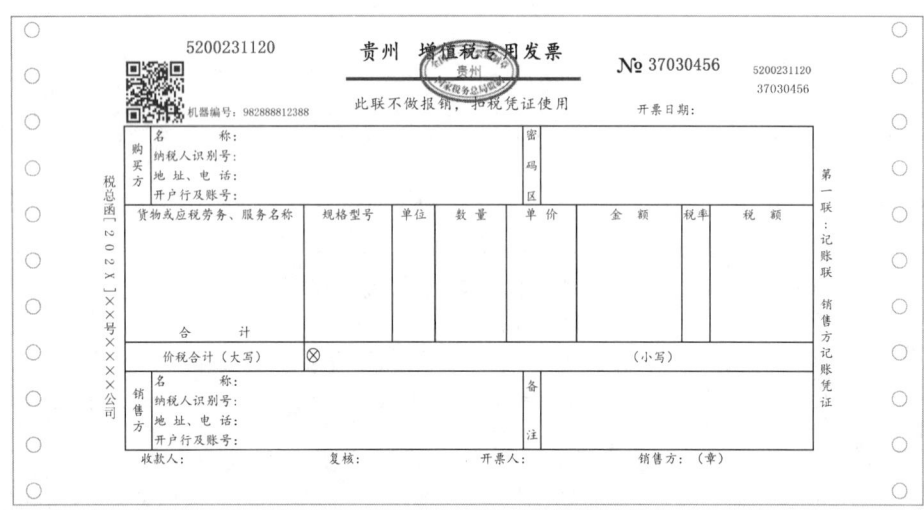

图 2-8-1-12　增值税专用发票

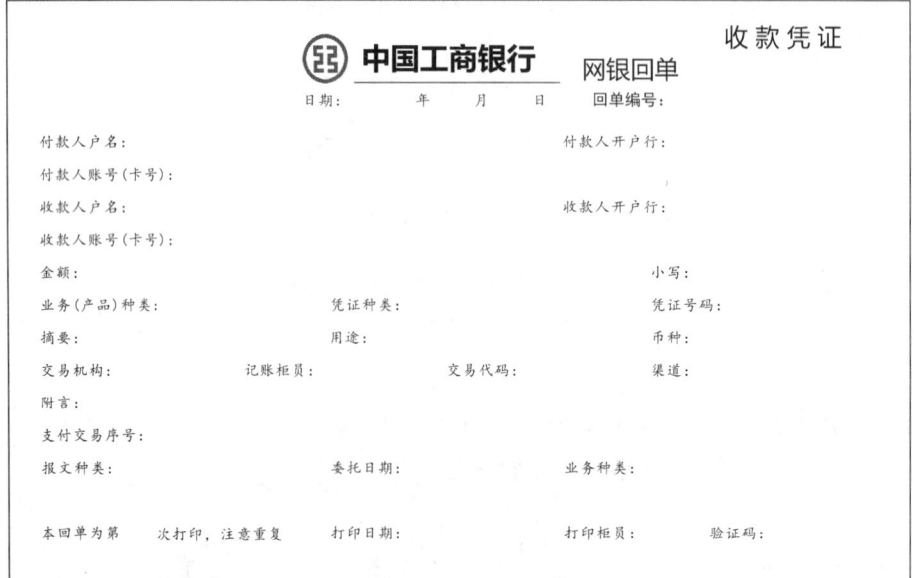

图 2-8-1-13　网银回单

【业务 2】

10 日,向毕节阳光服装制衣店销售布料 1 000 米,含税单价 135.6 元,增值税税率 13%,开具增值税专用发票,款项通过网银收基本存款户。

要求 1：列出该经济业务涉及的原始凭证：_____

_____

要求 2：填制空白原始凭证,如图 2-8-1-14 至图 2-8-1-16 所示。

要求 3：审核所填制原始凭证后填制记账凭证(通用记账凭证)。

销 售 单

购货单位:			地址和电话:			单据编号:		
纳税识别号:			开户行及账号:			制单日期:		
编码	产品名称	规格	单位	单价	数量	金额	备注	
合计	人民币(大写):							

总经理:　　　　　销售经理:　　　　　经手人:　　　　　会计:　　　　　签收人:

图 2-8-1-14　销售单

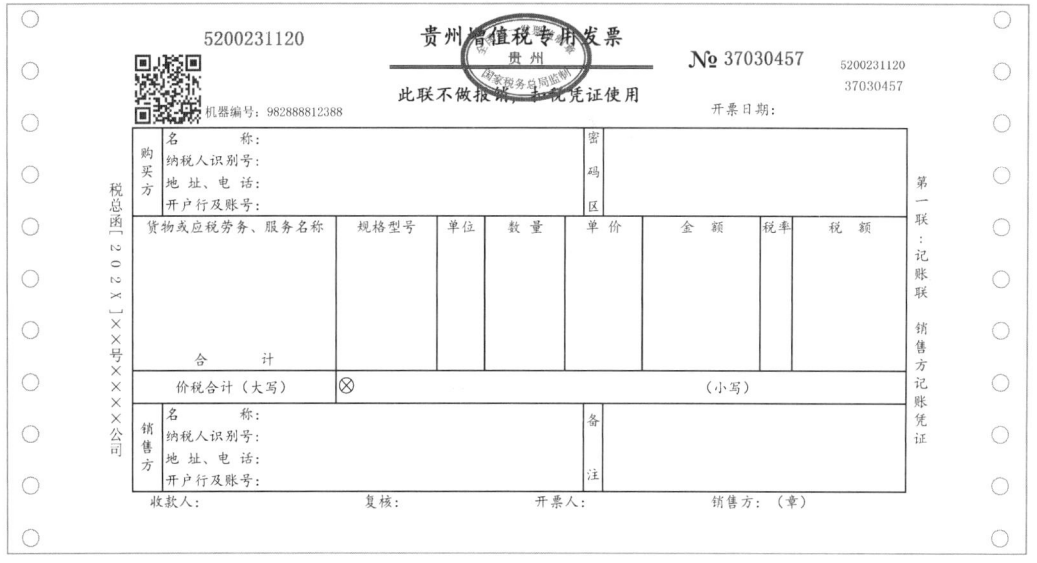

图 2-8-1-15　增值税专用发票

收款凭证

中国工商银行 网银回单

日期：　　年　月　日　　　　回单编号：

付款人户名：　　　　　　　　　　　付款人开户行：

付款人账号(卡号)：

收款人户名：　　　　　　　　　　　收款人开户行：

收款人账号(卡号)：

金额：　　　　　　　　　　　　　　小写：

业务(产品)种类：　　凭证种类：　　　凭证号码：

摘要：　　　　　　　用途：　　　　　币种：

交易机构：　　记账柜员：　　交易代码：　　渠道：

附言：

支付交易序号：

报文种类：　　　　　委托日期：　　　业务种类：

本回单为第　　次打印，注意重复　　打印日期：　　　打印柜员：　　验证码：

图 2-8-1-16　网银回单

【业务3】

15日，向毕节广元商厦有限公司销售西服100套，不含税单价1 050元，增值税税率13%，开具增值税专用发票，收到毕节广元商厦有限公司签发的银行承兑汇票一张，面值118 650元，承兑汇票期限为6个月。

要求1：列出该经济业务涉及的原始凭证：＿＿＿＿＿＿＿＿＿＿＿＿＿＿＿＿＿＿

＿＿＿＿＿＿＿＿＿＿＿＿＿＿＿＿＿＿＿＿＿＿＿＿＿＿＿＿＿＿＿＿＿＿＿＿＿＿

要求2：填制空白原始凭证，如图2-8-1-17至图2-8-1-19所示。

要求3：审核所填制原始凭证后填制记账凭证(通用记账凭证)。

销 售 单

购货单位：　　　　　　地址和电话：　　　　　　单据编号：

纳税识别号：　　　　　开户行及账号：　　　　　制单日期：

编码	产品名称	规格	单位	单价	数量	金额	备注

合计　　人民币(大写)：

总经理：　　销售经理：　　经手人：　　会计：　　签收人：

图 2-8-1-17　销售单

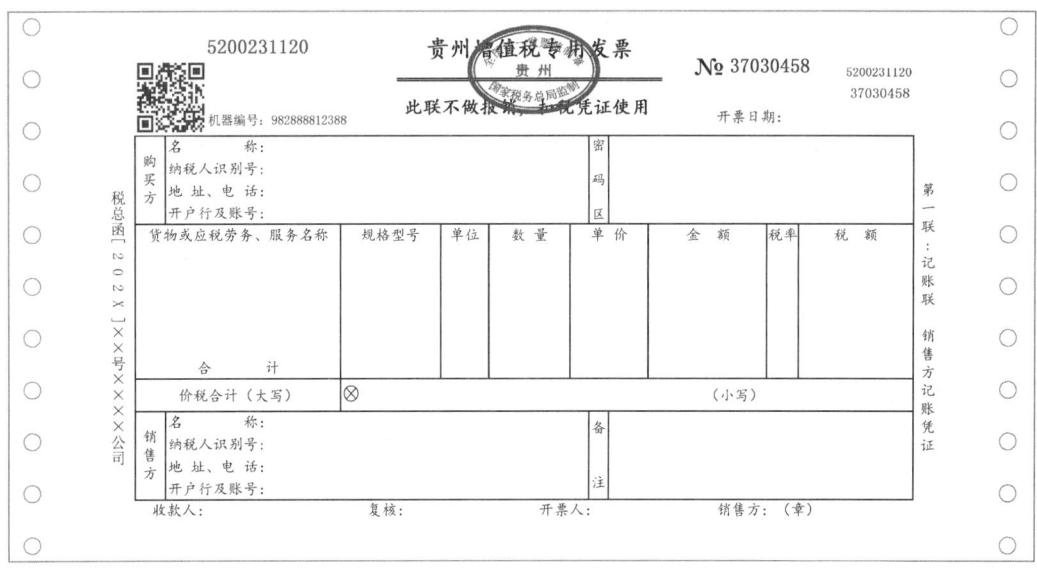

图 2-8-1-18 增值税专用发票

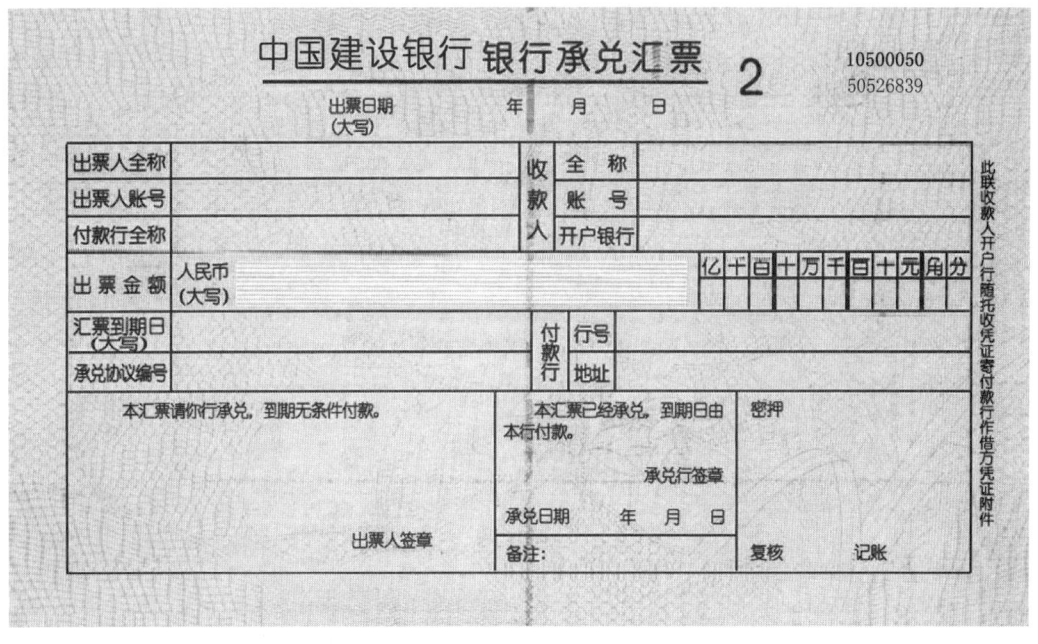

图 2-8-1-19 银行承兑汇票

【业务 4】

31 日，结转本月西服销售成本，西服加权平均单位成本为 850 元/套。

要求 1：列出该经济业务涉及的原始凭证：＿＿＿＿＿＿＿＿＿＿＿＿＿＿＿＿

要求 2：填制空白原始凭证，如图 2-8-1-20 所示。

要求 3：审核所填制原始凭证后填制记账凭证（通用记账凭证）。

销售成本汇总表

　　　　　　　　　　　年　　月　　日　　　　　　　　　　　　　　单位：元

产品名称	销售数量	单位成本	销售成本
合　计			

审核：　　　　　　　　　　　　　　　　　　　制单：

图 2-8-1-20　销售成本汇总表

【业务 5】

31 日，结转本月原材料——布料的销售成本，原材料——布料加权平均单位成本 75 元/米。

要求 1：列出该经济业务涉及的原始凭证：_____

要求 2：填制空白原始凭证，如图 2-8-1-21 所示。

要求 3：审核所填制原始凭证后填制记账凭证（通用记账凭证）。

销售成本汇总表

　　　　　　　　　　　年　　月　　日　　　　　　　　　　　　　　单位：元

产品名称	销售数量	单位成本	销售成本
合　计			

审核：　　　　　　　　　　　　　　　　　　　制单：

图 2-8-1-21　销售成本汇总表

任务二　费　用

学习指引

请扫描二维码，认真查看费用业务的相关知识，了解费用的内容及分类、期间费用及其账务处理，为实习实训做好理论准备。

　　费用的内容及分类　　　　期间费用及其账务处理

 **实训目的**

（1）知识目标：理解费用的内容、确认与计量；熟悉费用的分类；掌握常见期间费用的账务处理。

（2）技能目标：能根据常见期间费用发生的原始凭证，进行经济业务分析判断，描述出发生的具体经济业务的内容；能根据费用发生具体经济业务的描述，列出所涉及的原始凭证，并填制相关空白原始凭证；能审核费用业务相关原始凭证的真实性、合法性和完整性等，进行正确的会计确认、计量，然后据以填制记账凭证。

（3）素养目标：培养学生勤俭节约、精打细算的意识和习惯，严格遵守会计准则的要求。

实训一 费用核算实训（会计凭证语言化）

贵州毕节奇伟服装有限公司 2022 年 12 月发生与费用有关的经济业务如图 2-8-2-1 至图 2-8-2-15 所示。

【业务 1】

图 2-8-2-1 付款申请单

图 2-8-2-2 增值税专用发票发票联

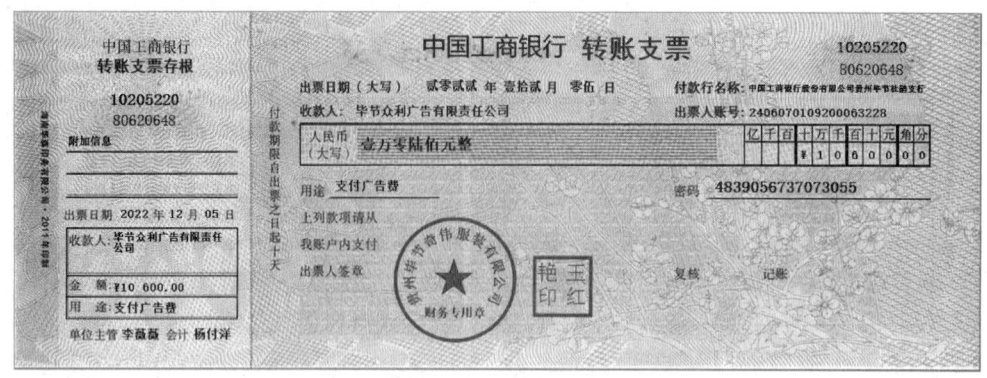

图 2-8-2-3 转账支票

要求1：根据图2-8-2-1至图2-8-2-3，描述经济业务：_____

要求2：审核原始凭证后填制记账凭证（通用记账凭证）。

【业务2】

贵州毕节奇伟服装有限公司 付款申请单

2022 年 12 月 15 日

申请部门：	行政部					
摘 要	支付招待费			合同编号		
合同金额				已付金额		
付款金额	人民币（大写）贰仟壹佰贰拾元整			¥2 120.00		
付款方式	□现金 ☑转账支票 □银行汇票 □银行承兑汇票 □网银转账 □电汇 □银行本票 □其他			用款日期	2022-12-15	
收款单位	毕节洪山大酒店有限公司			领款人	陈海	
总经理：王红艳		财务部经理：李薇薇		部门经理：黄柏川	经办人：吴天	

图 2-8-2-4 付款申请单

（增值税普通发票图示）

图 2-8-2-5 增值税普通发票发票联

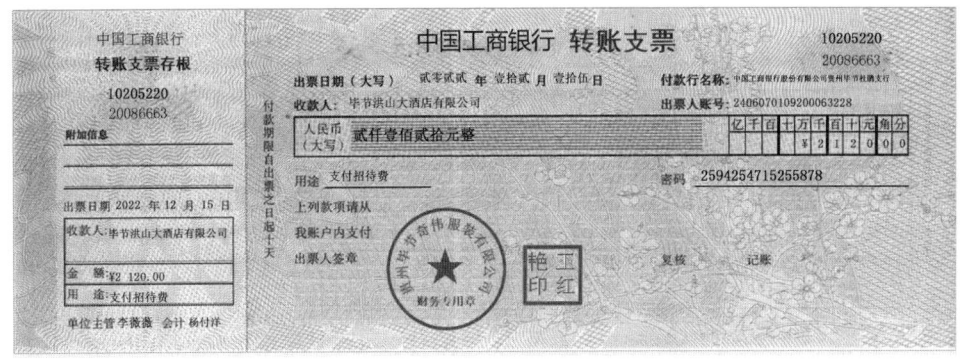

图 2-8-2-6 转账支票

要求1：根据图 2-8-2-4 至图 2-8-2-6，描述经济业务：_____

要求2：审核原始凭证后填制记账凭证（通用记账凭证）。

【业务3】

贵州毕节奇伟服装有限公司　付款申请单							
申请部门：行政部						2022 年 12 月 17 日	
摘　要	支付销售商品运输费用					合同编号	
合同金额						已付金额	
付款金额	人民币（大写）伍仟肆佰伍拾元整					￥5 450.00	
付款方式	□现金 □网银转账	☑转账支票 □电汇		□银行汇票 □银行本票	□银行承兑汇票 □其他	用款日期	2022-12-17
收款单位	毕节百联汽车运输有限公司					领款人	张欢
总经理：王红艳		财务部经理：李薇薇		部门经理：		经办人：吴天	

图 2-8-2-7 付款申请单

图 2-8-2-8 增值税专用发票发票联

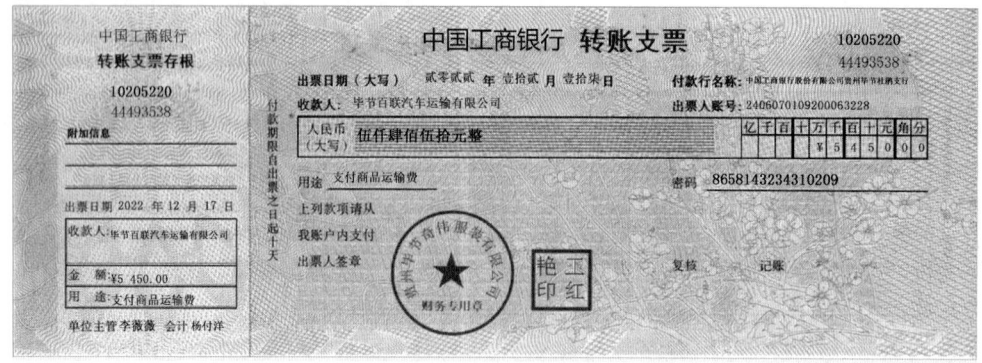

图 2-8-2-9 转账支票

要求1：根据图2-8-2-7至图2-8-2-9，描述经济业务：_____

要求2：审核原始凭证后填制记账凭证（通用记账凭证）。

【业务4】

贵州毕节奇伟服装有限公司 付款申请单

2022 年 12 月 20 日

申请部门：财务部						
摘　要	支付银行手续费				合同编号	
合同金额					已付金额	
付款金额	人民币（大写）贰仟壹佰贰拾元整				¥ 2 120.00	
付款方式	☐ 现金	☐ 转账支票	☐ 银行汇票	☐ 银行承兑汇票	用款日期	2022-12-20
	☑ 网银转账	☐ 电汇	☐ 银行本票	☐ 其他		
收款单位	中国工商银行股份有限公司贵州毕节杜鹃支行				领款人	吴向
总经理：王红艳		财务部经理：李薇薇		部门经理：李薇薇	经办人：吴雷	

图 2-8-2-10 付款申请单

图 2-8-2-11 增值税专用发票发票联

付款凭证

中国工商银行 网银回单

日期：2022 年 12 月 20 日　　回单编号：0592

付款人户名：贵州毕节奇伟服装有限公司
付款人账号（卡号）：2406070109200063228
收款人户名：中国工商银行股份有限公司贵州毕节杜鹃支行
收款人账号（卡号）：2406070109200064552
付款人开户行：中国工商银行股份有限公司贵州毕节杜鹃支行
收款人开户行：中国工商银行股份有限公司贵州毕节杜鹃支行

金额：人民币 贰仟壹佰贰拾元整　　小写：¥2 120.00

业务（产品）种类：　　凭证种类：　　凭证号码：
摘要：银行结息　　用途：银行结息　　币种：人民币
交易机构：　　记账柜员：　　交易代码：　　渠道：
附言：
支付交易序号：
报文种类：　　委托日期：　　业务种类：

本回单为第 1 次打印，注意重复　　打印日期：2022.12.20　　打印柜员：

图 2-8-2-12　网银回单

要求 1：根据图 2-8-2-10 至图 2-8-2-12，描述经济业务：_____

要求 2：审核原始凭证后填制记账凭证（通用记账凭证）。

【业务 5】

收款凭证

中国工商银行 网银回单

日期：2022 年 12 月 21 日　　回单编号：5394

付款人户名：中国工商银行股份有限公司贵州毕节杜鹃支行
付款人账号（卡号）：2406070109200064552
收款人户名：贵州毕节奇伟服装有限公司
收款人账号（卡号）：2406070109200063228
付款人开户行：中国工商银行股份有限公司贵州毕节杜鹃支行
收款人开户行：中国工商银行股份有限公司贵州毕节杜鹃支行

金额：人民币 壹万贰仟伍佰陆拾元整　　小写：¥12 560.00

业务（产品）种类：　　凭证种类：　　凭证号码：
摘要：第四季度银行结息　　用途：第四季度银行结息　　币种：人民币
交易机构：　　记账柜员：　　交易代码：　　渠道：
附言：
支付交易序号：
报文种类：　　委托日期：　　业务种类：

本回单为第 1 次打印，注意重复　　打印日期：2022.12.21　　打印柜员：

图 2-8-2-13　网银回单

图 2-8-2-14 网银回单

要求 1：根据图 2-8-2-13 和图 2-8-2-14，描述经济业务：_____

要求 2：审核原始凭证后填制记账凭证（通用记账凭证）。

【业务 6】

长期待摊费用摊销表

编制单位：贵州毕节奇伟服装有限公司　2022 年 12 月 31 日　　　　　　　单位：元

使用部门	名称	使用年限	原值	租入日期	摊销期间（月份）	月摊销额	已摊销月份	累计摊销额
生产部	洗涤漂染机	2 年	480 000	2022.01.01	12	2 000	12	24 000
合计								

审核：李薇薇　　　　　　　　　　　　　　制单：杨付洋

图 2-8-2-15　长期待摊费用摊销表

要求 1：根据图 2-8-2-15，描述经济业务：_____

要求 2：审核原始凭证后填制记账凭证（通用记账凭证）。

实训二　费用核算实训（会计语言凭证化）

贵州毕节奇伟服装有限公司 2022 年 12 月发生的费用有关经济业务如下。

【业务 1】

7 日，通过网银支付贵州省毕节市中级人民法院案件诉讼费 15 000 元。

要求 1：列出该经济业务涉及的原始凭证：_____

要求 2：填制空白原始凭证，如图 2-8-2-16 至图 2-8-2-18 所示。

要求 3：审核所填制的原始凭证后填制记账凭证。

贵州毕节奇伟服装有限公司 付款申请单

申请部门：						年 月 日	
摘　要					合同编号		
合同金额					已付金额		
付款金额	人民币（大写）				¥		
付款方式	□现金	□转账支票	□银行汇票	□银行承兑汇票	用款日期		
	□网银转账	□电汇	□银行本票	□其他			
收款单位					领款人		
总经理：		财务部经理：		部门经理：		经办人：	

图 2-8-2-16　付款申请单

贵州省毕节市中级人民法院
交纳诉讼费用通知书

（2022）毕 0102　13346 号

贵州毕节奇伟服装有限公司：

　　（名誉权纠纷）一案，你公司向本院提起诉讼/反诉/上诉/申请。依照《中华人民共和国民事诉讼法》第一百一十八条、《诉讼费用交纳办法》规定，你应当交纳案件受理费 15 000 元、申请费 0 元、其他诉讼费 0 元，合计 15 000 元。限你公司于收到本通知书次日起七日内向本院预交。期满仍未预交的，按撤回起诉/反诉/上诉/申请处理。

　　本院诉讼费专户名称：毕节市七星关区人民法院(财政汇缴专户)开户银行：交通银行贵州省分行营业部；账号：6232610580001215889。

　　特此通知。

2022 年 12 月 07 日
（院印）

图 2-8-2-17　交纳诉讼费用通知书

中国工商银行　网银回单　付款凭证

日期：	年 月 日	回单编号：	
付款人户名：		付款人开户行：	
付款人账号（卡号）：			
收款人户名：		收款人开户行：	
收款人账号（卡号）：			
金额：人民币		小写：	
业务（产品）种类：	凭证种类：	凭证号码：	
摘要：	用途：	币种：	
交易机构：	记账柜员：	交易代码：	渠道：
附言：			
支付交易序号：			
报文种类：	委托日期：	业务种类：	
本回单为第　　次打印，注意重复	打印日期：	打印柜员：	验证码：

图 2-8-2-18　网银回单

【业务 2】

10 日,向毕节腾龙大酒店有限责任公司支付招待费 4 240 元,增值税税率 6%;网银支付。

要求 1:列出该经济业务涉及的原始凭证:＿＿＿＿＿＿＿＿＿＿＿＿＿＿＿＿＿＿

要求 2:填制空白原始凭证,如图 2-8-2-19 至图 2-8-2-21。

要求 3:审核所填制的原始凭证后填制记账凭证。

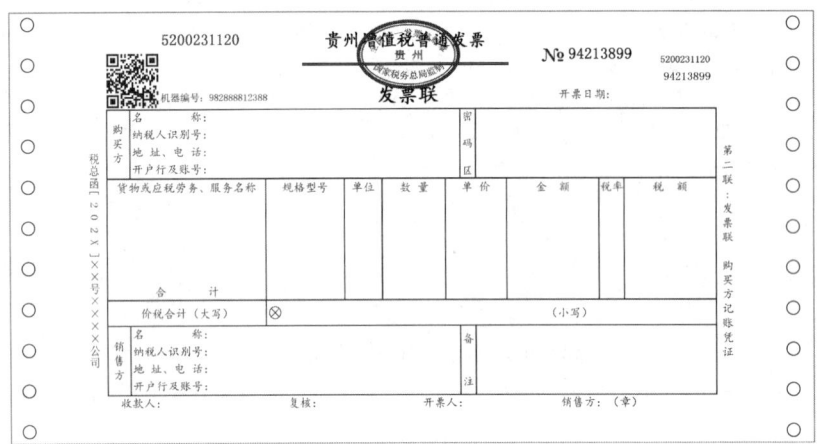

图 2-8-2-19　付款申请单

图 2-8-2-20　增值税普通发票发票联

图 2-8-2-21　网银回单

【业务 3】

16 日,向毕节电视台支付招聘人员广告费 1 000 元,收到行政事业性收费收据,款项签发转账支票付讫。

要求 1:列出该经济业务涉及的原始凭证:_____

要求 2:填制空白原始凭证,如图 2-8-2-22 至图 2-8-2-24 所示。

要求 3:审核所填制的原始凭证后填制记账凭证。

图 2-8-2-22 付款申请单

图 2-8-2-23 行政事业单位往来结算收据

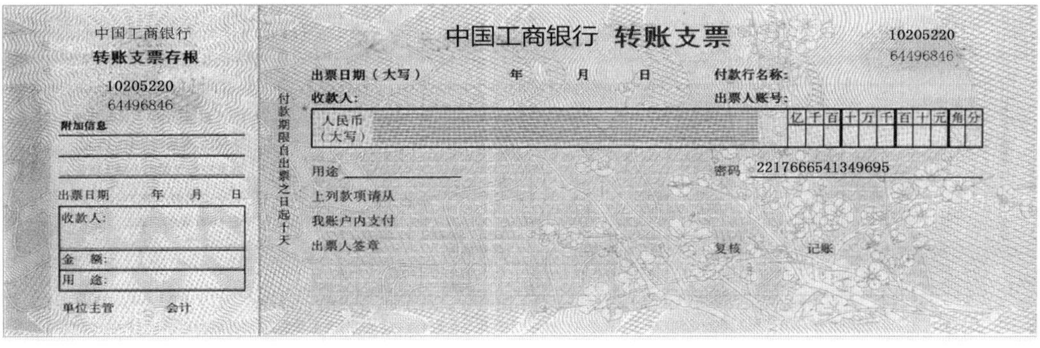

图 2-8-2-24 转账支票

【业务 4】

21 日，支付银行结算手续费，工商银行基本户 560 元，建设银行一般存款户 242 元。

要求 1：列出该经济业务涉及的原始凭证：________________________

____

要求 2：填制空白原始凭证，如图 2-8-2-25 至图 2-8-2-30 所示。

要求 3：审核所填制的原始凭证后填制记账凭证。

贵州毕节奇伟服装有限公司 付款申请单

申请部门：　　　　　　　　　　　　　　　　　　　　年　　月　　日

摘　要				合同编号	
合同金额				已付金额	
付款金额	人民币（大写）		¥		
付款方式	□ 现金　□ 转账支票　□ 银行汇票　□ 银行承兑汇票 □ 网银转账　□ 电汇　□ 银行本票　□ 其他			用款日期	
收款单位				领款人	

总经理：　　　　财务部经理：　　　　部门经理：　　　　经办人：

图 2-8-2-25　付款申请单

贵州毕节奇伟服装有限公司 付款申请单

申请部门：　　　　　　　　　　　　　　　　　　　　年　　月　　日

摘　要				合同编号	
合同金额				已付金额	
付款金额	人民币（大写）		¥		
付款方式	□ 现金　□ 转账支票　□ 银行汇票　□ 银行承兑汇票 □ 网银转账　□ 电汇　□ 银行本票　□ 其他			用款日期	
收款单位				领款人	

总经理：　　　　财务部经理：　　　　部门经理：　　　　经办人：

图 2-8-2-26　付款申请单

贵州增值税专用发票

5200231120　　　　　　　　　　　　№ 99153241　　5200231120 99153241

机器编号：982888812388　　　　**发票联**　　　　开票日期：

税总函[202X]××号×××公司

购买方	名　称： 纳税人识别号： 地址、电话： 开户行及账号：				密码区		
货物或应税劳务、服务名称	规格型号	单位	数量	单价	金额	税率	税额
合　计							
价税合计（大写）	⊗				（小写）		
销售方	名　称： 纳税人识别号： 地址、电话： 开户行及账号：				备注		

收款人：　　　　复核：　　　　开票人：　　　　销售方：（章）

第三联：发票联　购买方记账凭证

图 2-8-2-27　增值税专用发票发票联

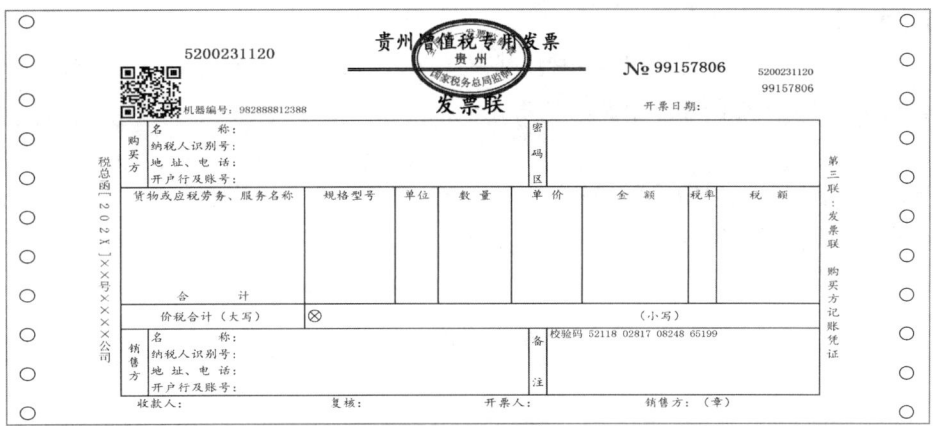

图 2-8-2-28 增值税专用发票

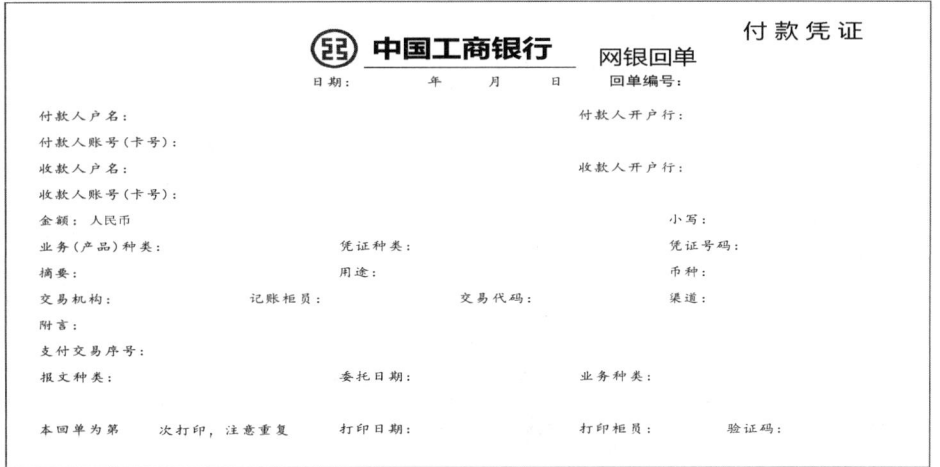

图 2-8-2-29 网银回单

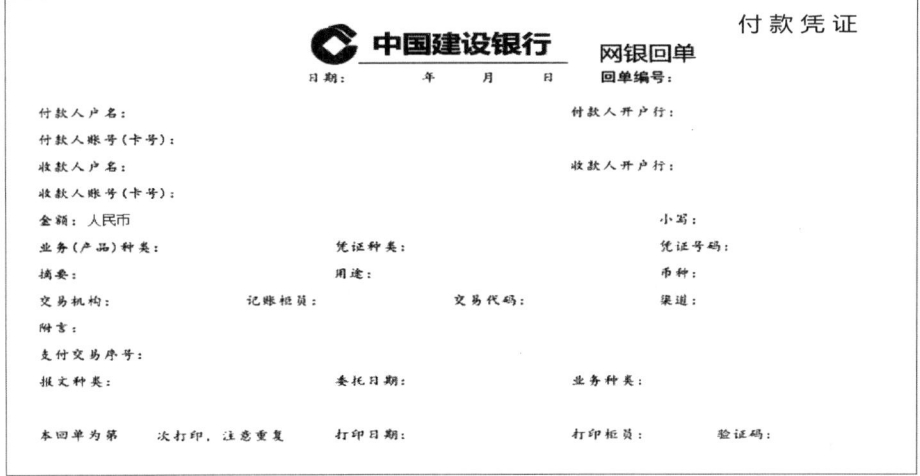

图 2-8-2-30 网银回单

【业务 5】

21 日,收到银行存款利息,工商银行(基本户)2 460 元,建设银行(一般存款户)1 552 元。

要求 1:列出该经济业务涉及的原始凭证:_____

要求 2:填制空白原始凭证,如图 2-8-2-31 和图 2-8-2-32 所示。

要求 3:审核所填制的原始凭证后填制记账凭证。

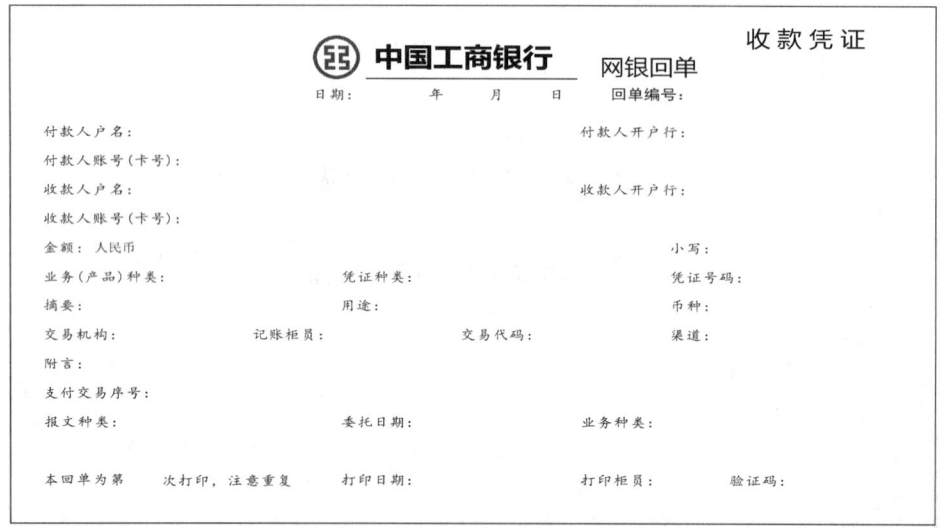

图 2-8-2-31 网银回单

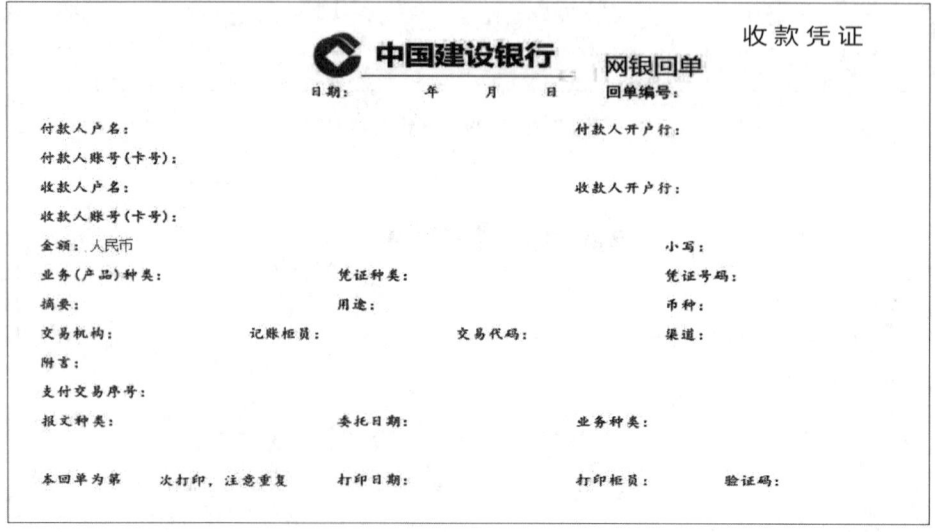

图 2-8-2-32 网银回单

【业务 6】

22 日,向毕节快捷汽车运输有限公司支付销售商品运输费用 6 000 元,增值税 540 元,取得增值税专用发票,签发转账支票付讫。

要求1：列出该经济业务涉及的原始凭证：_____

要求2：填制空白原始凭证，如图2-8-2-33至图2-8-2-35所示。
要求3：审核所填制的原始凭证后填制记账凭证。

图 2-8-2-33　付款申请单

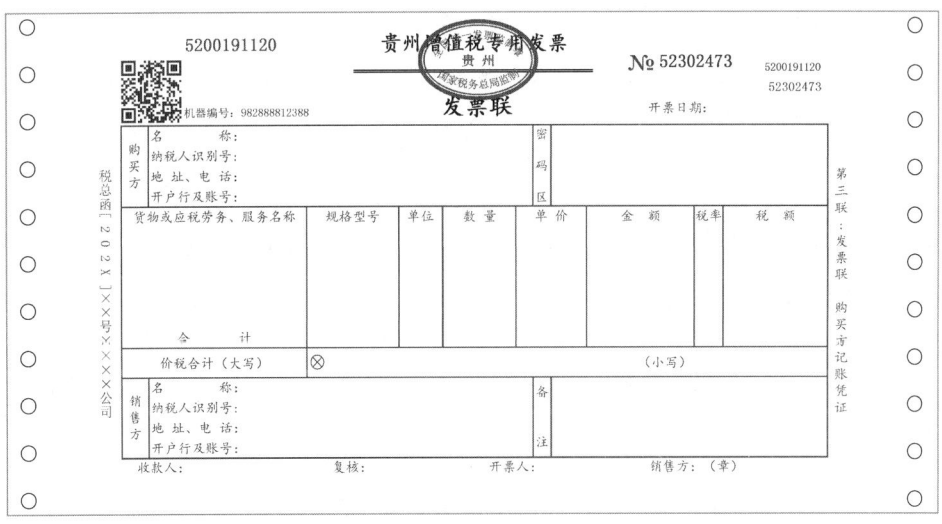

图 2-8-2-34　增值税专用发票发票联

图 2-8-2-35　转账支票

任务三　利　润

请扫描二维码,认真查看利润业务的相关知识,了解企业所得税的核算、利润分配的核算,为实习实训做好理论准备。

企业所得税的核算

利润分配的核算

(1)知识目标:理解利润的形成过程;熟悉净利润及相关指标的计算确定;理解营业外收支的主要内容;掌握营业外收支和利润形成的账务处理。

(2)技能目标:能根据营业外收支发生和利润形成的原始凭证,进行经济业务分析判断,描述出发生的具体经济业务的内容;能根据常见期间费用发生经济业务的具体描述,列出所涉及的原始凭证,并填制相关空白原始凭证;能审核营业外收支发生和利润形成业务的原始凭证的真实性、合法性和完整性等,进行正确的会计确认、计量,然后据以填制记账凭证。

(3)素养目标:培养学生树立开源节流的意识;培养学生实事求是,严肃认真的工作态度;培养学生严守会计准则,不做假账的职业操守。

实训一　利润实训(会计凭证语言化)

(1)贵州毕节奇伟服装有限公司2022年11月末有关账户资料如表2-8-3-1所示。

表2-8-3-1　　　　　2022年11月末有关账户资料表

账户名称	借或贷	余额
本年利润	贷	1 500 000.00
利润分配——未分配利润	贷	4 587 500.00
所得税费用	借	375 000.00

(2)贵州毕节奇伟服装有限公司2022年12月发生与利润有关的经济业务如图2-8-3-1至图2-8-3-12所示。

【业务1】

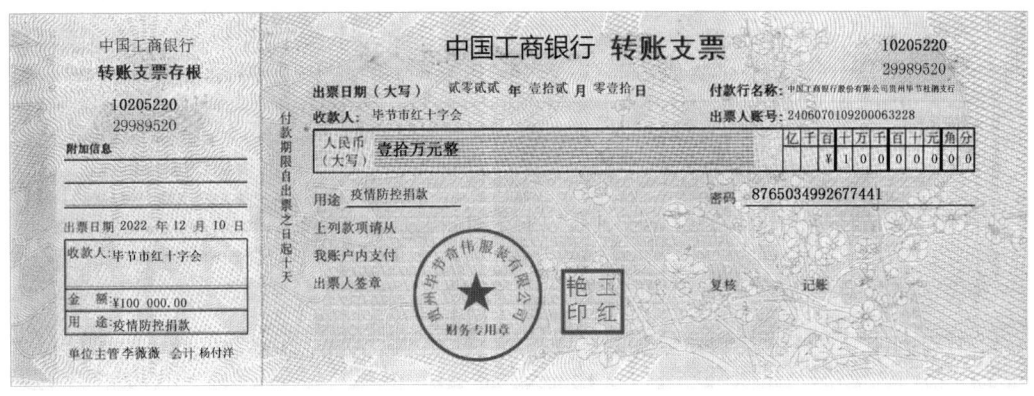

图 2-8-3-1 付款申请单

图 2-8-3-2 公共事业捐赠统一票据

图 2-8-3-3 转账支票

要求1：根据图 2-8-3-1 至图 2-8-3-3，描述经济业务：＿＿＿＿＿＿＿＿＿＿＿＿＿＿

要求2：审核原始凭证后填制记账凭证（通用记账凭证）。

【业务2】

贵州毕节奇伟服装有限公司 付款申请单

申请部门：财务部　　　　　　　　　　　　　　　　　　　　　　　　2022 年 12 月 20 日

摘　要	支付税收滞纳金			合同编号	
合同金额				已付金额	
付款金额	人民币（大写）叁佰伍拾捌元伍角整			￥358.50	
付款方式	□现金　　　□转账支票　　　□银行汇票　　　□银行承兑汇票 ☑网银转账　　□电汇　　　　□银行本票　　　□其他			用款日期	2022-12-20
收款单位	国家税务总局毕节市七星关区税务局			领款人	吴溪
总经理：王红艳	财务部经理：李薇薇		部门经理：李薇薇		经办人：余雨

图 2-8-3-4　付款申请单

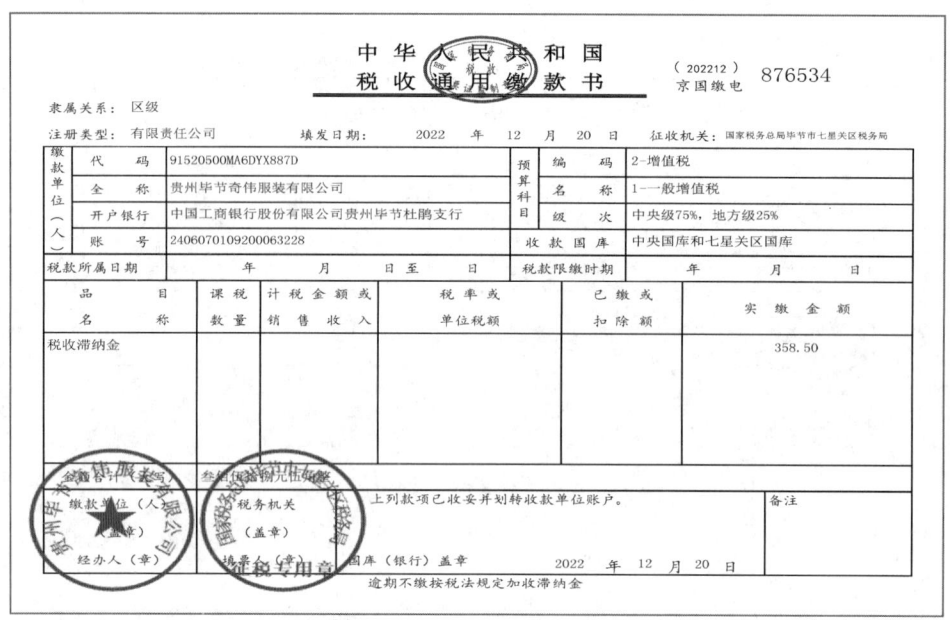

图 2-8-3-5　税收通用缴款书

要求1：根据图 2-8-3-4 和图 2-8-3-5,描述经济业务：_____

_____

要求2：审核原始凭证后填制记账凭证（通用记账凭证）。

【业务3】

情况说明书

　　根据我公司与毕节昌盛服装有限公司合同规定,若因该单位注销,我公司欠其货款 15 000 元不用偿还,批准该笔债务予以注销。

财务经理：李薇薇
2022 年 12 月 31 日

图 2-8-3-6　情况说明书

要求 1：根据图 2-8-3-6，描述经济业务：_____

要求 2：审核原始凭证后填制记账凭证（通用记账凭证）。

【业务 4】

损益类账户发生额结转计算表

2022 年 12 月

账户	本月发生额	
	借方	贷方
主营业务收入		4 400 000.00
其他业务收入		120 000.00
主营业务成本	3 850 000.00	
其他业务成本	95 000.00	
租金及附加	85 000.00	
销售费用	150 000.00	
管理费用	135 000.00	
财务费用	35 000.00	
营业外收入		70 000.00
营业外支出	120 000.00	
合　计		

会计主管：李薇薇　　　　制单：杨付洋

图 2-8-3-7　损益类账户发生额结转计算表

要求 1：根据图 2-8-3-7，描述经济业务：_____

要求 2：审核原始凭证后填制记账凭证（通用记账凭证）。

【业务 5】

所得税计算表

2022 年 12 月 31 日

项目	金额(元)
全年税前会计利润	1 620 000.00
加：调增项目	160 000.00
减：调减项目	80 000.00
全年应纳税所得额	1 700 000.00
所得税率	25%
全年应交所得税	425 000.00
已交所得税费用	375 000.00
应补交所得税费用	50 000.00

企业全年核定计税工资为 50 万元，实际发放工资 66 万元，国债利息收入 8 万元。

审核：李薇薇　　　　　　　　　　　　制单：杨付洋

图 2-8-3-8　所得税计算表

要求1：根据图2-8-3-8，描述经济业务：＿＿＿＿＿＿＿＿＿＿＿＿＿＿＿＿＿

要求2：审核原始凭证后填制记账凭证（通用记账凭证）。

【业务6】

年末本年利润结转计算表

2022年12月31日

账户名称	借或贷	年末余额
本年利润	贷	1 195 000.00

审核：李薇薇　　　　　　　　　　　　制单：杨付洋

图2-8-3-9　年末本年利润结转计算表

要求1：根据图2-8-3-9，描述经济业务：＿＿＿＿＿＿＿＿＿＿＿＿＿＿＿＿＿

要求2：审核原始凭证后填制记账凭证（通用记账凭证）。

【业务7】

贵州毕节奇伟服装有限公司利润分配决议

经股东大会决议，2022年利润分配方案为：年末按净利润的10%提取法定盈余公积，按5%提取任意盈余公积，向股东分配利润10万元。

贵州毕节奇伟服装有限公司

2022年12月25日

图2-8-3-10　利润分配决议

利润分配计算表

2022年12月31日

利润分配项目	净利润	分配比例	分配额
提取法定盈余公积金	1 195 000.00	10%	195 000.00
提取任意盈余公积金	1 195 000.00	5%	59 750.00
对外分配利润	1 195 000.00		100 000.00

审核：李薇薇　　　　　　　　　　　　制单：杨付洋

图2-8-3-11　利润分配计算表

要求1：根据图2-8-3-10和图2-8-3-11,描述经济业务：_____

要求2：审核原始凭证后填制记账凭证（通用记账凭证）。

【业务8】

年末利润分配明细结转计算表

2022年12月31日

项目	金额(元)
提取法定盈余公积金	119 500.00
提取任意盈余公积金	59 750.00
向投资者分配利润	100 000.00
审核：李薇薇	制单：杨付洋

图 2-8-3-12　年末利润分配明细结转计算表

要求1：根据图2-8-3-12,描述经济业务：_____

要求2：审核原始凭证后填制记账凭证（通用记账凭证）。

模块九　编制财务会计报告

请扫描二维码,认真查看资产负债表的相关知识,了解资产负债表的基本结构、资产负债表的作用及结构、《关于修订印发 2019 年度一般企业财务报表格式的通知》财会〔2019〕6 号、资产负债表的编制方法等,为实习实训做好理论准备。

资产负债表的基本结构

资产负债表的作用及结构

财会〔2019〕6 号

资产负债表的编制方法

任务一　资产负债表的编制

(1) 知识目标:熟悉资产负债表结构;掌握资产负债表的编制方法。

(2) 技能目标:能根据总分类账、明细分类账及其他相关资料编制资产负债表。

思政案例(财务报表)

(3) 素养目标:培养学生实事求是的精神和不弄虚作假的品质。

实训资料及实训要求

(1) 贵州毕节奇伟服装有限公司 2022 年 12 月末有关账户余额如表 2-9-1-1 和表 2-9-1-2 所示。

表 2-9-1-1　　　　　　　　有关总账账户余额

2022 年 12 月末　　　　　　　　　　　　　　　单位:元

账户名称	借或贷	金额	账户名称	借或贷	金额
库存现金	借	8 000.00	短期借款	贷	200 000.00
银行存款	借	820 000.00	应付票据	贷	150 000.00
其他货币资金	借	250 000.00	应付账款	贷	260 000.00
交易性金融资产	借	85 000.00	预收账款	贷	80 000.00
应收票据	借	120 000.00	其他应付款	贷	12 000.00
应收账款	借	720 000.00	应付职工薪酬	贷	25 000.00

(续表)

账户名称	借或贷	金额	账户名称	借或贷	金额
坏账准备(应收账款)	贷	3 600.00	应交税费	贷	85 000.00
预付账款	借	84 000.00	应付股利	贷	28 000.00
其他应收款	借	12 000.00	长期借款	贷	1 200 000.00
在途物资	借	250 000.00	长期应付款	贷	400 000.00
原材料	借	480 000.00	实收资本	贷	4 000 000.00
周转材料	借	120 000.00	资本公积	贷	200 000.00
库存商品	借	250 000.00	盈余公积	贷	355 400.00
生产成本	借	65 000.00	利润分配	贷	280 000.00
持有待售资产	借	70 000.00			
长期股权投资	借	250 000.00			
固定资产	借	4 500 000.00			
累计折旧	贷	1 250 000.00			
在建工程	借	240 000.00			
无形资产	借	250 000.00			
累计摊销	贷	120 000.00			
长期待摊费用	借	75 000.00			

表 2-9-1-2　　　　　　　　　　有关明细账户余额

2022 年 12 月末　　　　　　　　　　　　　　　　　　单位:元

总分类账户	明细分类账户	期末余额	
		借方	贷方
应收账款	毕节百货商厦有限责任公司	500 000.00	
	毕节广元商厦有限公司	300 000.00	
	大方县万达商场有限公司		80 000.00
预收账款	毕节新盛服装店		70 000.00
	毕节声雨竹服装有限公司		30 000.00
	毕节新佰裤业有限公司	20 000.00	
应付账款	贵阳通黔纺织科技有限公司		150 000.00
	贵阳市金誉纺织有限公司		130 000.00
	贵州清镇纺织有限公司	20 000.00	
预付账款	毕节缝纫设备有限公司	100 000.00	
	毕节万通缝纫配件有限公司		16 000.00

(2) 贵州毕节奇伟服装有限公司 2022 年 12 月末其他有关资料:"长期借款"账户期末贷方余额 1 200 000 元中有一笔借款 400 000 元将于 2023 年 5 月 10 日到期。

（3）2022年年初余额暂不予考虑。

要求：根据上述资料，编制资产负债表，如表2-9-1-3所示。

表2-9-1-3　　　　　　　　　　　　　　资产负债表　　　　　　　　　　　　　　会企01表

编制单位：　　　　　　　　　　　　　　年　月　日　　　　　　　　　　　　　　单位：元

资产	期末余额	上年年末余额	负债和所有者权益（或股东权益）	期末余额	上年年末余额
流动资产：			流动负债：		
货币资金			短期借款		
交易性金融资产			交易性金融负债		
衍生金融资产			衍生金融负债		
应收票据			应付票据		
应收账款			应付账款		
应收款项融资			预收款项		
预付款项			合同负债		
其他应收款			应付职工薪酬		
存货			应交税费		
合同资产			其他应付款		
持有待售资产			持有待售负债		
一年内到期的非流动资产			一年内到期的非流动负债		
其他流动资产			其他流动负债		
流动资产合计			流动负债合计		
非流动资产：			非流动负债：		
债权投资			长期借款		
其他债权投资			应付债券		
长期应付款			其中：优先股		
长期股权投资			永续债		
其他权益工具投资			租赁负债		
其他非流动金融资产			长期应付款		
投资性房地产			预计负债		
固定资产			递延收益		
在建工程			递延所得税负债		
生产性生物资产			其他非流动负债		
油气资产			非流动负债合计		

(续表)

资产	期末余额	上年年末余额	负债和所有者权益（或股东权益）	期末余额	上年年末余额
使用权资产			负债合计		
无形资产			所有者权益（或股东权益）		
开发支出			实收资本（或股本）		
商誉			其他权益工具		
长期待摊费用			其中：优先股		
递延所得税资产			永续债		
其他非流动资产			资本公积		
非流动资产合计			减：库存股		
			其他综合收益		
			专项储备		
			盈余公积		
			未分配利润		
			所有者权益（或股东权益）合计		
资产总计			负债和所有者权益（或股东权益）总计		

任务二　利润表的编制

学习指引

请扫描下方二维码，认真查看利润表的相关知识，了解利润表的作用、结构及编制方法及利润表基本结构等，为实习实训做好理论准备。

利润表的作用及结构

利润表的编制方法

利润表的基本结构

实训目的

(1) 知识目标：熟悉利润表结构；掌握利润表的编制方法。
(2) 技能目标：能根据损益类账户资料编制利润表。
(3) 素养目标：培养学生实事求是的精神和不弄虚作假的品质。

实训资料及实训要求

贵州毕节奇伟服装有限公司2022年12月末有关损益类账户发生额如表2-9-2-1所示。

表 2-9-2-1　　　　　　　　　　有关损益类账户发生额
2022年12月末　　　　　　　　　　　　　　　　　　单位：元

账户名称	借方发生额	贷方发生额
主营业务收入	100 000.00	4 815 000.00
主营业务成本	3 450 000.00	80 000.00
税金及附加	72 000.00	
其他业务收入		840 000.00
其他业务成本	600 000.00	
销售费用	520 000.00	
管理费用	420 000.00	
财务费用	（利息费用）105 000.00	（利息收入）8 500.00
投资收益		150 000.00
营业外收入		180 000.00
营业外支出	70 000.00	
所得税费用	184 125.00	

注："管理费用"账户借方发生额420 000元中"研发费用"为80 000元。

要求：编制利润表（上期金额忽略不编），如表2-9-2-2所示。

表 2-9-2-2　　　　　　　　　　利润表　　　　　　　　　　会企02表
编制单位：　　　　　　　　　　年　月　　　　　　　　　　单位：元

项目	本期金额	上期金额
一、营业收入		
减：营业成本		
税金及附加		
销售费用		
管理费用		
研发费用		
财务费用		
其中：利息费用		
利息收入		
加：其他收益		
投资收益（损失以"—"号填列）		
其中：对联营企业和合营企业的投资收益		
以摊余成本计量的金融资产终止确认收益（损失以"—"号填列）		
净敞口套期收益（损失以"—"号填列）		

(续表)

项　　目	本期金额	上期金额
公允价值变动收益(损失以"－"号填列)		
信用减值损失(损失以"－"号填列)		
资产减值损失(损失以"－"号填列)		
资产处置收益(损失以"－"号填列)		
二、营业利润(亏损以"－"号填列)		
加：营业外收入		
减：营业外支出		
三、利润总额(亏损总额以"－"号填列)		
减：所得税费用		
四、净利润(净亏损以"－"号填列)		
(一)持续经营净利润(净亏损以"－"号填列)		
(二)终止经营净利润(净亏损以"－"号填列)		
五、其他综合收益的税后净额		
(一)不能重分类进损益的其他综合收益		
1. 重新计量设定收益计划变动额		
2. 权益法下不能转损益的其他综合收益		
3. 其他权益工具投资公允价值变动		
4. 企业自身信用风险公允价值变动		
……		
(二)将重分类进损益的其他综合收益		
1. 权益法下可转损益的其他综合收益		
2. 其他债权投资公允价值变动		
3. 金融资产重分类计入其他综合收益的金额		
4. 其他债权投资信用减值准备		
5. 现金流量套期储备		
6. 外币财务报表折算差额		
……		
六、综合收益总额		
七、每股收益：		
(一)基本每股收益		
(二)稀释每股收益		